Nietzsche

Basler nachgelassene Schriften 1870–1873

悲剧时代
的
艺术与哲学

——1870—1873 年
巴塞尔遗著

〔德〕尼采 ___ 著

孙周兴 彭正梅 李超杰 余明锋 ___ 译

孙周兴 ___ 统校

商务印书馆
The Commercial Press

Friedrich Nietzsche

Basler nachgelassene Schriften 1870–1873

Sämtliche Werke, Kritische Studienausgabe in 15 Bänden

KSA 1: **Die Geburt der Tragödie**
Unzeitgemäße Betrachtungen I–IV
Nachgelassene Schriften 1870–1873

Herausgegeben von Giorgio Colli und Mazzino Montinari

2. durchgesehene Auflage 1988

© Walter de Gruyter GmbH & Co. KG, Berlin · New York

本书根据科利/蒙提那里考订研究版《尼采著作全集》（KSA）第1卷译出

中文版凡例

一、本书根据科利/蒙提那里编辑的十五卷本考订研究版《尼采著作全集》(Sämtliche Werke, Kritische Studienausgabe in 15 Bänden,简称"科利版")第一卷（KSA 1: Die Geburt der Tragödie, Unzeitgemäße Betrachtungen I-IV, Nachgelassene Schriften 1870-1873）译出。

二、中文版力求严格对应于原版。凡文中出现的各式符号均予以保留。唯在标点符号上，如引号的运用，稍有变动，以合乎现代汉语的习惯用法。原版疏排体在中文版中以重点号标示。译文中保留的原版符号，需要特别说明的有：

/：表示分行。

[ ]：表示作者所删去者。

〈 〉：表示编者对文字遗缺部分的补全。

⌈ ⌉：表示作者所加者。

[—]：表示一个无法释读的词。

[— —]：表示两个无法释读的词。

[— — —]：表示三个或三个以上无法释读的词。

— — —：表示不完整的句子。

[+]：表示残缺。

三、科利版原版页码在中文版相应位置中被标为边码。

目 录

关于希腊悲剧的两个公开演讲 ……………………………1
  第一个演讲：希腊音乐剧 ………………………………1
  第二个演讲：苏格拉底与悲剧 …………………………19
狄奥尼索斯的世界观 ……………………………………38
悲剧思想的诞生 …………………………………………66
苏格拉底与希腊悲剧 ……………………………………87
论我们教育机构的未来 ………………………………125
  导言 ………………………………………………………125
  前言 ………………………………………………………131
  第一次演讲 ………………………………………………134
  第二次演讲 ………………………………………………154
  第三次演讲 ………………………………………………175
  第四次演讲 ………………………………………………193
  第五次演讲 ………………………………………………214
五部未撰著作的五个序言 ……………………………236
  1.论真理的激情 …………………………………………238
  2.关于我们教育机构之未来的思考 ……………………244
  3.希腊城邦 ………………………………………………246

4. 叔本华哲学与一种德国文化的关系 ·············· 259

5. 荷马的竞赛 ··························· 263

致《新王国》周刊编者的新年贺词 ·············· 274

希腊悲剧时代的哲学 ······················ 277

在道德之外的意义上论真理与谎言 ·············· 349

告德国人书 ··························· 364

译后记 ····························· 369

关于希腊悲剧的两个公开演讲

第一个演讲：希腊音乐剧

在我们今天的戏剧中，不仅可以找到希腊戏剧艺术的回忆和回响：不，今天戏剧的基本形式乃植根于希腊的土壤，要么是在其中自然地生长起来的，要么是一种人为借用的结果。只不过名称发生了多次变化和推移：类似于中世纪的音乐，其实还拥有希腊的音阶，希腊的名称亦然，只是——举例说来——希腊人称为"洛克里调式"，在教堂音乐中则被称为"多立克调式[①]"。类似的混乱，我们也会在戏剧术语的领域里碰到：雅典人所理解的"悲剧"，我们或许会把它纳入"大戏剧"概念之中，至少，伏尔泰在致红衣主教奎里尼[②]的一封信中就是这么做的。与之相反，在我们的悲剧中，一个希腊人几乎不能重新认出与他的悲剧相吻合的任何东西；但他很可能会想到，莎士比亚悲剧的整个结

[①] 此处"洛克里调式"（Lokrisch）和"多立克调式"（Dorisch）：为起源于古希腊音乐调式的中古教会调式中的两种（C为主音的自然调式中的二种），也译作"洛克里亚调式"和"多利亚调式"。——译者［书中注释凡未特别说明的都是译者所注。］

[②] 奎里尼（Angelo Maria Quirini，1680—1755）：意大利罗马天主教红衣主教、学者。

构和基本特征,是从希腊人所谓的新喜剧那里获取的。而且实际上,历经殊为漫长的时间,罗马的戏剧、罗曼-日耳曼的神秘剧和道德剧,最后也包括莎士比亚的悲剧,都是从希腊新喜剧中发展出来的;类似地,我们不可在莎士比亚的舞台的外在形式中,错认了它与阿提卡新喜剧的谱系学上的亲缘性。我们在此必须承认一种自然地前进的、持续了几千年的发展,而那种真正的古代悲剧,即埃斯库罗斯和索福克勒斯的艺术作品,则已经被任意地注入到现代艺术中了。我们今天所谓的歌剧,即古代音乐剧的漫画(Zerrbild),是通过对古代的直接模仿才产生出来的:它没有一种自然本能的无意识力量,而是根据一种抽象理论形成的,它就像一个人工制作的homunculus[侏儒、矮人],做出我们现代音乐发展的恶精灵的举动。那些高贵的、学养丰富的佛罗伦萨人在17世纪初就促发了歌剧的形成,他们清楚地表达出来的意思是革新音乐在古代——根据被人们大加讨论的证据——所具有的这种作用。真是奇特啊!关于歌剧的第一个思想就已经是一种对效果的追求。通过此类实验,一种无意识的、从民众生活中生成起来的艺术的根就被切断了,或者至少是被搞得非常残缺不全。于是,在法国,民间戏剧就受到了所谓的古典悲剧的排挤,后者也就是一种纯粹以学究方式弄出来的戏剧,据说它理当包含悲剧的精髓,不含任何杂质。在德国亦然,在那里,戏剧的自然根源即狂欢节戏剧,自文艺复兴以来已经被埋葬了;自那以后,在德国几乎不再有人尝试新创一种民族形式,相反地是按照其他民族的现有模式去思考和创作。对现代艺术的发展来说,博学、自觉的知识和满腹经纶就成了真正的障碍:在艺术领域，一切生长和变易都必定是在夜深时分发生的。音乐史告诉我们，希腊音乐在中世纪早期的进一步健康发展，突然受到最强烈的阻碍和损害，其时，人们正以博学的架势在理论和实践上回归古代。结果就是一种趣味的巨大萎缩：在所谓传统与自然听觉的持续矛盾中，人们到了根本不再为耳朵，而是为眼睛作曲的地步。眼睛可能会钦佩作曲家们的对位技巧：眼睛会承认音乐的表现力。如何才能办得到这一点呢？人们用在文本中谈论过的事物的色彩给音符着色，那就是在提及植物、田野和葡萄山时的绿色，在提及太阳和光线时的紫红色。那就是这种文学音乐、阅读音乐（Lesemusik）。这里对我们来说显得十分荒唐的东西，在我要谈论的这个领域里，或许只有少数人才能立即明白。因为我断定，我们所熟悉的埃斯库罗斯和索福克勒斯只不过是以剧本诗人、歌剧剧本作家的身份而为我们所知，也就是说，他们同样不为我们所熟悉。我们在音乐领域里早就超越了一种阅读音乐的博学多才的皮影戏（Schattenspiel），而在诗歌领域里，书面创作的非自然性是如此独占上风，以至于我们需要好好思量，不能轻松地说在何种程度上我们对品达、埃斯库罗斯和索福克勒斯必定是不公的，其实就是说，何以我们并没有真正地认识他们。当我们把他们称为诗人时，我们恰恰是指剧本作家：但正因此，我们便失去了任何对他们的本质的洞察；一旦我们在强有力的、富有想象力的时刻如此理想化地把歌剧展现在我们面前，以至于恰恰是关于古典音乐剧的直观向我们开启出来，这时候，唯一能让我们明白的就是这种本质。因为哪怕所谓大歌剧中的一切关系都是如此走样，哪怕大歌剧本身都是消散性的产品，而不是聚集性的产品,是极其糟糕的蹩脚诗和有失体面的音乐的奴隶:哪怕这里一切都是谎言和无耻,说到底没有其他的手段,可以让我们弄清楚索福克勒斯,我们只能力求从这幅讽刺画中猜度原型,并且在兴奋时刻剔除一切隐蔽的和走样的东西。这时候,必须小心探究那种幻象,根据其个别部分,把它与古代传统放在一起加以对照,使得我们绝不至于把希腊因素过于希腊化,并且臆想出一件在全世界都无迹可寻的艺术作品。这不是微不足道的危险。实际上直到不久前,通行的一直是这样一个无条件的艺术公理:一切理想的雕塑都必须是无色彩的,古典的雕塑是不允许使用色彩的。十分缓慢地,而且在那些超级希腊人极其激烈的抵触下,古典雕塑的多彩直观为自己开了路,据此,雕塑不再是裸体的,而是被认为必须穿上一件彩色的外套。有一个美学命题以相似的方式广受欢迎,这个命题说的是,两种或者多种艺术的结合是不可能引起任何审美欣赏的提升的,而反倒是一种野蛮的趣味混乱。然而,这个命题充其量只是证明了一个现代的坏习惯,即我们再也不能作为完整的人来欣赏了:我们可以说已经被绝对的艺术撕成了碎片,也只能作为碎片来欣赏了,有时作为有耳朵的人,有时作为有眼睛的人,等等。我们要坚决反对之,就像富有才智的安塞姆·费尔巴哈[①],他把古典戏剧设想

---

① 史上有两位安塞姆·费尔巴哈(Anselm Feuerbach),属同一家族,年长者(1798—1851)为考古学家和美学家,是哲学家路德维希·费尔巴哈的兄弟;另一个(1829—1880)为德国画家,新古典主义和杜塞尔多夫大学派的代表人物,是哲学家费尔巴哈的侄子。此处安塞姆·费尔巴哈是指"年长者"即考古学家和美学家。

为一种总体艺术①。他说:"用不着奇怪,如果有了一种根深蒂固的亲合力,个别艺术终于又会融合为一个不可分的整体,成为一种新的艺术形式。奥林匹斯的比赛游戏②把个别的希腊部落聚集为一个政治和宗教统一体:戏剧的节日会演(Festspiel)类似于一个把希腊艺术重新统一起来的节日。这种节日会演的典范在那些神庙节日里就已经有了,在那里,一群虔诚的民众载歌载舞,庆祝神的形象显现。与那里一样,建筑在此也形成了框架和基础,而通过这个基础,一个更高的诗歌领域便明显地与现实相隔离。在场景方面,我们看到画家忙忙碌碌,以绚丽的服饰来铺张一种色彩变幻的全部魅力。诗艺征服了整体之魂;但诗艺又不是作为个别的诗歌形式,比如在神庙弥撒中的赞美诗。那些对希腊戏剧来说十分重要的关于天使和前天使(Angelos und Exangelos)的报道,或者关于行动着的人物的报道,把我们带回到史诗之中。在充满激情的场景中以及在合唱中,抒情诗有了它的地位,而且是按照其全部的分层,从感叹词中情感的直接爆发,从歌曲中最温柔的花朵,直到赞美诗和酒神颂歌。在诗歌朗诵、笛子吹奏与舞蹈的节拍中,圆环尚未完全闭合起来。因为如果诗歌构成戏剧最内在的基本元素,那么,与诗歌(在这种对它来说全新的形式中)相对立的就是雕塑了。"这是费尔巴哈的说法。确实,我们面对这样一件艺术作品才必须学习,人作为完

---

① 此处"总体艺术"(Gesammtkunst)概念,似可与理查德·瓦格纳的"总体艺术作品"(Gesammtkunstwerk)相参照。

② 此处"比赛游戏"原文为Spiele,既有"比赛、游戏"之义,也有"戏剧、表演"之义。

整的人要怎样来欣赏；而同时要担心的是，人们即便被置于这样一件作品面前，也会把它肢解为单纯的碎片，方得以把它占为己有。我甚至相信，我们当中谁若突然被置身于某个雅典的节日演出中，他首先就会有一个印象，那是一场完全陌生和野蛮的演出。而这是有很多原因的。在最明朗的正午阳光下，没有夜间和灯光的一切神秘效果，在最耀眼的现实中，他或许会看到一个巨大的开放空间，里面挤满了人：全部目光都指向一群在低处奇妙地活动、戴着面具的男人，以及一些超过人体大小的木偶，他们在一个狭长的舞台上以极缓慢的速度来回走动。因为，我们只得把那些人物称为木偶，他们脚穿厚底靴，踩着高跷，脸上有一副超过头顶的、浓妆艳抹的大面具，胸部和身体、手臂和腿部都塞得满满当当的，变得十分做作，几乎动弹不得，身体被一条低垂的拖裙和一块巨大的头巾压了下去。在这儿，这些人物还不得不张大嘴巴，用最大的声音说话和歌唱，为的是让超过二万之多的观众听懂他们：真的，这是一项配得上一个马拉松斗士的英雄使命。而当我们听说，这些演员和歌者当中的个别人必须在十小时的紧张表演中吟唱约1600行诗句，其中至少有六个大大小小的唱段，这时候，我们的钦佩之情更甚。而且这都是在这样一种观众面前发生的，他们会无情地挑剔任何一种过度的音调，任何一个不正确的重音，用莱辛的表述，在雅典，连下等人都有一种精细入微的判断力。我们在此不得不假定，这得有何种专心，何种精力的训练，何种漫长的准备，在艺术使命的把握方面得有何种严肃和热情，简言之，要有何种理想的演员啊！这里为最高贵的公民提出了任务，在这里，即便在失败情况下，一个马拉松斗士也不会蒙受耻辱。在这里，演员感受到，他穿上戏装会如何呈现出一种超出日常教养的升华，他内心也产生了一种振奋，以此振奋之情，他必定会觉得，埃斯库罗斯那激情而凝重的话语是一种自然语言。

而与演员一样，观众也在洗耳恭听：观众头上也弥漫着一种异常的、渴望已久的节日情调。并不是恐惧地逃避无聊，而是想要不惜任何代价地在几小时内摆脱自己和自己的可怜相的意志，驱使那些男人们进入剧院。希腊人逃离了他们完全习惯的、消遣性的公共场所，逃离了他们在市井街头法院里的生活，进入戏剧情节那种令人心情安宁、让人心思集中的庄严氛围之中：不像德国老年人，当他们内心此在（Dasein）的圆圈被切断时就渴望消遣，他们在法庭争吵中找到了适当的有趣的消遣，而这种法庭争吵因此也为他们的戏剧规定了形式和气氛。与之相反，雅典人观看伟大的酒神颂歌中的悲剧，他们的心灵本身尚具有使悲剧赖以诞生的那个要素的一些东西。那就是极强烈地喷发出来的春天的欲望，一种混合感觉的呼号和奔腾，有如一切质朴民族和整个大自然在春天临近时所识得的一般。众所周知，我们的狂欢节滑稽戏和面具玩笑，原本也是这样的春天庆典，它们只是基于教会方面的原因才确定了某个表演日期。在这里，一切都是最深刻的本能：古希腊那些庞大的狄奥尼索斯狂热歌队在中世纪的圣约翰舞者和圣维托舞者身上有其类似表现，这些狂热舞者数量巨大，越来越多，唱着跳着舞着在城市间游走。尽管今日医学会把那种现象说成中世纪的一种民间流行病，但我们要断定的只是，古典戏剧是从这样一种民间流行病中兴盛起来的，而现代艺术的不幸就在于它不是从这样一个神秘的源泉中涌现出来的。在戏剧的最初发端中，野性骚动的狂热者装扮成萨蒂尔和西勒尼，涂脂抹粉，头戴花环，在田野和林间漫游，他们这样做绝不是恶作剧和任性放纵：在这里，那巨大的突兀昭示出来的春天的作用也把生命力提升到这样一种充溢程度，以至于处处显露出出神狂喜的状态、幻想以及对自己的陶醉状态的信仰，意气相投的人们成群结队地穿过乡间。而这儿就是戏剧的摇篮。因为戏剧之开始并不是由于有人把自己伪装起来，意在欺骗他人：不是的，而毋宁说，戏剧之开始是由于人迷乱了，人相信自己发生了转变，被施了魔法。在"迷乱"、狂喜（Ecstase）状态中，只还需要一个步骤：我们没有重回自身，而是进入另一个人之中，以至于我们自己做出着魔者的举动。所以说到底，在观看戏剧时会引发深度的惊奇：大地动摇起来，个体的无解和僵化也动摇了。而且，正如狄奥尼索斯的狂热者相信自己的转变，恰好与《仲夏夜之梦》里的策特尔①相反，同样地，戏剧诗人也相信他的人物的真实性。谁若没有这种相信，他虽然还可能属于酒神杖挥舞者②、半吊子，但并不属于酒神狄奥尼索斯、巴克斯的真正侍从。

这种狄奥尼索斯自然生活的某些成分，在阿提卡戏剧的鼎盛时期也还留存在观众心中。当时的观众并不是懒惰的、疲劳的、夜夜都订好了票的观众，带着疲倦忙乱的感觉走进剧场，为

---

① 策特尔（Zettel）：莎士比亚喜剧《仲夏夜之梦》中的驴头织工波顿（Bottem），被施莱格尔翻译成德语的Zettel。
② 酒神杖挥舞者（Thyrsusschwinger）：酒神杖是指酒神使用的顶端为松果形的手杖。

的是让自己在其中激动一下。与这种观念（他们构成对我们今天戏剧的一个束缚）相反，阿提卡的观众坐在剧场的阶梯上，还有清晨般清新而欢快的感觉。对他们来说，简单的东西还不是太过简单。他们在审美方面的博学在于对早先幸福的戏剧日的回忆，他们无限地信任他们民族的戏剧天才。但最最重要的是，他们极少啜饮悲剧之美酒，使得他们每一次都像是头一次享受。在此意义上，我想引用最重要的在世建筑师的话，他为穹顶画和被装饰的穹顶给出了一个鉴定，他说："对艺术作品来说，没有比出神状态（Entrücktsein）更有益的了，这种出神状态乃出离于与切近之物的粗俗而直接的接触，出离于人类的惯常视线。通过习惯的惬意观看，视觉神经被弄得如此麻木，以至于它只还能躲在一个面纱后面，认识色彩和形状的刺激和关系。"我们肯定可以为戏剧欣赏要求某种类似的东西：以某种非同寻常的态度和感觉去观看，这对绘画和戏剧是有好处的——尽管这还不是要建议人们采取站着看戏的古罗马习俗。

到现在为止，我们都只是把演员和观众收入眼帘。让我们把演员、观众和诗人三种人放在一起，再来想想诗人们：而且，在此我取的是"诗人"一词的最广含义，正如希腊人所理解的那样。说希腊悲剧作家们只是作为脚本作者对新艺术产生了不可估量的影响，这话固然没错：但如果这是真的，那么我就会相信，用阿提卡的演员、观众和诗人，真实而完整地想象埃斯库罗斯的一个三部曲，就必定会对我们产生震撼作用，因为这样的想象就会以一种完满与和谐向我们显露出艺术的人类，而与之相反，我们的伟大诗人们则仿佛显现为有着美好开始但没有最后完成的雕像。

在古代希腊,已经为戏剧家们提出了一个十分艰难的任务:我们的剧作家享有选材、演员数和无数事物方面的自由,而在阿提卡的艺术评判者看来,这种自由就是一种放荡无度了。唯最艰难之事才是自由人的使命——这样一个骄傲的法则贯穿于整个希腊艺术。所以,一件雕塑艺术作品的威望和荣誉完全取决于加工之难度、所用材料之硬度。由于一些特殊的困难,通往戏剧名声的道路从来都不是一条很宽阔的路;这些特殊的困难包括:演员数量的限制、合唱歌队的使用、有限的神话领域,而尤其是那五项全能的品质,也就是这样一种必然性,即作为诗人和音乐家,在乐队和导演方面,最后作为演员,都必须是有创造性天赋的。对我们现代戏剧诗人来说始终成为救命稻草的,乃是他们为自己的戏剧所选择的素材的新意以及趣味。他们的想法如同那些意大利即兴诗人,要把一个新故事讲到高潮为止,讲到最惊心动魄、最扣人心弦的地步为止,然后就坚信再也不会有人在终场前离开了。通过趣事的刺激而让观众坚持到终场,这在希腊悲剧作家那儿是某种前所未闻的事:他们的杰作的素材是早就众所周知的,而且以史诗和抒情诗的形式为观众们所熟悉,从小时候起就熟悉了。俄瑞斯忒斯和俄狄浦斯的英雄事迹就已经能唤起观众真正的关注了;可是,为激发这种关注所能使用的手段是多么有限和多么狭窄啊!在这里首先要考虑的是合唱歌队,它对于古典诗人来说与对法国悲剧作家来说是一样重要的;法国悲剧作家是一些高贵的人物,他们在舞台两侧有自己的座位,而且在一定程度上把剧院变成王侯贵族们的接待室了。正如法国悲剧作家们为了这种特殊的不参加表演但实际上又参加表演的"合唱歌队"而不能改变舞台布景（舞台上的语言和动作都是以合唱歌队为模板的）：同样地，古典的合唱歌队也为每部戏的整个情节要求情节的公开性，要求空场地作为悲剧的活动场所。这是一个放肆的要求：因为悲剧的行为以及为之所做的准备通常不能在大街上进行，而最好是在隐蔽的地方展开。一切皆公开，一切都在光天化日之下，一切都要合唱歌队在场——这是一个残忍的要求。并不是说，人们会根据某种美学上的吹毛求疵，在某个时候把这一点当作一个要求表达出来：而毋宁说，在戏剧漫长的发展过程中已经达到了这个阶段，而且人们抓住了它，是凭着这样一种直觉，即在这里卓越的天才必须完成一项卓越的任务。确实，众所周知，悲剧原本无非是一个宏大的合唱：而实际上，这种历史认识却为我们提供了解决那个奇怪问题的钥匙。古典悲剧的主要作用和整体作用，在最好的时代里始终还依据于合唱歌队：合唱歌队是人们首先必须考虑而不能弃之一旁的要素。在戏剧大致从埃斯库罗斯到欧里庇德斯所处的那个阶段里，合唱歌队受到一定的排挤，其程度是恰好还能烘托整体的色彩。只还需要再进一步，舞台布景就会支配乐队，移民区就会支配老城区；舞台人物的辩证法以及他们的独唱就会突出出来，征服了以往一直有效的合唱-音乐的总体印象。这一步已经迈出来了，其同时代人亚里士多德把它固定下来了，固定在他那个著名的、纷乱不堪的、根本没有切中埃斯库罗斯戏剧之本质的定义之中。

　　在构思一个戏剧作品时，头一个想法必定是，虚构出一群男人和女人，他们与剧中角色是紧密联系在一起的：然后必须找到动机,使抒情的和音乐的大众情绪得以爆发出来。在某种程度上,诗人是从合唱歌队的角度来寻找舞台角色,并且以合唱歌队来看雅典的观众:而我们,只知道脚本(libretto)的我们,则是从舞台的角度去寻找合唱歌队的。合唱歌队的意义不是用一个比喻就能穷尽的。当施莱格尔把合唱歌队称为"理想的观众"时,他其实只不过想说,诗人以合唱歌队理解事件的方式,同时暗示了按照他的愿望观众应当如何来理解这些事件。然而,这实际上只是正确地强调了一个方面:尤为重要的是,主角扮演者通过合唱歌队就像一个传声筒,以一种巨大的放大方式向观众大声喊出自己的感受。尽管关乎大多数人,但他其实没有在音乐上把大众表演出来,而只是一个非凡的、天生具有超自然肺活量的个体。我们在此不能进一步指明的一点是,在希腊人和谐的合唱音乐中包含着何种伦理思想:它与基督教的音乐发展构成最强烈的对比,在基督教的音乐史上,和声乃是真正的表示多数的符号,长期以来占据优势,以至于曲调完全被窒息了,不得不重新被找出来。正是合唱歌队规定了在悲剧中表明自己的诗人幻想的界限:宗教合唱舞蹈以其庄严的行板,限制了诗人们通常如此放纵的创造精神:而英国的悲剧则没有这样一种限制,以其幻想的实在论,动作要激烈得多,更具酒神精神,但其实在骨子里更悲伤,差不多就像贝多芬的快板了。合唱歌队有好多抒情地和幻想地宣告什么的大机会,这一点真正说来乃是古代戏剧体系中最重要的一个定则。但即便在最简短的传说片段中,这个定则也是轻松实现了的:而且因此完全缺失的是一切错综复杂,一切阴谋诡计,一切精细人为的组合,简言之,一切恰好构成现代悲剧之特征的东西。在古典音乐剧中，根本不存在人们不得不算计的东西：即便神话中个别英雄的狡诈，本身也具有某种质朴老实的因素。戏剧的本质从来都没有转变成弈棋的本质，甚至在欧里庇德斯那里也没有：然而弈棋的方式却变成了所谓的新喜剧的基本特征了。因此，个别的古代戏剧，按照它们简单的结构来看，就类似于我们的悲剧中的唯一的一幕，而且多半是以短促的步子走向灾难的第五幕。法国古典悲剧，因为它把自己的典范即希腊音乐剧仅仅认作脚本，而且由于引入合唱歌队而陷入窘境，所以它不得不吸纳一个全新的要素，目的只是为了满足贺拉斯所规定的五幕剧要求：若没有这个负担，那种艺术形式就不敢扬帆出海；而这个负担就是阴谋诡计，也即一种给理智的神秘任务，以及一个玩耍场所，那些小儿科的、根本上非悲剧的激情的玩耍场所，于是，它的特征就明显接近于新阿提卡喜剧了。与之相比较，古代悲剧在情节和悬念方面是贫乏的：我们甚至可以说，在其早先的发展阶段，古代悲剧根本就没有着眼于情节即$\delta\rho\tilde{\alpha}\mu\alpha$，而倒是关注受苦和激情即$\pi\acute{\alpha}\theta o\varsigma$[①]。情节只是当对话出现时才加进来的；而且，全部真实而严肃的行动即便在戏剧的鼎盛期也没有在露天舞台上演出过。在起源上，悲剧无异于一首客观的抒情诗，一首从特定神话人物的状态而来（而且穿着这些神话人物的服装）唱出来的歌曲。首先，一个由装扮成萨蒂尔和西勒尼的男人们组成的酒神颂歌合唱歌队，本身必须让人

---

① 此句中的"情节"和"受苦和激情"，尼采使用了两个动名词，即 Handeln 和 Leiden，而没使用名词 Handlung 和 Leidenschaft。

懂得,是什么把他置于这样一种激动之中了:它指明了观众很快就能理解的狄奥尼索斯搏斗史和苦难史中的一段经历。后来引入了神祇本身,基于双重目的:一是为了亲自叙述自己的冒险故事,他自己就处在这些冒险故事中,通过这些冒险故事激发他的追随者的热烈关注。另一方面,在那些热烈的合唱歌响起时,狄奥尼索斯在一定程度上就是活生生的形象,活生生的神像;而且实际上,古代演员就有莫扎特的石像①的味道。对此,一位新近的音乐作家做了下面的正确评论:"在我们的一个穿好服装的演员中,一个自然的人向我们走了过来;而在希腊人那里,在悲剧的面具中,一个不自然的、可以说具有英雄派头的人迎面走来。在我们深深的舞台上经常站着上百人,这种舞台把表演搞成了彩色的绘画,是尽可能地生动的。而古代狭长的舞台则带有往前移近的背景,把少数几个从容活动的人物变成了神庙山墙上活生生的浅浮雕或者有生气的大理石雕像。倘若一个奇迹会给帕特农神庙山墙上那些描绘雅典娜与波塞冬的冲突的大理石雕像注入生机,那么,他们很可能说的是索福克勒斯的语言。"

现在我要回到我前面已经暗示过的观点上来,即在希腊戏剧中,重点落在痛苦和苦难上,而不是落在情节上;现在就更容易理解,为什么我认为我们必定对埃斯库罗斯和索福克勒斯是不公的,真正说来我们并不了解他们。这就是说,我们没有标准来检验阿提卡观众对一部诗歌作品的评判,因为我们不知道或

---

① 此处"石像"(steinerner Gast,一译"石客")是指莫扎特歌剧《唐璜》中被唐璜杀死的骑士长的石像。石像出场是《唐璜》第二幕中极为惊心的一场。

者只是约略知道,苦难,一般而言就是苦难爆发时的情感生活,是怎样被带到感人至深的印象上的。面对一部希腊悲剧,我们感到无权评说,因为它的主要影响多半依据于一个对我们来说已经失落的要素,也即依据于音乐。格鲁克[①]在其歌剧《阿尔西斯特》[②]的著名序言中作为要求表达出来的东西,完全适合于音乐之于古代戏剧的地位。音乐应当支持诗歌,应当强化情感的表达和情境的趣味,而不能中断情节或者通过无益的修饰来干扰情节。对于诗歌来说,音乐应当成为色彩的生动性以及为着一种无缺憾的和安排好的描绘而达成的光与影的顺利混合,它们只是效力于激活人物形象,而又不破坏轮廓。所以,音乐完全只被用作达到目的的手段:音乐的任务在于神和英雄的痛苦和苦难转换为观众最强烈的同情。是的,现在词语也有同一任务,但对它来说,完成这一任务要艰难得多,只有通过种种弯路才是可能的。词语首先要对概念世界产生作用,由此出发才对感觉产生作用,的确,词语路途迢遥,往往根本就达不到自己的目标。与之相反,作为真实的和普遍的语言,音乐直指人心,无处不为人所理解。

可是,我们现在仍然看到一些关于希腊音乐的观点的流布,仿佛希腊音乐根本就不曾是这样一种普遍可理解的语言,而毋宁说意味着一个通过博学的方式发明的、从声音学说中抽象出

---

① 格鲁克(Gluck,1714—1787):德国作曲家,致力于革新歌剧,被称为瓦格纳乐剧的先驱。

② 阿尔西斯特(Alceste):格鲁克创作于1767年的一部歌剧,剧情取自古希腊悲剧作家欧里庇德斯的同名悲剧。

来的、对我们来说完全生疏的声音世界。举例说来，人们有时还带着一种迷信，相信在希腊音乐中伟大的第三音（Terz）是被当作一种不和谐的声音来感受的。我们必须完全挣脱这样的想法，而且必须告诫自己：古希腊音乐比中世纪音乐更接近于我们的情感，要接近得多。我们从古代乐曲中获得的东西以鲜明的节奏感让我们回想到我们的民歌：而整个古典诗歌艺术和音乐就是从民歌中生长出来的。当时虽然也有纯粹的器乐，但在其中起作用的只有技巧的熟练。在器乐中，地道的希腊人始终感觉到某种非本土的东西，某种从异乡亚洲输入的东西。真正希腊的音乐完全是声乐：词语语言与声音语言的天然纽带尚未被撕裂，而且这事到了这样一个地步，即诗人必然地也是自己的歌曲的作曲人。希腊人要学会一首歌曲，根本不是通过其他什么办法，而只是通过歌唱：但他们也在聆听中感受到词语与声音的最紧密的一体性（Eins-sein）。而我们，深受现代艺术恶习影响的我们，在艺术零散化状态中成长起来的我们，几乎不再能把文本和音乐放在一起来欣赏了。我们正好已经习惯于把两者分开来欣赏，在阅读时欣赏文本——因此当我们朗诵一首诗、看一场戏剧表演和盼望读一本书时，我们并不依赖我们的判断——而在聆听时欣赏音乐。只要音乐是美妙的，哪怕最荒谬的文本，我们也会觉得是可以忍受的：这在一个希腊人看来，或许委实就是一种野蛮了。

除了我们刚刚强调过的诗歌与声音艺术的姐妹关系外，古典音乐还有两个特征，一是它的质朴性，实即和声方面的贫乏，二是它在节奏表达手段方面的丰富性。我已经做过提示，在古典音乐中，合唱与独唱只是通过声部数量才得以区分开来的，而且只允许伴奏乐器具有一种十分有限的多声部，也就是我们所讲的和声。对所有人来说第一位的要求乃是，大家理解了所演唱的歌曲的内容；而且，如果人们真正理解了品达和埃斯库罗斯的带有如此放肆的隐喻和思想跳跃的合唱曲，那么，这是要以一种惊人的朗诵技巧为前提的，同时也是以一种极具特性的音乐重音和节奏感为前提的。而另一方面，现在作为外部的表达手段，舞蹈动作、乐队演奏让位给音乐节奏的周期结构了，后者以最严格的平行关系与文本一道运动。在观众眼里，合唱歌队成员有如画在乐队宽广平面上的阿拉伯花纹；而在合唱歌队成员的演进过程中，人们感受到了那种在一定程度上已经变得明显可见的音乐。音乐增加了诗歌的作用，而乐队演奏则把音乐宣示出来。因此对诗人和作曲家来说，同时平添了一项任务，就是要成为一个创造性的芭蕾舞大师。

  在此我们还要说一说戏剧中的音乐的界限。这些局限和界限，就其成为古典音乐剧的分解过程的开始而言，乃是它的阿喀琉斯之踵[①]；今天我们不拟探讨这些局限和界限的深度意义，因为我想在下一个演讲中来讨论古典悲剧的衰落，由此也可讨论上面刚刚引发的问题。在此只需指出这样一个事实：并非一切创作都能歌唱，有时——就像在我们的情节剧中——也在器乐的伴奏下被言说和宣讲。但是，我们总是把那种言说和宣讲设想

---

① 阿喀琉斯之踵（Achillesferse）：原指阿喀琉斯的脚跟，因为是其唯一没有浸泡到神水的地方，是他唯一的弱点，后来在特洛伊战争中被人射中致命。现在一般比喻致命的弱点、要害。

531 为半宣叙调,以至于它所特有的隆隆之声没有把一种二元论带入音乐剧之中;而毋宁说,甚至在语言中,音乐的主导影响也变得强大有力了。在所谓的讲课声调中,可以看到这种宣叙调音调的一种余音;在天主教堂里,人们就是用这种讲课声调来朗诵福音、使徒书以及一些祷告文的。"诵读的神父在句子标点和结尾处做了一些声调的曲折变化,由此保证朗诵的清晰性,同时可避免单调无趣。然而在一些圣事的重要时刻,牧师会提高声调,pater noster〔祈祷文〕、圣餐引导文、感恩祷告就变成了吟诵式的歌唱。"说到底,天主教大弥撒仪式中的许多内容让我们回想到希腊音乐剧,只不过,在希腊一切都要明亮得多、阳光得多,根本上就是要美好得多,因此也更少内在性,也没有基督教会那种神秘兮兮的、无休止的象征表达。

尊敬的来宾,现在我要结束我的演讲了。前面我把古典音乐剧的创造者与五项全能比赛者相提并论:另一个比喻会让我们进一步了解这样一种音乐剧的五项全能比赛者对于整个古代艺术的重要意义。对于古代服饰史,埃斯库罗斯具有非常的意义,因为他采纳了主要服饰上的自由褶裥、华丽修饰和妩媚优雅,而在他之前,希腊人在服装方面还处于野蛮状态,对自由褶裥全无了解。希腊音乐剧是整个古代艺术的自由褶裥:有了它,个别艺术的一切不自由和孤立都被克服掉了;在其共同的祭祀日,人们唱起了美和勇敢的颂歌。束缚而妩媚、多样而统一、许多种艺术具有至高的活力但又是一件艺术作品——这就是古典音乐剧。

532 然而,谁若看到古典音乐剧就想到了如今艺术革新者的理想,那么他同时就必须说,那未来的艺术作品根本不是一种辉煌而迷惑人的海市蜃楼：我们对未来的期望已经是一种现实了——在一个超过两千年的过去中。

第二个演讲：苏格拉底与悲剧

希腊悲剧的毁灭不同于全部更古老的姊妹艺术种类：它是悲剧性地终结的，而所有更古老的姊妹艺术种类则都是极美丽地逐渐消失掉的。因为，如果说留下美好的后代、毫无痉挛地逐渐消逝乃是合乎一种幸福的自然状态的，那么，那些更为古老的姊妹艺术种类的终结，就向我们表明了这样一个理想的世界；它们逝世和隐失，而它们更美的子孙已经有力地昂起了自己的头颅。与此相反，随着希腊悲剧的死亡，则出现了一种巨大的、往往得到深度感受的虚空；人们说，诗歌本身已经消失了，人们在嘲笑声中把这些瘦弱萎靡的后代打发到地狱里去，为的是在那里以昔日大师们的残羹剩菜养活自己。正如阿里斯托芬所表达的那样，人们感到一种如此内在热烈的渴望，即对最后这个伟大的死者的渴望，就如同有人突然感到一种对酸泡菜的突发的强大胃口。但这个时候，却有一种新的艺术繁荣起来了，它把悲剧奉为先驱和导师，人们当时惊恐地发觉，这种艺术固然带有她母亲的容貌特征，但却是这位母亲在长期的垂死挣扎中表现出来的容貌。欧里庇德斯所做的斗争就是悲剧的这种垂死挣扎，这种后起的艺术乃是众所周知的阿提卡新喜剧。在阿提卡新喜剧身上，残存着悲剧的蜕化形态，构成悲剧极其艰难和沉重的消亡的纪念碑。——

人们知道,欧里庇德斯在阿提卡新喜剧的诗人们那里获得了极高的敬仰。其中最有名的一位人物叫斐勒蒙,他声称,他想立即上吊自杀,为的是看到阴间的欧里庇德斯:只要他能确信,这位死者现在还有生命和理智。但我只能简明扼要地来概括一下欧里庇德斯与米南德和斐勒蒙的共同之处,以及如此这般地对他们起典范作用的东西,那就是,他们[①]把观众带上舞台了。在欧里庇德斯之前,舞台上是一些具有英雄气概的人物,从他们身上,人们立即觉察到最古老的悲剧中诸神和半神的出身。观众们从他们身上看到了希腊文化的一个理想的过去,因此也看到了在高高飞翔的瞬间也在其灵魂中存活的全部东西的现实。而随着欧里庇德斯,观众冲上了舞台,那是日常生活现实中的人。这面境子先前只是再现伟大勇敢的性格,现在则变得更忠实,因而也更平庸了。在一定程度上,绚丽的服装变得更透明了,面具变成了半面具:明显地显露出日常生活的形式。那个真正典型的希腊人形象,即奥德修斯形象,被埃斯库罗斯提升为伟大的、狡黠而高贵的普罗米修斯性格了:在新诗人笔下,奥德修斯形象沦落为好心肠又狡猾的家奴角色,正如他十分经常地作为大胆放肆的阴谋家处于整个戏剧的中心。在阿里斯托芬的《蛙》中,欧里庇德斯声称自己的功绩是通过水疗法洗涤了悲剧艺术的臃肿感,减少了悲剧艺术的沉重感,这一点首先适用于英雄角色:观众在欧里庇德斯的舞台上看到和听到的,根本上就是他们自

[①] 在《悲剧的诞生》第11节(《尼采著作全集》第1卷第76页)中,尼采书作"欧里庇德斯"。

己的影子，诚然身上裹着雄辩术的绚丽服饰。观念性（Idealität）隐退于话语之中了，并且逃逸于思想。但恰恰在这里，我们触及欧里庇德斯所做的革新的光辉的、引人注目的方面：民众在他那里学会了说话；在与埃斯库罗斯的竞赛中，他以此来炫耀自己：通过他，现在民众懂得了：

> 按艺术规则去接近作品，
> 　　逐行仔细考量，
> 觉察、思想、观看、领悟、动脑子，
> 　　热爱、蹑行
> 猜疑、否定、反复权衡。

通过欧里庇德斯，新喜剧的话匣子被打开了，而人们在他以前都不知道，应当如何在舞台上体面地谈论日常生活。欧里庇德斯把他全部的政治希望都建立在市民的平庸性上，现在，这种平庸性有了发言权，而在此之前，悲剧中的半神、旧喜剧中醉醺醺的萨蒂尔或者半神才是语言大师。

> "我描绘房子和庭院，那是我们生活的地方，
> 　　那是我们织造的地方
> 我就这样任人评判，因为人人都是行家，
> 　　都能评判我的艺术。"

是的，他是这样夸自己的，

> "我把思想和概念借给艺术,由此,唯有我才能为这样的智慧
>
> 注入周围那种评判:
>
> 结果,现在在这里,
>
> 人人都能哲思,而且前所未有,如此聪明地
>
> 订购了房子和庭院,田野和牲畜:
>
> 总是探究和沉思
>
> 何故?何为?谁?哪里?如何?什么?
>
> 这东西去了哪里?谁取走了我的东西?"

正是这样一个有准备的和经过启蒙的大众,使新喜剧得以产生出来了,也就是那种戏剧上的弈棋游戏,它对于狡猾的胡闹非常喜欢。对于这种新喜剧来说,欧里庇德斯在某种程度上就成了合唱歌队导师:只不过这一回,观众合唱歌队必须受到训练。一旦观众能用欧里庇德斯的调子唱歌了,戏就开始了,负债的年轻主人、轻佻而好意的老人、考茨布厄戏剧中的宠妃情妇①、普罗米修斯式家奴的戏就开始了。而作为合唱歌队导师,欧里庇德斯不断地受到赞扬;真的,倘若人们不知道悲剧诗人们与悲剧一样已经死了,为了从他那里学习更多的东西,人们就会自杀的。然而,随着悲剧之死,希腊人也放弃了对于不朽的信仰,不但不再信仰一个理想的过去,而且也不再信仰一个理想的将来了。那个

---

① 考茨布厄(Kotzbue,1761—1819):德国戏剧作家,其作品多哗众取宠,内容低俗而丑陋。

著名的墓志铭①上的一句话"老者轻浮又古怪"也适用于老迈的希腊文化。瞬息欢娱、玩世不恭乃是它的最高神灵;第五等级,即奴隶等级,现在要上台当权了——至少在观念上是这样。

有了这样一种回顾,人们就容易努力去反对作为所谓的民众诱惑者的欧里庇德斯了,对他进行不公的但激烈的指控,而且大概会用埃斯库罗斯的话来做结论:"他什么坏事写不出来呀?"然而,无论人们从他那里推出什么样的恶劣影响,下面这一点是总归要坚持的,即:欧里庇德斯是以最佳的知识和良知来行动的,而且以伟大的方式把他全部的生活都奉献给了某种理想。他与他自以为认识到的巨大的邪恶做斗争,他作为个体以极大的才智和活力抗拒邪恶,其方式再次昭示出古代马拉松时代的英雄精神。的确,人们可以说,在半神被欧里庇德斯逐出悲剧之后,在他那里诗人就成了半神。而他自以为已经认识到的巨大邪恶(他对之做了如此英勇的斗争),就是音乐剧的沦落。然则欧里庇德斯在哪里发现了音乐剧的沦落呢?是在埃斯库罗斯和索福克勒斯以及比他更年长一些的同代人的悲剧中。这是非常令人吃惊的。难道他没有搞错吗?难道他没有不公地对待埃斯库罗斯和索福克勒斯吗?难道不正是他对所谓沦落的反应成了悲剧终结之开端?所有这些问题,眼下在我们这儿都变得尖锐了。

欧里庇德斯是一位孤独的思想家,根本不合当时主流大众的趣味,作为一个郁闷怪人,他引起了主流大众的疑虑。他跟大众一样不走运:而且因为对于那个时代的一个悲剧诗人来说,大

---

① 指歌德《讽刺诗·墓志铭》,第4行。

众恰恰创造了幸福，所以人们就能理解，为何他在有生之年只获得了那么可怜的荣誉，一种悲剧性胜利的荣誉。是什么驱使这位有才华的诗人如此坚定地逆主流而动呢？是什么促使他离开了像埃斯库罗斯和索福克勒斯之类的男人们踏上的道路，那条为民众宠爱的阳光所照耀的道路？一个唯一的东西，就是那种关于音乐剧之沦落的信念。但他是在剧院的观众席上获得这种信念的。长期以来，他极敏锐地观察到，悲剧与雅典观众之间形成了何种鸿沟。对诗人来说最高和最重的东西，根本没有为观众所感受，而倒是被观众看作无关紧要的东西。一些偶然的、根本没有为诗人所强调的东西，却以突发的效果打动了大众。思索了诗人意图与效果之间的这种不一致性之后，他渐渐发现了一种艺术形式，后者的主要法则是："一切都必须是明智的，一切才能得到理解。"现在，每个细节都被拉到这种理性主义美学的法庭面前，首先是神话，还有主要特征、戏剧结构、合唱音乐，最后也是最关键的是语言。与索福克勒斯的悲剧相比，我们在欧里庇德斯那里经常不得不看作诗歌缺陷和退步的东西，正是那种有力的、批判性的过程的结果，是那种大胆理智的结果。人们或许可以说，这里有一个例子说明评论家如何可能成为诗人。只不过，说到"评论家"（Recensent）一词，人们不可受那些虚弱而多嘴之人的印象的支配，这些人根本不再让我们今天的观众在艺术问题上发言了。欧里庇德斯力求比他所评判的诗人们做得更出色：谁要是不能像他那样说到做到、多做少说，谁就少有权利要求公开发表批评意见。在此我想——或者也只能——举出一个卓有成效的批评的例子，不论是否真的有必要指出那个关于欧里庇德斯戏剧之全部差异性的观点。与我们的舞台技术相抵触的莫过于欧里庇德斯的序幕。在一出戏的开始，一个单独登台的人物（神或者英雄）来告诉观众他是谁，前面的剧情如何，此前发生了什么事，甚至这出戏的进展中将发生什么事，一个现代戏剧作家或许会把这种做法称为对戏剧悬念效果的放弃。我们都知道已经发生了什么，将要发生什么？那么，谁还愿意等待结局呢？欧里庇德斯作了完全异样的思考。古典悲剧的效果从来都不依靠剧情的紧张悬念，不依靠现在将要发生的令人刺激的不确定性，而倒是要依靠那些宏大广阔的激情场景，在这种场景中，狄奥尼索斯酒神颂歌的音乐基本特征重又响起。但最强烈地妨碍观众去享受这种场景的，是一个缺失的环节，是前面故事组织中的一个缺口；只要观众依然不得不去算计这个或那个人物的含义、这个或那个情节的含义，他们就还不可能全神贯注于主角的痛苦和行为上面，悲剧的同情就还是不可能的。在埃斯库罗斯和索福克勒斯的悲剧中，多半做了极艺术的安排，带着几分偶然，在头几个场景里就把理解剧情所必需的所有那些线索交到观众手中了；在这个特征中也显示出那种高贵的艺术家风范，后者似乎掩盖了必要的、形式的因素。不过，欧里庇德斯总还自以为已经发现，观众在看头几个场景时处于特有的骚动不安当中，为的是把剧情的前因后果算计清楚，而且对他来说，展示部的诗意之美已经丢失了。因此，他写了个序幕作为纲领，并且让一个可靠的人物、一个神来宣告。现在，他也能够更自由地来塑造神话了，因为他可以通过序幕来消除任何关于他的神话塑造的怀疑。由于对自己的戏剧艺术优势充满自信，欧里庇德斯便在阿里斯多芬的《蛙》中责备埃斯库罗斯：

"于是我将马上接近你的序幕
为的是针对悲剧第一部分
首先把他批评，这个大人物啊！
当他谈论事实时定是混乱不堪。"

但适合序幕的，同样也适合于那个臭名昭著的deux ex machina［解围之神］：他起草了未来之纲领，就像序幕是过去之纲领。介于这种史诗的预告与展望之间，才是戏剧抒情的现实和当前。

欧里庇德斯是头一个遵循一种自觉美学的戏剧家。他蓄意寻求最明白易懂的东西：他的主角们是真实的，如同他们说话发言一样。但他们也完全说出心里话，而埃斯库罗斯和索福克勒斯的人物性格比他们的言语要深刻得多、丰满得多：真正讲来，他们只是结结巴巴地说自己。欧里庇德斯塑造人物形象，同时又对他们进行解剖：在他做解剖之前，他们身上再也没有什么隐蔽的东西。如果说索福克勒斯说埃斯库罗斯，说后者做得对，但却是无意而为的，那么，欧里庇德斯对埃斯库罗斯的看法则是，因为后者是无意而为的，所以他做得不对。与埃斯库罗斯相比较，索福克勒斯知道得更多些，他为此沾沾自喜；但他更多地知道的东西，无非是技术操作领域之外的东西；除了欧里庇德斯，没有一位古代诗人能够真正以美学的理由来维护和主张自己的精华。因为古希腊艺术整个发展过程的神奇之处正在于，概念、意识、理论之类还没有发言权，弟子们能够从大师那儿学到的一切东西都与技术相关。还有，举例说来，这也正是托尔瓦德森[①]赋予那个古典假象的内容，即：很少思索，说和写得很烂，真正的艺术智慧尚未进入其意识之中。

与之相反，在欧里庇德斯周围却发散出一种对于现代艺术家来说独特的折射的微光：在苏格拉底主义概念下，可以最简洁地把握到他的几乎非希腊的艺术特征。"凡要成为美的，就必须是被认知的"，欧里庇德斯这个命题是可以与苏格拉底的命题"凡要成为善的，就必须是被认知的"并举的。欧里庇德斯乃是苏格拉底理性主义的诗人。

在古希腊，人们感觉到苏格拉底与欧里庇德斯这两个名字是共属一体的。在雅典有一个说法广为流传，说苏格拉底帮助欧里庇德斯写诗：我们从中却可以得知，人们多么敏感地在欧里庇德斯的悲剧中听出了苏格拉底主义。"美好古代"的拥护者们习惯于一口气说出苏格拉底和欧里庇德斯两个名字，把他们当作民众的坑害者。也有一种传说，说苏格拉底是不看悲剧的，只有在欧里庇德斯的新戏上演时才出现在观众席中。在对苏格拉底整个人生观起着决定性影响的著名的德尔斐神谕中，这两个名字在一种更深的意义上毗邻登场。德尔斐之神有言，苏格拉底是芸芸众生中最智慧者，这话也包含着一个评判，即欧里庇德斯在智慧比赛中应得第二名。

[①] 托尔瓦德森（Thorwaldsen，1770—1844）：丹麦哥本哈根雕塑家，新古典主义艺术的代表人物。

541　　众所周知,苏格拉底起初对于神谕是多么怀疑。于是,为了看看神谕是否正确,苏格拉底不断周旋于政治家、演说家、诗人和艺术家之间,以便知道他能否找到一个比他更智慧的人。他发现神谕处处得到了证实:他看到当代最著名的人物都处于一种自负自大之中,并且发现他们对自己的事务都没有正确的意识,而只靠直觉行事。"只靠直觉",这是苏格拉底主义的标语。在苏格拉底那种生命趋向中,理性主义表现得最为幼稚。苏格拉底从不怀疑整个问题提法的正确性。"智慧在于知识";以及"对于自己表达不出来,并且不能让他人相信的东西,人们一无所知"。这大约是苏格拉底那种奇怪的传教活动的原则,这种活动必定在他周围聚集成一片最黑的恶感之云,恰恰是因为当时没有人能反对苏格拉底而去攻击这个原则本身:或许人们为此就需要自己根本上并不拥有的东西,在会谈技巧、辩证法方面的那种苏格拉底式优越性。从无限深化的日耳曼意识出发,那种苏格拉底主义表现为一个完全颠倒的世界;但可以假定,即便在那个时代的诗人和艺术家看来,苏格拉底至少也必定是十分无聊和可笑的,特别是因为,他在其无端的争执中仍然煞有介事地提出一种神性使命的严肃和尊严。逻辑狂热分子就像马蜂一样不可忍受。现在且让我们来想想一个藏在十分片面的理智背后的巨大意志,即一个外表穿戴怪异而丑陋的不屈不挠的人物的极具个性的原始力量;而且我们会理解,何以即便像欧里庇德斯这样伟大的天才,也恰恰在其思想的严肃性和深度方面,必定愈加不可

542　避免地被拉扯入一种有意识的艺术创作的陡峭轨道上。悲剧的衰败(欧里庇德斯自以为看到了这种衰败)乃是苏格拉底的一

个幻影：因为没有人能够把这个古老的艺术技巧充分地转换为概念和词语，所以苏格拉底和受蛊惑的欧里庇德斯一道否认那种智慧。现在，与那种未经证实的"智慧"相对立，欧里庇德斯提出了苏格拉底的艺术作品——后者诚然还处在对主流艺术作品的诸多适应的外壳下。下一代人正确地认识到什么是外壳、什么是核心：他们剥去第一层外壳，然后作为艺术苏格拉底主义的果实，露出了表演式的弈棋即密谋戏的真相。

苏格拉底主义蔑视直觉，并且因此也蔑视艺术。它恰恰在艺术最本己的王国中否认这种智慧。只在一种唯一的情形下，苏格拉底本人才承认直觉智慧的力量，而且恰恰是以非常独特的方式承认的。在特殊场合，苏格拉底的理智会变得不可靠，通过一种神奇地表达出来的着魔的声音，他便获得了一个坚固的依靠。这种声音到来时，往往具有劝告作用。无意识的智慧在这个完全反常的人那里提高了声音，是为了偶尔阻止意识活动。这里也就显示出，苏格拉底真正属于一个颠倒的和乱七八糟的世界。在所有创造性的人那里，无意识恰恰发挥着创造性的和肯定的作用，而意识表现为批判性的和劝告性的。在苏格拉底那里，直觉成了批判者，意识成了创造者。

此外，苏格拉底对于直觉的蔑视还促使欧里庇德斯之外的第二个天才去改革艺术，而且是一种更激进的改革。在这一点上，连神一般的柏拉图也成了苏格拉底主义的牺牲品：他把以往的艺术都看作对假象[①]的模仿，也把"高贵而备受赞扬的"悲

[①] 此处"假象"原文为Scheinbilder，也可直译为"假的形象"。

剧——正如他所表达的——归于谄媚艺术之列，而所谓谄媚艺术，习惯于仅仅描绘令人惬意的、迎合感性自然的东西，并不描绘令人不快但有用的东西。因此，他是有意把悲剧艺术与装饰术和烹调术相提并论了。一种如此多样和多彩的艺术与审慎的性情相冲突，对于容易受刺激的敏感性情来说，这种艺术就是一个危险的雷管：所以就有充分的理由把悲剧诗人逐出理想国。在柏拉图看来，艺术家与奶妈、清洁女工、理发师和面包师一样，根本上属于国家多余的扩展部分。这种对艺术的有意的毫无顾忌的粗鲁谴责，在柏拉图那里是有某种病理原因的：为直观说明起见，可以说他只有在盛怒中才会奋起反对自己的肉体，为支持苏格拉底主义而蔑视自己深深的艺术天性；他以那些判决的严酷性公然表明，他的本性的最深伤口尚未愈合。诗人真实的创造能力，柏拉图多半只加以讽刺的对待，并且把它与占卜者和星相术士相提并论，因为在他看来，这并不是对事物之本质的有意识的洞见。除非诗人兴奋而失去意识，身上不再有理智时，不然是没有创作能力的。柏拉图把真正的艺术家形象（即哲学的艺术家形象）与这种"无理智的"艺术家对立起来，并且毫不含糊地声明，他本人是唯一达到这个理想的人，人们可以读读他的《理想国》对话。然而，柏拉图的艺术作品（即他的对话）的本质却在于：通过混合现有形式和风格而产生的无形式性和无风格性。首先，在新艺术作品上不应带有在柏拉图的观点看来旧艺术作品所具有的基本缺陷：它不该是对某个假象的模仿——也即按照通常的概念，对柏拉图的对话来说，不会有任何被模仿的自然现实。所以，它就在所有的艺术种类之间飘浮，在散文与诗歌、小说、抒情诗、戏剧之间飘浮，尽管它已经突破了统一的——风格上——语言形式的严格而古老的法则。在犬儒学派的作家们那里，苏格拉底主义被强化到更大的扭曲：他们力求在最大的风格多样性中，在散文形式与诗歌形式的往复摇摆中，反映出苏格拉底的可以说西勒尼式的外部本质，他的螃蟹眼、凸嘴唇和下垂肚。

有鉴于苏格拉底主义这些十分深刻的、在此只是有所触及的非艺术作用，谁不会同意阿里斯托芬的说法呢？——他让合唱歌队唱道：

"有福啊，凡不愿在苏格拉底那里
坐着并且说话的，
没有诅咒缪斯艺术
没有蔑视和忽略
悲剧的最高境界！
而这却纯属愚蠢，
把多余的勤勉用于
装腔作势的空话
和抽象的冥思苦想！"

但在反对苏格拉底所能说的话中最深刻者，已经有一个梦境告诉了他。正如苏格拉底在狱中对朋友们讲的那样，他经常做同一个梦，梦里说的总是同一个意思："苏格拉底，去搞音乐吧！"可是，直至他生命的最后日子，苏格拉底都用这样的想法来安慰自己：他的哲学就是最高的音乐。最后在狱中，为了完全问心无愧，他也勉强同意去搞那种"平庸的音乐"。他还真的把若干他熟悉的平淡乏味的寓言改成诗体了，但我并不认为，他以这种诗韵学上的练习便与缪斯女神取得了和解。

在苏格拉底身上体现出希腊人的那一个方面，即那种阿波罗式的明晰，没有任何外来的掺杂，他显得就像一道纯粹的透明的光束，作为同样也在希腊诞生的科学的先驱和先行者。然而科学与艺术是相互排斥的：由这个观点来看，意味深长的是，苏格拉底乃是头一个伟大的希腊人，但又是丑陋的；正如真正说来，他身上的一切都是象征性的。苏格拉底是逻辑之父，而逻辑最鲜明地呈现了纯粹科学的特征：他是音乐剧的毁灭者，而音乐剧于自身中集中了整个古代艺术的光芒。

苏格拉底是音乐剧的毁灭者，这意思比我们迄今为止所能暗示的还要深刻得多。苏格拉底主义是比苏格拉底更古老的；它那种使艺术解体的影响早就已经显而易见。在苏格拉底之前，苏格拉底主义所特有的辩证法①要素早就已经潜入音乐剧之中了，并且在其美好的躯体上百般蹂躏。这种败坏是以对话为起点的。众所周知，对话原本并不出现在悲剧中；自从有了两个演员，也就是相对晚些时候，对话才在悲剧中发展出来。在此之前，在主角与合唱歌队领唱之间的交谈中，已经有类似于对话的形式：但在这里，在一方隶属于另一方的情况下，辩证的争执其实还是不可能的。而一旦两个平等的主角面对面站

---

① 辩证法（Dialektik）也有"论证、雄辩"之义。

在那儿,依照一种深度的希腊本能,这时就会出现竞赛,而且是用词语和理由进行的竞赛;而希腊悲剧里为人所深爱的对话一直都是遥不可及的。有了那种竞赛,便要求观众心中有一个元素,而直到那时候,这个元素都被当作敌视艺术的、憎恨缪斯的东西,被逐出了戏剧艺术的庄严殿堂——那就是"恶的"厄里斯[①]。的确,自古以来,善的厄里斯都在一切缪斯行为中起着支配作用,而且在悲剧中把三个竞赛的诗人推到为审判而聚集起来的民众面前。然而,当来自法庭的话语纷争的映象也渗透到悲剧之中时,在音乐剧的本质和作用中就首度出现了一种二元论。从此时起便产生了那部分悲剧,在其中同情已经隐退,代之而起的是对于辩证法的铿锵战斗的明快喜悦。戏剧主角不能落败,所以他现在也不得不被搞成一个话语主角。在所谓的隔行争辩的对白(Stichomythie)中开始的那个过程继续推进,也渗透到主角的更长讲话中了。渐渐地,所有人物便都以这样一种挥霍敏锐感、清晰感和透明感的方式说话了,以至于当我们阅读索福克勒斯的一部悲剧时真的会产生一种困惑的总印象。在我们看来,仿佛所有这些角色都不是毁于悲剧性,而是毁于一种逻辑的异期复孕[②]。我们只好来比较一下,看看莎士比亚的主角是如何以完全不同的方式进行论辩的:在所有思考、猜测、推理之上,倾注了某种音乐的美和内化过程,而在晚期的

[①] 厄里斯(Eris):不和女神,宙斯与赫拉之女,最喜欢挑起纷争,比如挑起了"特洛伊之战"。

[②] 异期复孕(Superfötation):指孕妇体内已经怀有胎儿时又开始另一周期的排卵,第二次排出的卵子又恰好受精成了胚胎。

希腊悲剧中占上风的则是一种十分可疑的风格二元论，一边是音乐的力量，另一边是辩证法的力量。辩证法越来越强有力地向前挺进，直到它在整个戏剧的结构中有决定性的话语权。这个过程结束于密谋戏，由此那种二元论才被完全克服掉了，后果是其中的一个竞赛者即音乐完全被毁掉了。

在此意味深长的是，这个过程其实始于悲剧而终于喜剧。悲剧起于深层的同情之源泉，按其本质来看是悲观主义的。在悲剧中，人生此在（Dasein）乃是某种十分恐怖的东西，人类是某种十分愚蠢的动物。悲剧主角并不像现代美学所臆测的那样，是在与命运的抗争中证明自己的，他同样也不是活该受苦受难的。而毋宁说，悲剧主角是盲目地、蒙着脑袋落入自己的不幸和灾祸之中的：他那绝望而高贵的姿态直面这个刚刚被认识的恐怖世界，这种姿态有如一根针刺进我们的心灵。与之相反，辩证法从其本质深处来看则是乐观主义的：它相信原因与结果，因而相信一种罪与罚、德性与幸福的必然关系；它的计算范例必须毫无残留地展开出来；辩证法否定一切不可能在概念上分析的东西。辩证法持续地达到自己的目标；每一个推论都是它的欢庆节日，明快和意识是它唯一能呼吸的空气。当这个要素渗透到悲剧中时，就产生了诸如夜与昼、音乐与数学之间的二元论。必须通过理由与反理由来为自己的行为辩护的主角，面临着失掉我们的同情的危险：因为他后来遭遇的不幸恰恰只能证明他在某个地方失算了。可是，由于失算而导致的不幸已经不再是一个喜剧题材了。当对于辩证法的乐趣把悲剧瓦解掉之时，新喜剧便随着其狡诈和诡计的不断胜利而产生出来了。

在大量欧里庇德斯的戏中,苏格拉底的意识及其对德性与知识、幸福和德性之间的必要联系的乐观主义信仰产生了作用,最后便得以开启出对舒适的继续生存的展望——多半是伴随一场婚姻。一旦机械上的神①出现,我们就会发现,躲在面具后面的是苏格拉底,他试图在自己的天平上平衡幸福与德性。人人都知道苏格拉底的命题:"德性即知识:唯出于无知才会犯罪。有德性者才是幸福者。"②在乐观主义的这三个基本形式中,酝酿着悲观主义的悲剧之死。在欧里庇德斯之前的很长时间里,这些观点就已经开始了对悲剧的消解。如果德性即知识,那么有德性的主角就必定是辩证法大师。既然完全没有发育好的伦理思想是异常肤浅而贫乏的,往往就只有善于伦理论辩的主角才表现为道德陈词滥调和庸俗气的宣告者。人们只需有勇气承认这一点,人们必须坦白(完全不用提欧里庇德斯),即便索福克勒斯悲剧里最美好的形象,诸如安提戈涅、厄勒克特拉、俄狄浦斯,间或也会陷入让人完全无法忍受的庸俗的思路上,从头到尾,戏剧里的人物比他们的言语声明更美好、更伟大。基于这样一个观点,我们对更古老的埃斯库罗斯悲剧的评判必定会合适得多:就此而言,埃斯库罗斯也无意识地创造了他的最佳作品。在莎士比亚的语言和人物描绘中,我们确实为此类比较找到了不可动摇的支撑点。在莎士比亚身上可以找到一种伦理智慧,与之相比较,苏格拉底主义就显得有些多嘴多舌了。

---

① 显然指上文讲的 deux ex machina[解围之神],即希腊罗马戏剧中为消除剧情冲突或者为主人公解围而用舞台机关送下来一个神。

② 通常把苏格拉底这些命题的意义概括为一句话:知识即德性。

在我的前一个演讲中,我故意很少讲到希腊音乐剧中音乐的界限:在我们做的这些探讨的语境联系中,如果我把希腊音乐剧中音乐的界限称为音乐剧瓦解过程开始的危险点,那么事情就不难理解了。悲剧毁于一种乐观主义的辩证法和伦理学:这意思无非就是说,音乐剧毁于一种音乐的缺失。在悲剧中渗透进来的苏格拉底主义起到了阻碍作用,阻止了音乐与对话和独白相融合:无论音乐是否在埃斯库罗斯的悲剧中取得了其最卓有成效的开端。另一个后果则是,越来越多地受到限制、被逐入越来越狭隘的界限之中的音乐,在悲剧中再也没有如鱼得水的在家之感,而是在悲剧之外,则作为绝对的艺术而更自由、更大胆地发展起来了。让一个幽灵在午餐时间显现出来,这是可笑的:要求一个如此神秘、严肃而热烈的缪斯(就是悲剧音乐的缪斯)在法庭上、在论辩冲突的间歇去歌唱,这同样是可笑的。在这种可笑感中,音乐便在悲剧中沉寂了,仿佛惊骇于它那前所未闻的亵渎;音乐越来越不敢提高自己的音调了,它终于被弄得不知所措,它歌唱不合适的事物,它羞愧难当,从剧场逃之夭夭了。毫不掩饰地说,希腊音乐剧的鼎盛期和高峰乃是埃斯库罗斯的第一个伟大时期,是在他还没有受索福克勒斯影响之前:整个渐进的沦落和衰败过程始于索福克勒斯,直到最后,欧里庇德斯对埃斯库罗斯悲剧的有意反动急速导致悲剧的终结。

我们这个评判完全是与一种当前流行的美学背道而驰的:实际上,对于这同一个评断,我们可以提出的证词莫过于阿里斯托芬的证词——没有一个天才像阿里斯托芬这样亲近于埃斯库罗斯。而同样的事为同样的人所认识①。

最后只有一个问题了。音乐剧真的死了,永远死了吗?除了"大歌剧",日耳曼人真的没有什么可以用来支援那种已经消失的过去时代的艺术作品了吗?——差不多就像那只习惯于在赫拉克勒斯②旁边出现的猴子。③这是我们今天的艺术极为严肃的问题:而作为日耳曼人,谁［+++］这个问题的严肃性［+++］

---

① 此句或可译为:英雄所见略同。

② 赫拉克勒斯(Heracles):古希腊神话中最著名的英雄,主神宙斯与阿尔克墨涅之子,因其出身而受到天后赫拉的憎恶。他神勇无比,完成了12项不可能的伟绩,还解救了被缚的普罗米修斯。他死后灵魂升入天界,被升为武仙座。

③ 有一则典故叫"赫拉克勒斯的猴子",意为一种对赫拉克勒斯的模仿。

狄奥尼索斯的世界观

一

希腊人把他们的世界观的隐秘学说表达在他们的诸神中，同时也把它隐瞒于其中。他们把两个神祇，即阿波罗与狄奥尼索斯，设立为他们的艺术的双重源泉。这两个名称体现了艺术领域里的风格对立，它们几乎总是在相互斗争中并行共存，唯曾几何时，在希腊"意志"的鼎盛时期，融合为阿提卡悲剧的艺术作品。因为在两种状态中，即在梦与醉中，人类能达到人生此在的快乐感。在梦境中，每个人都是完全的艺术家。梦境的美的假象乃是一切造型艺术之父，而且正如我们将会看到的，也是一大半诗歌之父。我们在直接的形象领悟中尽情享受，所有形式都对我们说话；根本没有无关紧要的和不必要的东西。即便在这种梦之现实性的至高生命中，我们仍然具有对其假象的朦胧感觉；唯当这种感觉终止时，才会出现那些病态的作用，在其中梦不再令人振奋，梦之状态的具有治疗作用的自然力也终止了。但在那个界限内，我们以那种普遍明智（Allverständigkeit）在自己身上寻找到的，绝非只是一些适意而友好的形象而已：还有严肃的、悲伤的、忧郁的、阴沉的东西，它们以同一种乐趣而被人直观到，只不过，即便在这里，假象的面纱也必定处于飘忽的运动中，也不会完全把现实的基本形式掩蔽起来。所以，梦是个别的人拿现实做游戏，而造型艺术家（在较宽广的意义上）的艺术则是拿梦做游戏。作为大理石石块的雕像是一种高度现实的东西，但作为梦之形象的雕像的现实性却是活生生的神之形象。只要作为幻象的雕像依然浮现在艺术家眼前，则他就还在拿现实做游戏：当他把此幻象转化到大理石中时，他就是在拿梦做游戏。

那么，在何种意义上人们能够把阿波罗搞成艺术之神呢？只是就阿波罗是梦之表象的神而言。他是完完全全的"闪耀者"：最深根源上的太阳神和光明之神，在光华中昭示自己。"美"是他的元素：永恒的青春与之结伴。可是，连梦境的美的假象也是他的王国：这种更高的真理，这些与无法完全理解的日常现实性相对立的状态的完满性，把他提升为预言之神，但恰恰如此确凿地成了艺术之神。美的假象之神必须同时也是真实知识之神。然而，有一条柔弱的界线，梦景不可逾越之，方不至于在假象不仅迷惑而且欺骗的地方产生病态的作用，这条界限在阿波罗的本质中也是不能缺失的：造型之神（Bildnergott）那种适度的限制，那种对粗野冲动的解脱，那种智慧和宁静。他的眼睛必须是"太阳般"宁静的：即便在流露出愤怒和不满的眼光时，它也依然沐浴于美的假象的庄严中。

与之相反，狄奥尼索斯艺术却基于陶醉与迷狂游戏。尤其是两种力量能够把质朴的自然人提高到陶醉之自身遗忘状态，即春天的冲动和麻醉性的饮料。它们的作用在狄奥尼索斯形象中得到了象征化表现。principium individuationis ［个体化原理]在这两种状态中被突破了,主体性完全消失在一般人性,实即普遍自然性的突发强力面前。狄奥尼索斯节日不只订立了人与人之间的联盟,而且也使人与自然和解。大地自愿地献出自己的赠礼,野兽温顺地走近:狄奥尼索斯的战车缀满鲜花和花环,由豹和虎拉着。在人与人之间固定起来的全部森严藩篱都分崩离析了:奴隶成了自由人,高贵之人与低等之人统一为同一个酒神巴克斯的歌队。在越来越壮大的队伍中,"世界和谐"的福音辗转各地:载歌载舞之际,人表现为一个更高的、更理想的共同体的成员:他忘掉了行走和说话。更有甚者:人感到自己着了魔,真的成了某种不同的东西了。正如现在野兽也能说话,大地流出乳汁和蜂蜜,同样地,人身上发出某种超自然之物的声音。人感觉自己就是神,通常只在自己的想象力中存活的东西,现在他在自己身上感受到了。现在对人来说形象和雕像是什么呢?人不再是艺术家,人变成了艺术品,正如人在梦中看见诸神的变幻,现在人自己也陶醉而飘然地变幻。在这里,自然的艺术强力(而不再是一个人的艺术强力)得到了彰显:人这种更为高贵的陶土,这种更可珍爱的大理石,在这里得到捏制和雕琢。这个被艺术家狄奥尼索斯赋形的人之于自然,就如同雕像之于阿波罗艺术家。

如果说陶醉是自然与人的游戏,那么,狄奥尼索斯艺术家的创造就是陶醉游戏。如果人们没有亲自经验到这种状态——这是某种类似的东西,如果人们做梦而同时把梦当作梦来感受,那么这种状态就只能通过比喻方式来把握。于是,狄奥尼索斯的仆人就必定处于陶醉中,同时又必定作为观察者在背后暗中守候。

狄奥尼索斯的艺术性并不显示在审慎与陶醉的变换中，而是显示在两者的并存中。

这种并存标志着希腊文化的顶峰：从本源上讲，唯有阿波罗才是一个希腊的艺术之神，他的强力就在于，在相当程度上缓和了从亚洲冲过来的狄奥尼索斯，使得两者之间可能形成一种最美的兄弟联盟。在此人们最容易把握到希腊本质的令人难以置信的理想主义：有一种自然崇拜，它在亚洲人那里意味着低级本能的最粗野的迸发，一种在某个特定时期冲破全部社会桎梏的泛情色的动物生活；从这种自然崇拜中生成了一个世界拯救的节日，一个美化的日子。他们的本质的所有这些高雅本能，都昭示于这样一种对放荡狂欢的理想化过程中了。

然而，当新神冲将过来时，希腊文化从未处于比这更大的危险之中。德尔斐的阿波罗的智慧也从未显示于更美的光华之中。首先抵触性地，阿波罗用极其精细的纱线把强大的敌人包围起来，以至于这个敌人几乎察觉不到自己已经落入半囚禁状态中了。由于德尔斐的神职人员洞察到了这种新的崇拜对社会革新过程的深度作用，并且依照他们的政治-宗教的意图来推动这种新崇拜，由于在德尔斐的崇拜秩序中年岁之支配地位最终被分配给阿波罗与狄奥尼索斯了，所以，这两个神可以说在他们的竞赛中取得了胜利：一种竞技场上的和解。如果人们想十分清楚地看到，阿波罗元素是多么强有力地遏制了狄奥尼索斯的非理性而超自然的要素，那么他就要想到，在更早的音乐时期，γένος διθυραμβικόν［酒神颂歌种类］同时也是ἡσυχαστικόν［安慰性的、镇静性的］。阿波罗的艺术精神越是旺盛有力，兄弟神狄奥尼索斯就越是自由地发育起来：在同一时间作为首要之神获得完全的、几乎不动的美之景象，在菲狄亚斯①时代，另一个神则在悲剧中解说了世界之谜团和世界之恐怖，在悲剧音乐中道出了最内在的自然思想，"意志"在全部现象之中并且超越于全部现象的活动。

如果音乐也是阿波罗艺术，那么确切地讲，这无非是指节奏，这种节奏的造型力量被阐发为对阿波罗状态的呈现：阿波罗音乐乃是声音建筑，而且还是仅仅暗示性的声音的建筑，正如基塔拉②所具有的那种声音。被谨慎地回避和阻止的恰恰是这样一个元素，它构成狄奥尼索斯音乐的特征，实即一般音乐的特征，那种声音的震撼性力量和完全无与伦比的和谐境界。希腊人对此有极精细的感觉，正如我们必须从音调的严格特征中获取的那样，尽管希腊人对一种完成了的、真正奏响的和声的需要比现代世界更少。在和声模进③中，而且就在其略写记号中，在所谓的旋律中，"意志"完全直接地表现出来，而并没有事先进入某个现象之中。每个个体都可能被用作比喻，可以说是表示一个普遍规律的具体个案；而相反地，狄奥尼索斯式的艺术家将以直接易懂的方式把显现之物的本质阐释出来：他掌管了尚未成型的意志的混沌，而且能够在每一个创造性时机里，从中创造出一

---

① 菲狄亚斯（Phidias，生卒年为约公元前480年至公元前430年）：古希腊著名的雕刻家和建筑师，雅典帕特农神殿的主要雕塑者。
② 基塔拉（Kithara）：古希腊的三种弦乐器之一，相传由阿波罗发明。
③ 和声模进（Harmonienfolge）：音乐术语。模进又叫移位，是指把歌曲的主题旋律或其他乐句的旋律、乐节等在不同高度上重复出现。按照模进的动机内一定关系的和弦组合方式，为模进的旋律所配的和声，称为和声模进。

个新世界,但也能创造那个旧世界,那个作为现象而为人所知的世界。在后一种意义上,他是悲剧音乐家。

在狄奥尼索斯的陶醉中,在全部心灵音阶(在令人陶醉地激动之际)的猛烈疾驰中,或者在春天的本能释放时,自然的至高力量得到了表达:自然把个别生命重又相互连接起来,并且让人感觉它们是统一的;以至于principium individuationis[个体化原理]仿佛显现为意志持续的虚弱状态。意志越是颓废,一切就越是支离破碎,个体就越是利己地和任意地发育,则个体所效力的机体就越是孱弱。所以,在那些状态中,可以说突发出一种多愁善感的意志力量,"造物对遗失的一种叹息":从至高的乐趣而来,响起惊恐之呼叫,对一种无可弥补的损失的渴望和抱怨。繁茂的大自然庆祝自己的农神萨图恩节①,同时也庆祝自己的葬礼。大自然的祭司的情绪极其神奇地被混合在一起,痛苦唤起乐趣,欢呼从胸腔中发出苦痛的声音。这位 ὁ λύσιος[解救]之神使一切都解脱自身,把一切都转变了。大自然在民众那里获得了声音和运动,而如此激动的民众的歌唱和表情对于荷马时代的希腊世界来说乃是某种全新的和闻所未闻的东西;对于当时的希腊世界来说,这是某种东方因素,希腊世界不得不首先以其巨大的节奏和造型力量来战胜这种东方因素,而且也已经战胜了这种东方因素,就像同时期的埃及神庙风格一样。正是这个阿波罗民族把超强的本能钉入美的镣铐之中:它把大自然最危险的元素,即大自然中最野性的野兽,束缚于桎梏之中了。当人们把狄奥尼索斯酒

---

① 农神萨图恩节(Saturnalien):古罗马节日,每年12月17日。

神庆典上希腊文化的神灵化与其他民族出于相同来源而产生的东西做一番比较时,人们便高度赞赏希腊文化的理想主义力量。类似的节日是古老的,到处都可得到证明,最著名的是巴比伦的名为萨凯恩①的节日。在那里,在为期五天的节日活动中,任何国家和社会的纽带都被撕裂了;但核心在于性方面的放纵状态,在于毫无节制的乱性对任何家庭制度的摧毁。古希腊的狄奥尼索斯庆典图景呈现出与之相反的情形,欧里庇德斯在《酒神的伴侣》(Bacchen)中对之作了勾勒:从中涌出斯科帕斯和普拉克西特利斯②创作成雕塑的那同一种妩媚,那同一种音乐上的美化陶醉。一个信使讲道,他在正午的烈炎中赶着牧群来到山顶上:这是好时候和好地方,可以看到从未见到过的事物;现在潘神③已经睡了,现在天空就是一种灵光的纹丝不动的背景,现在白昼开始昌盛。那个信使在阿尔卑斯的一个牧场上发现了三个女子合唱队员,她们心不在焉地躺在地上,仪态端庄:许多女人依靠在枞树的树干上:万物都在安睡。彭透斯④的母亲突然间开始欢呼起来,睡

---

① 萨凯恩节(Sakaeen):古代波斯和巴比伦的节日,活动包括换位游戏,如主奴、人兽身份的换位。

② 斯科帕斯(Skopas):公元前四世纪希腊雕塑家和建筑师,面部嵌着深深下陷的眼睛和微微张开的嘴巴是其作品的显著特点。普拉克西特利斯(Praxiteles):公元前四世纪希腊雕塑家,第一个雕刻真人大小女性裸体的雕刻家,作品以优雅、柔和的人像著称。名作《尼多斯的阿芙罗狄忒》塑造了古希腊理想的爱神形象。

③ 潘神(Pan):又译作"潘恩",古希腊神话中的森林之神和牧神。随着希腊神话的发展,潘也由地方神演变成了狄奥尼索斯的伴友之一。

④ 彭透斯(Pentheus):又译"蓬托斯",古希腊神话中象征"大海之底"的男神,山神乌瑞亚(Ourea)的兄弟。相传他企图阻止人们信奉酒神狄奥尼索斯,因此被参加酒神节游行的妇女们(其中有彭透斯的母亲)撕碎致死。

意被赶跑了,所有人都跳了起来,那是一个高贵风俗的范本;年轻女孩们和女人们把卷发散落到肩上,鹿皮被安放停当——如果她们在睡眠时解开了带子和蝴蝶结。人们拿蛇缠在身上,而蛇亲昵地舔着面颊;若干个女人怀着狼崽和小鹿,给它们喂奶吃。一切都装饰着常春藤花环和花枝,用提尔索斯神杖①敲击一下岩石,水就喷涌而出:用一根木棒往地上一戳,就喷出一个葡萄泉。甜甜的蜂蜜从树枝上滴落下来,只用指尖触一下地面,就会溅出雪白的奶。——这是一个完全被魔化了的世界,大自然与人类一道庆祝自己的和解节日。这个神话说的是,阿波罗把被撕碎了的狄奥尼索斯重又黏合起来了。这是被阿波罗重新创造出来、从其亚洲式的分裂状态中被解救出来的狄奥尼索斯的形象。——

二

正如我们在荷马那里已经碰到的那样,希腊诸神在其完成状态中肯定不能被把握为困厄和需要的产儿:无疑地,这样的东西并不是由被畏惧所震惊的心情所虚构出来的:并不是为了回避生命,有一种天才般的幻想把诸神的形象投射到蓝天中。从中道出的是一种生命的宗教,而不是义务的、禁欲的或者教养的宗教。所有这些诸神形象都充斥着人生此在(Dasein)的胜利,一种繁茂的生命感伴随着诸神崇拜。他们并不要求:在他们

---

① 提尔索斯神杖(Thyrsos):狄奥尼索斯信徒手执的神杖,由茴香杆制成,顶端缠绕常春藤。

560　身上现存的事物，不论善的恶的，都被神性化了。按其他宗教的严肃性、神圣性和严苛性来衡量，希腊宗教处于一种危险之中，即有可能被低估为一种幻想的游戏——如果人们不能设想最深层智慧的一种经常被错认的特征，伊壁鸠鲁派的那种诸神存在（Göttersein）正是经由这个特征才突然显现为无与伦比的艺术家民族的创造，而且几乎显现为至高的创造。这个民族的哲学就是要把被缚的森林之神向终有一死的人揭露出来："绝佳的东西是不要存在，次等美妙的事体是快快死掉。"①这同一种哲学构成了那个诸神世界的背景。希腊人认识到了人生此在的恐怖和可怕，但为了能够活下去，他们把这种恐怖和可怕掩盖起来了：按照歌德的象征说法，那是一个隐藏在玫瑰花中的十字架。那熠熠生辉的奥林匹斯世界之所以获得了主宰地位，只是因为决定着阿喀琉斯之早夭和俄狄浦斯之可怕婚姻的 μοῖρα［命运］的幽暗支配，被宙斯、阿波罗、赫尔墨斯等光辉形象掩盖起来了。倘若有人取消掉那个中间世界的艺术假象，那么，人们就不得不追随森林之神即狄奥尼索斯的伴侣的智慧。正是这样一种困厄基于这个民族的艺术天才创造出诸神。因此，一种神正论从来都不是一个希腊问题：当时人们小心提防，免得过高地期望诸神来保障世界之实存（Existenz），因而要求诸神为世界之状况负责。连诸神也服从于 ἀνάγκη［必然性、强制性］：这是一种极其稀罕的智慧的表白。在一个具有美化作用的镜子中看到它的此在（Dasein）（正如它一次性地存在的那样），并且用这个镜子

---

① 参看尼采：《悲剧的诞生》，第3节。

来反抗美杜莎而保护自己——此乃希腊"意志"的天才策略,为的是终究能够生活下去。因为倘若没有向这个民族开启出在诸神中为一种更高的荣光所包围的同一种痛苦,那么,这个无限敏感的、能够十分出色地应对痛苦的民族,又怎能承受人生此在!唤醒艺术的同一种冲动,作为引诱人们活下去的人生此在(Dasein)的补充和完善,也让奥林匹斯的世界诞生了,那是一个美好、宁静、享乐的世界。

从这样一种宗教的作用出发,生命在荷马的世界里就被把握为本身值得追求的:生命处于这些诸神的明媚阳光中。荷马笔下人类的痛苦涉及对这种人生此在的避离,首要地涉及那种快速的避离:当悲叹之声响起来时,它听起来又是关于"短命的阿喀琉斯",关于人类世代的快速更换,关于英雄时代的消失的。渴望活下去(哪怕自己作为临时工),这对盖世英雄来说也并非不值得。"意志"从来没有像在希腊文化(其悲叹本身依然是自己的赞歌)中那样,如此公开地表达自己。因此,现代人渴望那个时代,在其中现代人以为听到了自然与人类之间的完全和谐,因此,希腊性就成了所有那些为了有意识地肯定意志而寻求光辉典范的人们的格言;因此,最终在贪图享乐的作家的笔下就产生了"希腊的明朗"概念,以至于一种放荡的懒虫生活竟敢不敬地用"希腊的"一词来替自己辩解,实即自我崇敬。

在上面所有这些从最高贵之物误入最平庸之物的观念中,希腊文化是太过粗糙和太过简单地被看待了,在某种程度上,是按照明确的、可以说片面的民族(比如说罗马人)形象而被塑造而成的。然则人们也要在一个民族的世界观中猜度到对于艺术假象的需要，其中触及的东西经常会转化为金钱。真正说来，正如我们已经暗示过的那样，我们在这种世界观中也碰到一个巨大的幻觉，这种幻觉是自然为了达到自己的目的十分有规律地加以利用的。真正的目标被一个幻象所掩盖：我们伸出双手去迎接这个幻象，而自然正是通过这种欺瞒才达到这个幻象的。在希腊人身上，意志想要直观到自己被美化为艺术品：为了颂扬自己，意志的创造物必须感觉到自己是值得颂扬的，它们必须在一个更高的领域里与自己重逢，仿佛被提升到了理想之境，而这个完美的直观世界并没有作为命令或者作为指责发挥作用。此乃美的领域，他们在其中看见了自己的镜像，即奥林匹斯诸神。希腊人的意志拿这种武器来反抗与艺术相关的天赋，为了痛苦，为了痛苦的智慧。从这种斗争中，并且作为斗争胜利的纪念碑，悲剧诞生了。

痛苦之陶醉与美好的梦境有着各自不同的诸神世界：前者以其万能的本质渗透到自然最内在的思想之中，它认识到对于人生此在的可怕欲望，同时也认识到一切进入人生此在的东西的持续死亡；它创造的诸神有善的也有恶的，类似于偶然性，通过突然出现的合计划性而让人惊恐，毫无同情心，没有对美的乐趣。诸神与真理相近，接近于概念：他们难得把自己浓缩为形象。对他们的直观使人变成石头：人们该如何与他们一道生活呢？但人们也不该与他们一道生活：这就是他们的学说。

如果这个诸神世界并不能完全地、像一个不可饶恕的秘密那样被掩盖起来，那么，那道目光，那道穿透奥林匹斯世界被并置起来的光辉灿烂的梦之诞生的目光，就必须抽离于这个诸神世界：因此，诸神世界之色彩的炽热在升高，诸神世界之形象的感性在升高，真理或真理之象征越强烈地起作用，这种炽热和感性就升得越高。然而，真与美之间的斗争，从来没有像在狄奥尼索斯节日活动到来时那么猛烈：在此节日活动中，自然得以揭示自身，以令人惊恐的清晰性，以那种音调（面对这种音调，诱人的假象几乎失去了自己的强力）说出自己的秘密。这个源泉起于亚洲：但它必定是在希腊才能汇成河流的，因为它在希腊首次发现了亚洲没有向它提供的东西，那就是：极度的敏感性和受苦受难的能力，与举重若轻的审慎和敏锐结伴而行。阿波罗是怎样挽救希腊文化的呢？这个新生儿①被拉入美的假象的世界里，被纳入奥林匹斯的世界里：为了他，德高望重的神祇（例如宙斯和阿波罗）牺牲了诸多荣耀。人们从来没有对一个陌生的外来者费过更多的周折：就此而言，他也是一个可怕的外来者（任何意义上的hostis［敌人］），十分强大，足以把好客的房屋变成废墟。一场伟大的革命在所有的生活方式中开始了：狄奥尼索斯处处神出鬼没地冒出来，也突现于艺术中。

　　观看、美、假象环绕着阿波罗艺术的领域：这是一个被美化的眼之世界，是眼睛在梦中闭着眼艺术地创造出来的世界。甚至史诗也想把我们置入这种梦境之中：我们应当对一切都视而不见，我们应当欣赏那些内在的画面，行吟诗人力图通过概念刺激我们去了解这些画面的生产。在这里，造型艺术的效果被间接地达到了：通过雕刻过的大理石，雕塑家把我们带向他在梦里看

---

①　指狄奥尼索斯。

到的活的神衹那里,以至于真正地作为τέλος[目的、目标]浮现出来的形象,无论对于雕塑家还是对于观众,都变得清晰了,而且雕塑家通过雕像这个中间形态,引发观众去查看,史诗诗人也是这样,他们看到了同样的活的形象,并且也想要把这些形象展示给他人。然而,史诗诗人不再在自己与他人之间安插雕像:而毋宁说,他叙述那个形象如何通过动作、声音、言辞和行为来证明自己的生命,他迫使我们把诸多作用和结果归结于原因,他强迫我们去理解一种艺术构成。当我们清晰地看到这个形象、群体或者画面站在我们面前时,当他把那个梦的状态告知我们时(他本人首先在此状态中制造了那些表象),这时候,他就达到了自己的目标。要求史诗成为造型的创造,这个要求表明抒情诗与史诗是多么的绝然不同,因为抒情诗从来都不是以画面形式为目标的。两者之间的共性只是某种质料、言辞,更普遍的则是概念:当我们谈到诗歌时,我们指的并不是与造型艺术和音乐相联系的范畴,而是指两种完全不同的艺术手段的黏合,其中一种意味着通向造型艺术的道路,而另一种则意味着通向音乐的道路,但两者都只不过是通向艺术创作的道路,而并非艺术本身。在此意义上,当然连绘画和雕塑也只是艺术手段:真正的艺术乃是创造形象的能力,不论它是预先-创造还是事后-创造。艺术的文化意义就建立在这种特征的基础上——那是一种一般人类的特征。艺术家——作为必须通过艺术手段去创造艺术的艺术家——不可能同时成为从事艺术活动的吸收器官。

阿波罗文化的造型活动,无论这种文化在神庙中、在雕像中表现出来,还是在荷马史诗中表达出来,都在适度(Maaß)的伦理要求中有自己的崇高目标，而这种伦理要求与关于美的审美要求是并行的。唯在尺度、界限被视为可认识的东西的地方，才有可能把适度当作要求提出来。为了能够遵守其界限，人们必须认识这界限：所以才有阿波罗的劝告γνῶθι σεαθτόν［认识你自己］。然而，阿波罗的希腊人只能在镜子中看到自己，也即认识自己，这镜子就是奥林匹斯诸神世界：在这里他却重新认识到自己最本己的本质，被美好的梦之假象包围着。适度乃是美之适度，新的诸神世界（面对一个被推翻了的泰坦世界）在适度的桎梏下活动：希腊人必须要遵守的界限，乃是美的假象的界限。其实，一种求助于假象和适度的文化，其最内在的目的只可能成为对真理的蒙蔽：在其工作中不知疲倦的研究者恰恰与超强的泰坦一样，都得到了这样一种警告，μηδὲν ἄγαν［勿过度］。在普罗米修斯身上，希腊文化获得了一个例证：对人类认识的过分推动，对于推动者和被推动者都会起败坏作用。谁想要以自己的智慧经受住神的考验，他就必须像赫西俄德那样μέτρον ἔχειν σοφίης［有智慧的适度］。

现在，狄奥尼索斯庆典的狂喜声音透入到如此这般被建造起来、艺术地被保护的世界里；在此狂喜声音中，自然的整个过度（*Übermaß*）在快乐、痛苦和认识中同时开启自身。直到现在一直被看作界限、适度之规定的一切东西，在此都表明自己是一种人为的假象：这种"过度"把自身揭示为真理。异常迷人的民歌以一种超强情感的全部醉态首次发出震耳之声；与之相反，吟唱甜美诗的阿波罗式艺术家带着他的κιθάρα［基塔拉琴］的一味胆怯地暗示的音调，这种艺术家意味着什么？从前在诗歌-

音乐的行业内按等级框架形式传播、同时与一切世俗的参与保持距离的东西,那必须凭着阿波罗式天才的强力保持在一种简单的结构设计阶段上的东西,亦即音乐要素,在这里抛弃了全部的限制:先前只在最简单的蜿蜒曲折中运动的节奏,松开四肢开始放荡地舞蹈了,那声音响了起来,不再像从前那样以幽灵般的稀释冲淡,而是以音量的千百倍提高,辅以低沉的吹奏乐器的伴奏。而且最神秘的事情发生了:在此诞生了和谐,这种和谐的运动把自然之意志带向直接的领悟。现在,在阿波罗的世界里艺术地隐藏起来的事物,在狄奥尼索斯的氛围里发出了声响:奥林匹斯诸神的全部闪光,在西勒尼的智慧面前黯然失色了。一种在狂喜的陶醉中说出真理的艺术赶走了假象艺术的缪斯;在狄奥尼索斯状态的忘我境界中,个体以其界限和适度走向没落:一个诸神的黄昏已经近在咫尺了。

意志,说到底是一种要违逆自己的阿波罗式创造而允许狄奥尼索斯因素介入的意志,究竟具有何种意图呢?

那是一种全新的、更高的人生此在之 μηχανή [巧计、方法],即悲剧思想的诞生。

三

狄奥尼索斯状态的出神陶醉,因其消灭了人生此在的通常限制和界限,便在其延续期间包含了一个冷漠的元素,一切在遗忘状态中被体验的东西皆出现在此元素中。于是,通过这样一条遗忘之鸿沟,日常现实性的世界与狄奥尼索斯式现实性的世界

狄奥尼索斯的世界观

便相互分离开来。可是，只要那种日常的现实性重又进入意识之中，它就会厌恶地被感受为这样一种现实性：一种禁欲的、否定意志的情绪乃是那些状态的成果。在思想中，狄奥尼索斯因素被当作一种更高的世界秩序，对立于一种普通的和糟糕的世界秩序：希腊人想要一种绝对的逃遁，逃离这个罪责和命运的世界。希腊人几乎不会以一个死后的世界来敷衍自己：希腊人的渴望更高级，超越诸神之外，他们否定人生此在，连同缤纷地闪烁的诸神镜像。在陶醉之唤醒的意识中，希腊人处处看到人类存在的恐怖或者荒唐：这使他们感到厌恶。现在，他们领会了森林之神的智慧。

在此已经达到了最危险的界限，即希腊意志以其阿波罗式乐观主义的基本原则可能允许达到的最危险的界限。在这里，希腊意志立即就以其自然的救治力量发挥作用，旨在把那种否定性的情绪重新拗转过来：它的手段就是悲剧艺术作品和悲剧观念。它的意图根本就不能缓和，甚或压制狄奥尼索斯状态：一种直接的强制是不可能的，即使是可能的，那也是十分危险的，因为那个在其涌流方面受禁阻的元素这时在别处开辟了道路，并且穿透了所有的生命血管。

首要之事是要把那种关于人生此在的恐怖和荒唐的厌恶想法，转变为生活赖以开展的观念：此类观念就是崇高（作为对恐怖的艺术抑制）与可笑（作为对荒唐之厌恶的艺术发泄）。这两个相互交织的元素联合为一件艺术作品，它模仿陶醉，游戏于陶醉。

崇高与可笑乃是超出美的假象世界之外的一个步骤，因为在这两个概念中可以感受到一种矛盾。另一方面,这两个概念绝不与真理相符合:它们是一种对真理的掩蔽,这种掩蔽虽然比美更透明,但依然是一种掩蔽而已。在其中,我们也就有了美与真之间的一个中间世界:在其中,狄奥尼索斯与阿波罗之间的联合是有可能的。这个世界在一种陶醉游戏中开启自己,而并不是在一种由陶醉造成的完全的纠缠状态中展示出来的。在演员那儿,我们重又认识到狄奥尼索斯式的人,那个凭着本能和直觉的诗人、歌者和舞者,却是作为被扮演的狄奥尼索斯式的人。他力图在崇高之震颤中达到其典范,或者也在大笑之震颤中达到其典范:他要超越美,而并不寻求真理。他始终漂浮于两者中间。他并不追求美的假象,但很可能是要追求假象,他并不追求真理,但却要追求或然性(*Wahrscheinlichkeit*)(真理的象征、标志)。演员首先自然不是某个个体:要扮演的其实是狄奥尼索斯式的大众、民众:所以才有酒神颂歌的合唱歌队。通过陶醉游戏,正如周围观众的合唱歌队那样,他自己可以说要从陶醉中得到发泄。从阿波罗世界的观点看,希腊文化是必须救治和赎罪的:阿波罗这个真正的救治和赎罪之神,他把希腊人从明见未来的狂喜和对人生此在的厌恶中拯救出来了——通过具有悲剧和滑稽剧思想的艺术作品。

这个全新的艺术世界,崇高与可笑的艺术世界,"或然性"的艺术世界,作为更古老的美的假象的世界,乃依据于另一种诸神观和世界观。有关人生此在之恐怖和荒谬的认识,有关被摧毁的秩序和非理性的规划的认识,一般地,就是有关整个自然中的巨大痛苦的认识,揭示了 Moῖρα[命运女神]和厄里倪厄斯、美杜莎和戈尔戈①这些被艺术地掩蔽起来的形象：奥林匹斯诸神处于至高的危险之中。在悲剧和滑稽剧的艺术作品中，诸神得到了拯救，因为他们也被浸入崇高和可笑的汪洋大海中了：他们不再仅仅是"美的"，他们仿佛吸入了那种更古老的诸神秩序及其崇高。现在，诸神分成了两组，只有少数漂浮于中间，作为时而崇高、时而可笑的神祇。首要地，狄奥尼索斯本身接受了那种二重分裂的本质。

在两个典型人物上可以最好地显明，现在，在希腊悲剧时代，人们如何能重新生活了——这两个人物就是埃斯库罗斯和索福克勒斯。对于作为思想者的埃斯库罗斯，崇高多半显现于伟大的正义中。在他那里，人与神处于最紧密的主观共同性中：对他来说，神性、正义、德性与幸福是一体地相互交织在一起的。个体、人或者泰坦是根据这个天平来衡量的。诸神是按照这个正义标准而得到重构的。于是，举例说来，对于迷惑人的、诱人犯罪的恶魔的民间信仰——那个古老的被奥林匹斯诸神废黜的诸神世界的残余——得到了修正，因为这个恶魔变成了公正惩罚的宙斯手上的一个工具。那个同样古老的、对奥林匹斯诸神来说

---

① 厄里倪厄斯（Errinyen，古希腊语为Ἐρινύες，其字面意义为"愤怒"）：是希腊神话中三位复仇女神阿勒克图（Alecto，不安女神）、墨纪拉（Megaera，妒忌女神）和底西福涅（Tisiphone，报仇女神）的统称。她们的任务是惩罚那些犯下严重罪行的人，无论罪人在哪里，她们都会跟着谴责他，使他的良心受到煎熬。美杜莎（Meduse，古希腊语为Μέδουσα）：又译梅杜莎，希腊神话中的三女妖之一，一般形象为有双翼的蛇发女人。戈尔戈（Gorgo）：古希腊神话中的三女妖。赫西俄德笔下的三女妖为斯忒诺（Stheno）、欧律阿勒（Euryale）和美杜莎，她们头上不长头发，而是毒蛇，生有翅膀、利爪和巨齿。

同样格格不入的关于世代诅咒的想法，被剥夺了全部的严苛性，因为在埃斯库罗斯那里，不存在个人亵渎圣物的必要性，人人都能逃避之。

埃斯库罗斯在奥林匹斯司法的崇高性中发现了崇高，而索福克勒斯则以神奇的方式，在奥林匹斯司法的不可穿透状态的崇高性中看到了崇高。他在所有要点上重建了民众观点。在他看来，莫名其妙地遭受一种骇人的命运是崇高的，真正无法解开的人类此在之谜就是其悲剧的缪斯。痛苦在他那里赢获了一种美化；痛苦被理解为某种神圣化的东西。人性与神性之间的距离是不可估量的；所以，至深的屈服顺从和听天由命是合适的。本真的德性乃是 $\sigma\omega\varphi\rho\sigma\sigma\acute{\upsilon}\nu\eta$〔审慎〕，真正说来是一种消极的德性。英雄的人类是没有这种德性的至为高贵的人类；其命运展示出那条无限的鸿沟。几乎没有什么罪责可言，而只有一种缺失，即缺乏对人类价值及其界限的认识。

无论如何，这种观点要比埃斯库罗斯的观点更加深刻、更加内在，它显然更接近于狄奥尼索斯的真理，而且没有通过许多象征手法，而是直接道出了这种真理——尽管如此！我们在这里却认识到，阿波罗的伦理原则被编织入狄奥尼索斯的世界观之中了。在埃斯库罗斯那里，厌恶感消解于对世界秩序之智慧的崇高惊恐，只不过这种智慧在人们虚弱不堪的情况下是难以得到认识的。在索福克勒斯那里，这种惊恐还要更大，因为这种智慧是完全深不可测的。那是没有斗争的纯粹的虔诚情调，而埃斯库罗斯的智慧则持续不断地有着这样一项任务，就是要为神性的司法辩护，因此总是面临新的难题。阿波罗命令人们去研究的

"人类的界限"对于索福克勒斯来说是可认识的,然而,它比人们在前狄奥尼索斯的阿波罗时期所理解的界限更狭隘、更有限。人类缺乏对自身的认识,这是索福克勒斯的问题;而人类缺乏对诸神的认识,这是埃斯库罗斯的问题。

　　虔诚,生命本能最神奇的面具!投身于一个完美的梦之世界,至高的道德智慧被赋予这个梦之世界!逃避真理吧,为的是能够崇拜那遥远的、被云雾笼罩着的真理!与现实和解吧,因为现实是谜一样的!讨厌猜谜吧,因为我们并不是诸神!欢乐地拜倒于尘埃,在不幸中保持幸福的宁静!在人类至高的表达中人类至高的自弃!去赞美和美化人生此在的恐怖手段和可怕状况,以之作为对人生此在的救治手段!在对生命的蔑视中快乐地生活!意志在其否定中的胜利!

　　在这个认识阶段上只有两条道路,一是圣徒之路,二是悲剧艺术家之路:两者的共性在于,它们在最清晰地认识到人生此在之虚无的情况下却能够继续生活,而没有在自己的世界观中觉察到一道裂隙。对于继续生活的厌恶被感受为创造之手段,无论这是一种神圣化的创作还是一种艺术的创作。恐怖或者荒谬是令人振奋的,因为它们只在表面上是恐怖或者荒谬的。在这里,狄奥尼索斯的陶醉力量还在这种世界观的极顶处得到了证明:一切现实都消解为假象,在假象背后显示出统一的意志本性,完全被笼罩于智慧和真理的灵光之中,被笼罩于迷惑性的光华之中。错觉、幻想已达其顶峰。——

　　现在似乎不再难以理解,阿波罗的意志对希腊世界具有规整作用,这同一种意志采取了它的另一种显现形式,即狄奥尼索斯的意志。意志的两种显现形式的斗争具有某个异乎寻常的目标,就是要创造一种更高的此在可能性,也要在此可能性中达到一种更高的赞美(通过艺术)。赞美的形式不再是假象艺术,而是悲剧艺术:但在悲剧艺术中已经完全吸收了那种假象艺术。阿波罗与狄奥尼索斯联合起来了。正如狄奥尼索斯元素渗透到了阿波罗式的生活之中,正如作为界限的假象也在这里得到了确定,同样地,狄奥尼索斯悲剧艺术也不再是"真理"了。那种歌唱和舞蹈不再是一种本能的自然陶醉:以狄奥尼索斯方式被激发起来的合唱大众,不再是无意识地被春天的欲望抓住的民众。真理现在被象征化了,它动用了假象,它因此可能是,也必须是使用假象的艺术。但这里已经显示出一种与早先艺术的大差异,即:现在,所有假象艺术手段都共同地被拉来做帮手,以至于雕像发生了转变,木制三菱柱①的绘画发生了变动,通过这同一道背景墙,人们眼前时而展示出神庙,时而展示出宫殿。我们同时也注意到某种针对假象的漠然态度,假象在此必须放弃它的永恒诉求,它的独立自主的要求。假象完全不再作为假象而被享受了,而是作为象征、作为真理的标志而被欣赏。所以才出现了本身令人讨厌的对艺术手段的融合。这种对假象的蔑视的最明显标志就是面具。

于是也向观念提出了狄奥尼索斯的要求,即:一切都向观众呈现为有魔力的,观众看到的总是比象征更丰富,布景和乐队的整个可见世界乃是奇迹王国。可是,把观众置于奇迹信仰的情绪

---

① 木制三菱柱(Perickten):古希腊戏剧中的一种设备,用于改变舞台布景。

之中、使观众看到一切都有魔力的强力在哪儿呢？是谁战胜了假象之强力，把假象弱化为象征？

那就是音乐。——

四

在叔本华的轨道上游走的哲学教导我们，要把我们所谓的"情感"把握为无意识的表象与意志状态的综合体。但意志的追求表现为乐趣或无乐趣，而且其中只显示出量的差异。没有什么乐趣的种类，但却有程度大小以及无数伴随的表象。所谓乐趣，我们必须把它理解为一种意志的满足，而所谓无乐趣，我们必须把它理解为意志的不满足。

那么，情感以何种方式把自己传达出来呢？部分地（但只是很小部分），情感可以转变为思想，也就是转变为有意识的表象；当然，这一点只是就伴随的表象的部分来说的。但即使在情感领域里，也始终有一种不可消解的残余。可消解的残余只是与语言，也即与概念相关的东西：据此看来，"诗歌"的界限乃在情感的表达能力中得到规定。

另外两种传达种类是彻底直觉性的，没有意识，但却合目的地发挥作用。那就是手势语言和有声语言。手势语言由普遍可理解的象征组成，通过反射运动而得以产生。这些象征是可见的，看见这些象征的眼睛立即获得了产生手势和手势所象征的那个状态：观看者多半感觉到同一些面部或者肢体（他感知到它们的运动）的一种同感的神经分布。象征在此意味着一种十分不完美的、逐个的映像，一个暗示性的符号，人们必须对这个符号达成一致理解：只是在此情形下，一般的理解乃是一种直觉性的理解，也即不是贯穿清晰意识的理解。

那么，这种具有双重本质的、也即情感上的手势象征着什么呢？

显然是象征着伴随的表象，因为只有后者能够通过可见的姿态，不完美地、逐个地得到暗示：一幅画只可能被一幅画所象征。

绘画和雕塑描绘人的表情：也就是说，它们模仿象征，而且如果我们理解象征，那么它们就已经达到了效果。观看的乐趣在于理解象征，虽然它是有假象的。

与之相反，演员真正地描绘象征，而不只是为了达到假象：但他对我们的影响并不基于对同一个象征的理解：而毋宁说，我们埋头于被象征化的情感中，并不滞留于对假象的乐趣，并不停留在美的假象上。

所以，在戏剧中，舞台布景根本不会激发对假象的乐趣，相反，我们把舞台布景把握为象征，并且理解了由此得到暗示的现实。在这里，除了纯粹描画出来的，蜡制的玩偶和现实的植物对我们来说也是完全允许的，可以证明我们在此呈现的是现实性，而不是艺术性的假象。这里的任务是或然性，而不再是美。

然而，什么是美呢？——说"玫瑰是美的"仅仅意味着：玫瑰有一个好的假象，玫瑰有某种令人喜欢地闪耀的东西。这样说丝毫不能说明玫瑰的本质。玫瑰作为假象令人喜欢，引发人们的乐趣：也就是说，意志通过玫瑰的闪现①得到了满足，对人生此在的乐趣由此得到了促进。按其假象来看，玫瑰乃是其意志的一个忠实映像：与这种形式相同一的是，玫瑰按其假象符合种类规定性。玫瑰越是这样做，〈它〉就越美：如果它按其本质符合种类规定性，那么它就是"好的"。

"一幅美的画"仅仅意味着：我们从一幅画中获得的表象在此得到了完成：但如果我们说一幅画是"好的"，我们就把我们关于一幅画的表象说成符合于画的本质的表象。但人们多半把一幅美的画理解为描绘某种美的东西的画：这是外行们的评判。外行们欣赏的是质料之美：我们也应当这样来欣赏戏剧中的造型艺术，只不过，仅仅描绘美的事物不可能成为这里的任务：在此显得真实就足够了。所描绘的客体应当尽可能感性地、生动地得到理解；它应当作为真理来发挥作用：这样一种要求的对立面，乃是人们在面对每一件美的假象的作品时所要求的。——

然而，如果说具有情感的手势象征着伴随的表象，那么，意志活动本身会以何种象征传达给我们而使我们理解呢？在这里什么是直觉性的传授呢？②

是声音的传授。更准确地讲，是声音所象征的乐趣与无乐趣的不同方式——没有任何伴随的表象。

我们就不同的无乐趣感觉之特征所能道出的一切，乃是通过手势象征而变得清晰起来的表象的图景：举例说来，我们谈

---

① 此处动名词"闪现"（Scheinen）的名词形式为"假象"（Schein）。

② 此处"传授"（Vermittelung）与"传达"（mitteilen, Mitteilung）字面上很接近，但"传授"有"中介化、促成"之义。

论突如其来的恐怖，我们谈论疼痛的"敲打、撕扯、抽搐、针刺、切割、啃咬、搔痒"等。这样似乎已经表达出意志的某些"中间形式"，质言之——用声音语言的象征——就是节奏和韵律（Rhythmik）。在声音的强度（Dynamik）中，我们重又认识到意志之提高的丰富性，乐趣与无乐趣的变换之量。但声音的真正本质却隐藏于和谐中，而没有得到比喻方式的表达。意志及其象征——和谐——两者说到底都是纯粹的逻辑！如果说节奏和强度在某种意义上依然是在象征中显示出来的意志的外表，本身几乎还带有现象类型，那么，和谐则是意志的纯粹实质（Essenz）的象征。据此看来，在节奏和强度中，个别现象仍然必须被当作现象来刻画，从这个方面来看，音乐是可能发展为假象艺术的。可见，那个不可消解的残余，即和谐，谈论的是在一切现象形式之外和之内的意志，并不是单纯情感的象征，而是世界的象征。这个概念在自己的领域里是十分无力的。

现在让我们来理解手势语言和声音语言对于狄奥尼索斯艺术作品的意义。在民间原始古朴的春天酒神颂歌中，人不想作为个体表达自己，而是想作为种类之人来说话。人不再是个体的人，这一点通过眼睛的象征、通过手势语言，如此这般地得到了表达，即：人作为萨蒂尔（Satyr），作为自然生物当中的一员，用手势来说话，而且是用已经提升了的手势语言即舞蹈动作。而通过声音，人说出了自然最内在的思想：在此直接可理解的，不只是种类的天赋（如在手势中），而是人生此在本身的天赋，即意志。也就是说，人以手势保持在种类的界限内，也即现象世界之内；而借助于声音，人仿佛把现象世界消解于其原始的统一性之中,摩耶(Maja)世界在其魔力面前烟消云散。

然而,自然人何时才达到声音之象征呢?手势语言何时不够用了?声音何时成为音乐?首要的是在意志最高的乐趣和无乐趣状态中,作为欢呼的意志或者恐惧得要死的意志,质言之,就是在情感之陶醉中:在呼叫(Schrei)中。与目光相比,呼叫要强大和直接得多!但即便是意志比较柔和的活动也有其声音象征:一般而言,每个手势都伴有一种声音:唯有情感之陶醉才能成功地把声音提升为纯粹的音调。

一种手势象征和声音的最紧密和最频繁的融合,人们称之为语言。通过声音和声音的落下,通过声音发音强度和节奏,事物的本质在话语中得到象征,通过嘴部表情来象征伴随的表象、图景、本质之显现。这些象征可能是多样的,也必定是多样的;但它们是凭本能直觉地增长的,并且有着伟大而智慧的规律性。一个被察觉和记录的象征就是一个概念:因为声音固定在记忆中就会完全消失,所以在概念中,只有关于伴随表象的象征得到了保证。人们能够标识和区分的东西,是人们"把握"到的东西①。

在情感的提升过程中,话语的本质更清晰和更感性地开启出来,显露于声音的象征:声音因此会响得更多。诵唱(Sprechgesang)可以说是一种向自然的回归:在使用中变得迟钝不堪的象征重新获得了其原始的力量。

---

① 此处中译文未能显示"把握"(begreifen)与"概念"(Begriff)的字面和意义联系。

在词序中，也即通过一系列象征，现在就会有某种全新的和更伟大的东西得到象征的描绘：以这样一种潜能、节奏、强度和和谐又变成必需的了。这个更高的领域现在控制着单个词语的较小领域；于是就有必要选择词汇，对词汇进行新的定位——诗歌开始了。一个句子的诵唱绝不是词语音调的排列顺序：因为一个词语只具有一个完全相对的音调，原因在于它的本质、它通过象征被描绘出来的内容，按其不同位置而各不相同。换言之，根据句子和由句子所象征的本质的更高统一性，词语的个别象征不断地得到重新规定。一系列的概念是一个思想：这个思想也是各种伴随表象的更高统一性。事物的本质是思想不能达到的：但思想作为动机、作为意志之激发而对我们发挥作用，这一点可根据下列情形来解释，即：思想已经成为被觉察的象征，同时象征着一种意志现象，象征着意志的活动和显现。然而，思想一旦被说出来，也即用声音的象征说出来，它的作用之强大和直接无与伦比。思想得到歌唱，如果旋律是其意志的可理解的象征，则思想就达到了其作用的顶峰了：如果情形不是这样，那么，音列就对我们发挥作用，而词序、思想就远离我们，变得无关紧要。

依照词语现在主要是作为伴随表象的象征发挥作用，还是作为原始意志活动的象征而发挥作用，也就是说，依照要被象征化的是画面还是情感，就区分出诗歌的两条道路，即史诗与抒情诗。史诗通向造型艺术，抒情诗通向音乐：对现象的乐趣掌握了史诗，意志则在抒情诗中开启自身。史诗脱离了音乐，而抒情诗依然与音乐结盟。

但在狄奥尼索斯酒神颂歌中，狄奥尼索斯式的狂热者受到刺激，得以极大地提升其全部象征能力：某种从未被感觉到的东西力求表现出来，那就是对个体化（Individuatio）的毁灭，种类（实即自然）之天赋中的一体性（Einssein）。现在，自然之本质得以表达出来：一个全新的象征世界是必需的，伴随的表象在一种已经被提升的人类本质的画面中获得象征，它们以最高的体能，通过整个身体象征语言，通过舞姿而得到表现。但意志的世界也要求一种闻所未闻的象征表达，和谐、强度、节奏的强力突然急剧地增长。被分派给两个世界的诗歌也获得了一种新的领域：比如史诗中画面之感性，比如抒情诗中声音的情感陶醉。为了理解所有象征力量的这样一种总释放，就得有诗歌创造出来的这同一种本质提升：酒神颂歌的狄奥尼索斯仆人只能为其同类所理解。因此之故，这整个全新的艺术世界，以其完全陌生的、具有诱惑力的神奇性，在可怕的斗争中，辗转于阿波罗式的希腊文化之中。

悲剧思想的诞生

希腊人把他们的世界观的隐秘学说表达在他们的诸神中,同时也把它隐瞒于其中。他们把两个神祇,即阿波罗与狄奥尼索斯,设立为他们的艺术的双重源泉。这两个名称体现了艺术领域里的风格对立,它们几乎总是在相互斗争中并行共存,唯曾几何时,在希腊"意志"的鼎盛时期,融合为阿提卡悲剧的艺术作品。

因为在两种状态中,即在梦与醉中,人类能达到人生此在的快乐感。在梦境中,每个人都是完全的艺术家。梦境的美的假象乃是一切造型艺术之父,而且正如我们将会看到的,也是一大半诗歌之父。我们在直接的形象领悟中尽情享受,所有形式都对我们说话;根本没有无关紧要的和不必要的东西。即便在这种梦之现实性的至高生命中,我们仍然具有对其假象的朦胧感觉;唯当这种感觉终止时,才会出现那些病态的作用,在其中梦不再令人振奋,梦之状态的具有治疗作用的自然力也终止了。但在那个界限内,我们以那种普遍明智(Allverständigkeit)在自己身上寻找到的,绝非只是一些适意而友好的形象而已:还有严肃的、悲伤的、忧郁的、阴沉的东西,它们以同一种乐趣而被人直观到,只不过,即便在这里,假象的面纱也必定处于飘忽的运动中,也不会完全把现实的基本形式掩蔽起来。

那么,在何种意义上人们能够把阿波罗搞成艺术之神呢?只是就阿波罗是梦之表象的神而言。他是完完全全的"闪耀者",最深根源上的太阳神和光明之神,以美为自己的元素,因而在美的梦境的王国里起支配作用。这种更高的真理,这些与无法完全理解的日常现实性相对立的状态的完满性,把他提升为艺术之神和预言之神。然而,有一条柔弱的界线,梦景不可逾越之,方不至于在假象不仅迷惑而且欺骗的地方产生病态的作用,这条界线在阿波罗的本质中也是不能缺失的;造型之神(Bildnergott)那种适度的限制,那种对粗野冲动的解脱,那种智慧和宁静。他的眼睛必须是"太阳般"宁静的:即便在流露出愤怒和不满的眼光时,它也依然沐浴于美的假象的庄严中。

与之相反,狄奥尼索斯艺术却基于陶醉与迷狂游戏。尤其是两种力量能够把质朴的自然人提高到陶醉之自身遗忘状态,即春天的冲动,整个自然的"开始!"[①],以及麻醉性的饮料。它们的作用在狄奥尼索斯形象中得到了象征化表现。principium individuationis〔个体化原理〕在这两种状态中被突破了,主体性完全消失在一般人性、实即普遍自然性的突发强力面前。狄奥尼索斯节日不只订立了人与人之间的联盟,而且也使人与自然和解。大地自愿地献出自己的赠礼,野兽温顺地走近:狄奥尼索斯的战车缀满鲜花和花环,由豹和虎拉着。在人与人之间固定起来的全部森严藩篱都分崩离析了:奴隶成了自由人,高贵之人与

---

① 此处"开始!"德语原文为:Fanget an! 即动词anfangen。

低等之人统一为同一个酒神巴克斯的歌队。在越来越壮大的队伍中,"世界和谐"的福音辗转各地:载歌载舞之际,人表现为一个更高的、更理想的共同体的成员:他忘掉了行走和说话。更有甚者:人感到自己着了魔,真的成了某种不同的东西了。正如现在野兽也能说话,大地流出乳汁和蜂蜜,同样地,人身上发出某种超自然之物的声音。人感觉自己就是神,通常只在自己的想象力中存活的东西,现在他在自己身上感受到了。现在对人来说形象和雕像是什么呢?人不再是艺术家,人变成了艺术品,正如人在梦中看见诸神的变幻,现在人自己也陶醉而飘然地变幻。在这里,自然的艺术强力(而不再是一个人的艺术强力)得到了彰显:人这种更为高贵的陶土,这种更可珍爱的大理石,在这里得到捏制和雕琢。

如果说陶醉是自然与人的游戏,那么,狄奥尼索斯艺术家的创造就是陶醉游戏。如果人们没有亲自经验到这种状态——这是某种类似的东西,如果人们做梦而同时把梦当作梦来感受,那么这种状态就只能通过比喻方式来把握。于是,狄奥尼索斯的仆人就必定处于陶醉中,同时又必定作为观察者在背后暗中守候。狄奥尼索斯的艺术性并不显示在审慎与陶醉的变换中,而是显示在两者的并存中。

这种并存标志着希腊文化的顶峰。从本源上讲,唯有阿波罗才是唯一支配性的艺术之神,他的强力就在于,在相当程度上缓和了从亚洲冲过来的狄奥尼索斯,使得两者之间可能形成一种最美的兄弟联盟。在此我们高度赞赏希腊本质的令人难以置信的理想主义;有一种自然崇拜,它在亚洲人那里意味着低级本能的最粗野的迸发,一种在某个特定时期冲破全部社会桎梏的泛情色的动物生活;从这种自然崇拜中生成了一个世界拯救的节日。

在这里,当新神冲将过来时,连阿波罗的希腊文化也从未处于比这更大的危险之中。德尔斐的阿波罗的智慧也从未显示于更美的光华之中。首先抵触性地,阿波罗用极其精细的纱线把强大的敌人包围起来,以至于这个敌人几乎察觉不到自己已经落入半囚禁状态中了。由于德尔斐的神职人员洞察到了这种新的崇拜对社会革新过程的深度作用,并且依照他们的政治-宗教的见识来推动这种新崇拜,由于在德尔斐的崇拜秩序中年岁之支配地位最终被分配给阿波罗与狄奥尼索斯了,所以,这两个神可以说在他们的竞赛中取得了胜利,在竞技场上达成了和解。如果人们想十分清楚地看到,阿波罗元素是多么强有力地遏制了狄奥尼索斯的非理性而超自然的要素,那么他就要想到,在更早的音乐时期,这个主要种类,这个安静的种类,也有"酒神颂歌"的别名,这就证明狄奥尼索斯的酒神颂歌在其最早的艺术性模仿中与其原本样式即狄奥尼索斯式的大众欢乐颂歌的关系,就如同更古老的希腊艺术中呆板的埃及诸神群像与在荷马诗史中被直观到的奥林匹克诸神世界的关系。阿波罗的艺术精神越是旺盛有力,兄弟神狄奥尼索斯也越自由地把自己的肢体释放出来;在同一时间作为首要之神获得完全的、几乎不动的美之景象,在菲狄亚斯时代,另一个神则在悲剧中解说了世界之谜团和世界之恐怖,在悲剧音乐中道出了最内在的自然思想,"意志"在全部现象中并且超越全部现象的活动。

如果音乐也是阿波罗艺术,那么确切地讲,这无非是指节奏,这种节奏的造型力量被阐发为对阿波罗状态的呈现:阿波罗音乐乃是声音建筑,而且还是仅仅暗示性的声音的建筑,正如基塔拉所具有的那种声音。被谨慎地回避和阻止的恰恰是这样一个元素,它构成狄奥尼索斯音乐的特征,实即一般音乐的特征,那种声音的震撼性力量和完全无与伦比的和谐境界。希腊人对此有极精细的感觉,正如我们必须从音调的严格特征中获取的那样,尽管希腊人对一种完成了的、真正奏响的和声的需要比现代世界更少。在和声模进中,而且就在其略写记号中,在所谓的旋律中,"意志"完全直接地表现出来,而并没有事先进入某个现象之中。每个个体都可能被用作比喻,可以说是表示一个普遍规律的具体个案:而相反地,狄奥尼索斯式的艺术家将以直接易懂的方式把显现之物的本质阐释出来:他掌管了尚未成型的意志的混沌,而且能够在每一个创造性时机里,从中创造出一个新世界,但也能创造那个旧世界,那个作为现象而为人所知的世界。在后一种意义上,他是悲剧音乐家。

在狄奥尼索斯的陶醉中,在全部心灵音阶(在令人陶醉地激动之际)的猛烈疾驰中,或者在春天的本能释放时,自然的至高力量得到了表达:自然把个别生命重又相互连接起来,并且让人感觉它们是统一的;以至于principium individuationis〔个体化原理〕在一定程度上只是意志的一种持续的虚弱状态。意志越是颓废,一切就越是支离破碎;个体就越是利己地和任意地发育,则个体所效力的机体就越是屡弱。所以,在那些状态中,可以说突发出一种多愁善感的意志力量,它意识到自己的分裂,并且渴念着遗失之物。从至高的乐趣而来,响起惊恐之呼叫,对一种无可弥补的损失的渴望和抱怨。繁茂的大自然庆祝自己的农神萨图恩节,同时也庆祝自己的葬礼。大自然的祭司的情绪极其神奇地被混合在一起,痛苦唤起乐趣,欢呼从胸腔中发出苦痛的声音。这位被叫作"解救者"的神使一切都解脱自身,把一切都转变了。大自然在民众那里获得了声音和运动,而如此激动的民众的歌唱和表情对于荷马时代的希腊世界来说乃是某种全新的和闻所未闻的东西。在这里,他们惊恐地认识到了一种东方因素,他们不得不首先以其巨大的节奏力量来战胜这种东方因素——而且他们也已经战胜了这种东方因素,就像同时期的埃及神庙风格一样。正是这个阿波罗民族把超强的本能钉入美的镣铐之中,它把大自然最危险的元素,即大自然中最野性的野兽,束缚于桎梏之中了。狄奥尼索斯节日在所有民族那里均可得到证明;最著名的是巴比伦的名为萨凯恩的节日。在那里,在为期五天的节日活动中,任何国家和社会的纽带都被撕裂了;但核心在于性方面的放纵状态,在于毫无节制的乱性对任何家庭制度的摧毁。古希腊的狄奥尼索斯庆典图景呈现出与之相反的情形,欧里庇德斯在《酒神的伴侣》(Bacchen)中对之作了勾勒:从中涌出斯科帕斯和普拉克西特利斯创作成雕塑的那同一种妩媚,那同一种音乐上的美化陶醉。一个信使讲道,他在正午的烈炎中赶着牧群来到山顶上:这是好时候和好地方,可以看到从未见到过的事物;现在潘神已经睡了,现在天空就是一种灵光的纹丝不动的背景,现在白昼开始昌盛。

那个信使在阿尔卑斯的一个牧场上发现了三个女子合唱队

员,她们心不在焉地躺在地上,仪态端庄:万物都在安睡。彭透斯的母亲突然间开始欢呼起来,睡意被赶跑了,所有人都跳了起来,那是一个高贵风俗的范本,

> 快快抛弃眼皮下深深的瞌睡,
> 待字闺中的少女,也有年轻的和年老的女人,
> 首先把卷发散落到肩上,
> 带子和蝴蝶结已经解开,
> 她们把鹿皮放好了,把蛇系在花斑羊皮上,
> 蛇们亲昵地舔着她们的面颊。
> 她们怀抱小鹿和野狼崽,
> 用鼓鼓的胸部给它们喂奶,
> 她们分娩不久就离开了自己的幼儿。
> 人们戴上常春藤花冠和橡树枝,花团锦簇,
> 有人拿起手杖①敲击岩石,
> 泉水就喷涌而出,像珠子一般落下,
> 有人用一根木棒往地上一戳,
> 神就送她一个葡萄泉,向上喷发。
> 而谁如果渴望喝到雪白的饮料,
> 只需用指尖触一触土地
> 牛奶就会喷出来;还有甜美的蜂蜜
> 从神杖的常春藤树枝上冒了出来,

---

① 手杖(Thyrsus):一译"酒神杖",酒神所执的顶端为松果形的手杖。

倘若你见证了此事,那你肯定会
崇敬于神,虔诚无比。——

这是一个完全被魔化了的世界;大自然与人类一道庆祝自己的和解节日。这个神话说的是,阿波罗把被撕碎了的狄奥尼索斯重又黏合起来了。这是被阿波罗重新创造出来、从其亚洲式的分裂状态中被解救出来的狄奥尼索斯的形象。

* * *

正如我们在荷马那里已经碰到的那样,希腊诸神在其完成状态中肯定不能被把握为困厄和需要的产儿。这样的诸神并不是由被畏惧所震惊的心情所虚构出来的;并不是为了回避生命,希腊人的眼睛虔诚地仰望着诸神。从中道出的是一种生命的宗教,而不是义务的、禁欲的或者教养的宗教。所有这些诸神形象都充斥着人生此在（Dasein）的胜利,一种繁茂的生命感伴随着诸神崇拜。他们并不要求;在他们身上现存的事物,不论善与恶,都被神性化了。按其他宗教的严肃性、神圣性和严苛性来衡量,希腊宗教处于一种危险之中,即有可能被低估为一种幻想的游戏——如果人们不能设想最深层智慧的一种经常被错认的特征,伊壁鸠鲁派的那种诸神存在（Göttersein）正是经由这个特征才突然显现为无与伦比的艺术家民族的创造,而且几乎显现为至高的创造。

有一个民间传说,说国王弥达斯曾在森林里长久地追捕狄奥尼索斯的同伴西勒尼,终于把他捉到了,就想要从他那里知道,对于人来说,什么是绝佳最妙的东西呢。西勒尼起先——亚里士多德叙述道——根本不想说;只是在受尽百般折磨后,他才尖声大笑起来,开口道出了下面这番话:"可怜的忧苦而困厄的短命鬼,你为何要强迫我说出你们最好不要知道的话。因为若对自己的不幸一无所知,你们的生活的流逝便最无痛苦。你们只要成了人,你们就根本不可能成为那绝佳的东西,你们也根本不可能分有最佳的东西。对你们所有人来说,无论男人还是女人,那绝佳的事体就是:压根儿不要生下来。而你们既然已经生下来,则次等美妙的事体便是:快快死掉。"①

这个民族的哲学就是要把被缚的森林之神向终有一死的人揭露出来;这同一种哲学构成了那个奥林匹斯诸神世界的背景。希腊人认识到了人生此在的恐怖和可怕,但为了能够活下去,他们把这种恐怖和可怕掩盖起来了,按照歌德的象征说法,那是一个隐藏在玫瑰花中的十字架。那熠熠生辉的奥林匹斯世界之所以获得了主宰地位,只是因为决定着阿喀琉斯之早夭和俄狄浦斯之恐怖婚姻的更古老的诸神秩序的幽暗支配,被宙斯、阿波罗、雅典娜等光辉形象掩盖起来了。倘若有人取消掉那个中间世界的艺术假象,那么,人们就不得不追随森林之神即狄奥尼索斯的伴侣的智慧。正是这样一种困厄基于这个民族的艺术天才创造出诸神。因此,一种神正论从来都不是一个希腊问题:当时人们小心提防,免得过高地期望诸神来保障世界之实

---

① 参看尼采:《悲剧的诞生》,第3节。

存（Existenz），因而要求诸神为世界之状况负责。"连诸神也服从于必然性（Ananke）①，这是一种极其深邃的智慧的表白。在一个具有美化作用的镜子中看到它的此在（Dasein）（正如它一次性地存在的那样），并且用这个镜子来反抗美杜莎而保护自己——此乃希腊意志的天才策略，为的是终究能够生活下去。因为倘若没有向这个民族开启出在诸神中为一种更高的荣光所包围的同一种痛苦，那么，这个无限敏感的、能够十分出色地应对痛苦的民族，又怎能承受人生此在！唤醒艺术的同一种冲动，作为引诱人们活下去的人生此在的补充和完善，也让奥林匹斯的诸神世界诞生了，那是一个美好、宁静、享乐的世界。

从这样一种宗教的作用出发，生命在荷马的世界里就被把握为本身值得追求的，也就是说，生命处于这些诸神的明媚阳光中。荷马笔下人类的痛苦涉及对这种人生此在的避离，首要地涉及那种快速的避离：当悲叹之声响起来时，它听起来又是关于"短命的阿喀琉斯"，关于人类世代的快速更换，关于英雄时代的消失的。渴望活下去（哪怕自己作为临时工），这对盖世英雄来说也并非不值得。意志从来没有像在希腊文化（其悲叹本身依然是自己的赞歌）中那样，如此公开地表达自己。因此，现代人渴望那个时代，在其中现代人以为听到了自然与人类之间的完全和谐。因此，希腊性就成了所有那些为了有意识地肯定意志而寻求光辉典范的人们的格言。

在上面所有这些从最高贵之物误入最平庸之物的观念中，

---

① 原为希腊文 ἀνάγκη［必然性、强制性］。

希腊文化是太过粗糙和太过简单地被看待了,在某种程度上,是按照明确的、可以说片面的民族(比如说罗马人)形象而被塑造而成的。然则人们也要在一个民族的世界观中猜度到对于艺术假象的需要,其中触及的东西经常会转化为金钱。真正说来,正如我们已经暗示过的那样,我们在这种世界观中也碰到一个巨大的幻觉,这种幻觉是自然为了达到自己的目的十分有规律地加以利用的。真正的目标被一个幻象所掩盖:我们伸出双手去迎接这个幻象,而自然正是通过这种欺瞒才达到这个幻象的。在希腊人身上,意志想要直观到自己被美化为艺术品:为了颂扬自己,意志的创造物必须感觉到自己是值得颂扬的,它们必须在一个更高的领域里与自己重逢,仿佛被提升到了理想之境,而这个完美的直观世界并没有作为命令或者作为指责发挥作用。此乃美的领域,他们在其中看见了自己的镜像,即奥林匹斯诸神。希腊人的意志拿这种武器来反抗与艺术相关的天赋,为了痛苦,为了痛苦的智慧。从这种斗争中,并且作为斗争胜利的纪念碑,悲剧诞生了。

痛苦之陶醉与美好的梦境有着各自不同的诸神世界:前者以其万能的本质渗透到自然最内在的思想之中,它认识到对于人生此在的可怕欲望,同时也认识到一切进入人生此在的东西的持续死亡;它创造的诸神有善的也有恶的,类似于偶然性,通过突然出现的合计划性而让人惊恐,毫无同情心,没有对美的乐趣。诸神与真理相近,接近于概念:他们难得把自己浓缩为形象。对他们的直观使人变成石头:人们该如何与他们一道生活呢?但人们也不该与他们一道生活:这就是他们的学说。

如果这个诸神世界并不能完全地、像一个不可饶恕的秘密那样被掩盖起来,那么,那道目光,那道穿透奥林匹斯世界被并置起来的光辉灿烂的梦之诞生的目光,就必须抽离于这个诸神世界;因此,诸神世界之形象的感性、其色彩的炽热在升高,真理或真理之象征越强烈地起作用,这种感性和炽热就升得越高。然而,真与美之间的斗争,从来没有像在狄奥尼索斯节日活动到来时那么猛烈。在此节日活动中,自然得以揭示自身,以令人惊恐的清晰性,以那种音调(面对这种音调,诱人的假象几乎失去了自己的强力)说出自己的秘密。这个源泉起于亚洲:但它必定是在希腊才能汇成河流的,因为它在希腊首次发现了亚洲没有向它提供的东西,那就是:极度的敏感性和受苦受难的能力,与举重若轻的审慎和敏锐结伴而行。阿波罗是怎样挽救希腊文化的呢?——

这个新生儿[1]被拉入美的假象的世界里,被纳入奥林匹斯的世界里。为了他,德高望重的神祇(例如宙斯和阿波罗)牺牲了诸多荣耀。人们从来没有对一个陌生的外来者费过更多的周折。就此而言,他也是一个可怕的外来者(任何意义上的hostis〔敌人〕),十分强大,足以把好客的房屋变成废墟。一场伟大的革命在所有的生活方式中开始了;狄奥尼索斯处处神出鬼没地冒出来,也突现于艺术中。

假象乃是阿波罗艺术的领域,这是一个被美化的眼之世界,是眼睛在梦中闭着眼艺术地创造出来的世界。史诗想把我们置

592

---

① 指狄奥尼索斯。

入这种梦境之中:我们应当对一切都视而不见,我们应当欣赏那些内在的画面,行吟诗人力图通过概念刺激我们去了解这些画面的生产。在这里,造型艺术的效果被间接地达到了:通过雕刻过的大理石,雕塑家把我们带向他在梦里看到的活的神祇那里,以至于真正地作为目标浮现出来的形象,无论对于雕塑家还是对于观众,都变得清晰了,而且雕塑家通过雕像这个中间形态,引发观众去查看——史诗诗人也是这样,他们看到了同样的活的形象,并且也想要把这些形象展示给他人。然而,史诗诗人不再在自己与他人之间安插雕像,而毋宁说,他叙述那个形象如何通过动作、声音、言辞和行为来证明自己的生命,他迫使我们把诸多作用和结果归结于原因,他强迫我们去理解一种艺术构成。当我们清晰地看到这个形象或群像或画面站在我们面前时,当他把那个梦的状态告知我们时(他本人首先在此状态中制造了那些表象),这时候,他就达到了自己的目标。要求史诗成为造型的创造,这个要求表明抒情诗与史诗是多么的绝然不同,因为抒情诗从来都不是以画面形式为目标的。两者之间的共性只是某种质料、言辞,更普遍的则是概念。当我们谈到诗歌时,我们指的并不是与造型艺术和音乐相联系的范畴,而是指两种完全不同的艺术手段的黏合,其中一种意味着通向造型艺术的道路,而另一种则意味着通向音乐的道路。但两者都只不过是通向艺术创作的道路,而并非艺术本身。在此意义上,当然连绘画和雕塑也只是艺术手段;真正的艺术乃是创造形象的能力,不论它是预先-创造还是事后-创造。艺术的文化意义就建立在这种特征的基础上——那是一种一般人类的特征。艺术家——作为必须通过艺术手段去创造艺术的艺术家——不可能同时成为从事艺术活动的吸收器官。

阿波罗文化的造型活动,无论这种文化在神庙中、在雕像中表现出来,还是在荷马史诗中表达出来,都在适度(Maaß)的伦理要求中有自己的崇高目标,而这种伦理要求与关于美的审美要求是并行的。唯在尺度、界限被视为可认识的东西的地方,才有可能把适度当作要求提出来。为了能够遵守其界限,人们必须认识这界限:所以才有阿波罗的原初劝告:认识你自己①。然而,阿波罗的希腊人只能在镜子中看到自己,也即认识自己,这镜子就是奥林匹斯诸神世界:在这里他却重新认识到自己最本己的本质,被美好的梦之假象包围着。适度乃是美之适度,新的诸神世界(面对一个被推翻了的泰坦世界)在适度的桎梏下活动:希腊人必须要遵守的界限,乃是美的假象的界限。其实,一种求助于假象和适度的文化,其最内在的目的只可能成为对真理的蒙蔽:不知疲倦地为真理效力的研究者恰恰与超强的泰坦一样,都得到了这样一种警告,μηδὲν ἄγαν[勿过度]。在普罗米修斯身上,希腊文化获得了一个例证:对人类认识的过分推动,对于推动者和被推动者都会起败坏作用。谁想要以自己的智慧经受住神的考验,他就必须像赫西俄德那样,拥有"智慧的适度"(μέτρον ἔχειν σοφίης)。

现在,狄奥尼索斯庆典的狂喜声音透入到如此这般被建造起来、艺术地被保护的世界里;在此狂喜声音中,自然的整个过

---

① 希腊文为:γνῶθι σεαθτόν。

度（Übermaß）在快乐、痛苦和认识中同时开启自身。直到现在一直被看作界限、适度之规定的一切东西,在此都表明自己是一种人为的假象:这种"过度"把自身揭示为真理。异常迷人的民歌以一种超强情感的全部醉态首次发出震耳之声:与之相反,吟唱甜美诗的阿波罗式艺术家带着他的基塔拉琴的一味胆怯地暗示的音调,这种艺术家意味着什么?从前在诗歌-音乐的行业内按等级框架形式传播、同时与一切世俗的参与保持距离的东西,那必须凭着阿波罗式天才的强力保持在一种简单的结构设计阶段上的东西,亦即音乐要素,在这里抛弃了全部的限制:先前只在最简单的蜿蜒曲折中运动的节奏,松开四肢开始放荡的舞蹈了:那声音响了起来,不再像从前那样以幽灵般的稀释冲淡,而是以音量的千百倍提高,辅以低沉的吹奏乐器的伴奏。而且最神秘的事情发生了:在此诞生了和谐,这种和谐的运动把自然之意志带向直接的领悟。现在,在阿波罗的世界里艺术地隐藏起来的事物,在狄奥尼索斯的氛围里发出了声响;奥林匹斯诸神的全部闪光,在西勒尼的智慧面前黯然失色了。一种在狂喜的陶醉中说出真理的艺术赶走了假象艺术的缪斯。在狄奥尼索斯状态的忘我境界中,个体随着自己的界限和适度走向没落。一个诸神的黄昏已经近在咫尺了。

意志,说到底是一种要违逆自己的阿波罗式创造而允许狄奥尼索斯因素介入的意志,究竟具有何种意图呢?——

那是一种全新的、更高的人生此在之手段[①],即悲剧思想的诞生。

---

① 在《狄奥尼索斯的世界观》中用了希腊文 μηχανή [巧计、方法]。

* * *

狄奥尼索斯状态的出神陶醉,因其消灭了人生此在的通常限制和界限,便在其延续期间包含了一个冷漠的元素,一切在遗忘状态中被体验的东西皆出现在此元素中。于是,通过这样一条遗忘之鸿沟,日常现实性的世界与狄奥尼索斯式现实性的世界便相互分离开来。可是,只要那种日常的现实性重又进入意识之中,它就会厌恶地被感受为这样一种现实性;一种禁欲的、否定意志的情绪乃是那些状态的成果。在思想中,狄奥尼索斯因素被当作一种更高的世界秩序,对立于一种普通的和糟糕的世界秩序。希腊人现在想要一种绝对的逃遁,逃离这个罪责和命运的世界:希腊人几乎不会以一个死后的世界来敷衍自己,他们的渴望更高级,超越诸神之外,他们否定人生此在,连同缤纷地闪烁的诸神镜像。在陶醉之唤醒的意识中,希腊人处处看到人类存在的恐怖或者荒唐;这使他们感到厌恶。现在,他们领会了森林之神的智慧。

在此已经达到了最危险的界限,即希腊意志以其阿波罗式乐观主义的基本原则可能允许达到的最危险的界限。在这里,希腊意志立即就以其自然的救治力量发挥作用,旨在把那种否定性的情绪重新拗转过来。它的手段就是悲剧艺术作品和悲剧观念。

首要之事是要把那种关于人生此在的恐怖和荒唐的厌恶想法,转变为生活赖以开展的观念:此类观念就是崇高(作为对恐怖的艺术抑制）与可笑（作为对荒唐之厌恶的艺术发泄）。现在，这两个相互交织的元素联合为一件艺术作品，它艺术地模仿狄奥尼索斯状态，由此打碎了这种状态。

崇高与可笑乃是超越美的假象世界的一个步骤，因为在这两个概念中包含着一种矛盾。另一方面，这两个概念绝不与真理相符合：它们是一种对真理的掩蔽，这种掩蔽虽然比美更透明，但依然是一种掩蔽而已。在其中，我们也就有了美与真之间的一个中间世界，在其中，狄奥尼索斯与阿波罗之间的联合是有可能的。

这个世界现在在一种陶醉游戏中开启自己，而并不是在一种由陶醉造成的完全的纠缠状态中展示出来的。在演员那儿，我们重又认识到狄奥尼索斯式的人，那个凭本能和直觉的诗人、歌者和舞者，却是作为被扮演的狄奥尼索斯式的人。他要么力图在崇高之震颤中达到其典范，要么在大笑之震颤中达到其典范。他要超越美，而并不寻求真理。他漂浮于两者之间。——演员首先自然不是某个个体，要扮演的其实是狄奥尼索斯式的大众、民众：所以才有酒神颂歌的合唱歌队。通过陶醉游戏，正如周围观众的合唱歌队那样，他自己可以说要从陶醉中得到发泄。从阿波罗世界的观点看，希腊文化是必须救治和赎罪的。阿波罗这个真正的救治和赎罪之神，他把希腊人从明见未来的狂喜和对人生此在的厌恶中拯救出来了——通过具有悲剧和滑稽剧思想的艺术作品。

这个全新的艺术世界，崇高与可笑的艺术世界，作为更古老的美的假象的世界，乃依据于另一种诸神观和世界观。有关人生此在之恐怖和荒谬的认识,有关被摧毁的秩序和非理性的规划的认识,一般地,就是有关整个自然中的巨大痛苦的认识,揭示了厄里倪厄斯、美杜莎和命运女神(Moiren)①这些被艺术地掩蔽起来的形象:奥林匹斯诸神处于至高的危险之中。在悲剧和滑稽剧的艺术作品中,诸神得到了拯救,因为他们也被浸入崇高和可笑的汪洋大海中了,他们不再仅仅是"美的",他们仿佛吸入了那种更古老的诸神秩序及其崇高。现在,诸神分成了两组;只有少数漂浮于中间,作为时而崇高、时而可笑的神祇。首要地,狄奥尼索斯本身接受了那种二重分裂的本质。

在两个典型人物上可以最好地显明,现在,在希腊悲剧时代,人们如何能重新生活了——这两个人物就是埃斯库罗斯和索福克勒斯。对于作为思想者的埃斯库罗斯,崇高多半显现于伟大的正义中。在他那里,人与神处于最紧密的共同性中:对他来说,神性、正义、德性与幸福是一体地相互交织在一起的。个体、人或者泰坦是根据这个天平来衡量的。诸神是按照这个正义标准而得到重构的。于是,举例说来,对于迷惑人的、诱人犯罪的恶魔的民间信仰——那个古老的被奥林匹斯诸神废黜的诸神世界的残余——得到了修正,因为这个恶魔变成了公正惩罚的宙斯手上的一个工具。那个同样古老的、对奥林匹斯诸神来说同样格格不入的关于世代诅咒的想法,在埃斯库罗斯那里被剥夺了全部的严苛性,因为在埃斯库罗斯那里,不存在个人亵渎圣物的必要性,人人都能逃避魔力;就像(举例说来)俄瑞斯忒斯所做

---

① 在《狄奥尼索斯的世界观》一文中用了希腊文 Moῖρα[命运女神]。

的那样。

埃斯库罗斯在奥林匹斯司法的崇高性中发现了崇高，而索福克勒斯则以神奇的方式，在奥林匹斯司法的不可穿透状态的崇高性中看到了崇高。他在所有要点上重建了民众信仰。在他看来，莫名其妙地遭受一种骇人的命运是崇高的，真正无法解开的人类此在之谜就是其悲剧的缪斯。痛苦在他那里赢获了一种美化，痛苦被理解为某种神圣化的东西。人性与神性之间的距离是不可估量的；所以，至深的屈服顺从和听天由命是合适的。其本真的德性乃是审慎（Sophrosyne）①，真正说来是一种消极的德性。在索福克勒斯那里登上舞台的英雄的人类，是没有这种德性的至为高贵的人类。其命运展示出那条无限的鸿沟：几乎没有什么罪责可言，而只有一种缺失，即缺乏对人类价值及其界限的认识。

无论如何，这种观点要比埃斯库罗斯的观点更加深刻、更加内在，它显然更接近于狄奥尼索斯的真理，而且没有通过许多象征手法，而是直接道出了这种真理——尽管如此！我们在这里却认识到，阿波罗的伦理原则被编织入狄奥尼索斯的世界观之中了。在埃斯库罗斯那里，厌恶感消解于对世界秩序之智慧的崇高惊恐，只不过这种智慧在人们虚弱不堪的情况下是难以得到认识的。在索福克勒斯那里，这种惊恐还要更大，因为这种智慧是完全深不可测的。那是没有斗争的纯粹的虔诚情调，而埃斯库罗斯的智慧则持续不断地有着这样一项任务，就是要为神性的

---

① 在《狄奥尼索斯的世界观》中用了希腊文 σωφροσύνη［审慎］。

司法辩护,因此总是不满足地面临新的难题。阿波罗命令人们去研究的"人类的界限"对于索福克勒斯来说是可认识的,然而,它比人们在前狄奥尼索斯的阿波罗时期所理解的界限更狭隘、更有限。人类缺乏对自身的认识,这是索福克勒斯的〈问题〉;而人类缺乏对诸神的认识,这是埃斯库罗斯的问题。

虔诚,生命本能最神奇的面具!投身于一个完美的梦之世界,至高的道德智慧被赋予这个梦之世界!逃避真理吧,为的是能够崇拜那遥远的、被云雾笼罩着的真理!与现实和解吧,因为现实是谜一样的!讨厌猜谜吧,因为我们并不是诸神!欢乐地拜倒于尘埃,在不幸中保持幸福的宁静!在人类至高的表达中人类至高的自弃!去赞美和美化人生此在的恐怖手段和可怕状况,以之作为对人生此在的救治手段!在对生命的蔑视中快乐地生活!意志在其否定中的胜利!

在这个认识阶段上只有两条道路,一是圣徒之路,二是悲剧艺术家之路:两者的共性在于,它们在最清晰地认识到人生此在之虚无的情况下却能够继续生活,而没有在自己的世界观中觉察到一道裂隙。对于继续生活的厌恶被感受为创造之手段,无论这是一种神圣化的创作还是一种艺术的创作。恐怖或者荒谬是令人振奋的,因为它们只在表面上是恐怖或者荒谬的。在这里,狄奥尼索斯的陶醉力量还在这种世界观的极顶处得到了证明,一切现实都消解为假象,在假象背后显示出统一的意志本性,现在完全被笼罩于智慧和真理的灵光之中,被笼罩于迷惑性的光华之中。错觉、幻想已达其顶峰。

现在似乎不再难以理解,阿波罗的意志对希腊世界具有规整作用,这同一种意志采取了它的另一种显现形式,即狄奥尼索斯的意志。意志的两种显现形式的斗争具有某个异乎寻常的目标,就是要创造一种更高的此在可能性,也要在此可能性中达到一种更高的赞美——通过艺术。①

---

① 全文至此终止。《狄奥尼索斯的世界观》此后尚有近7页文字。

苏格拉底与希腊悲剧

希腊悲剧的毁灭不同于全部更古老的姊妹艺术种类：它是由于一种难以解决的冲突而死于自杀，所以是悲剧性的，而所有更古老的姊妹艺术种类则都尽享天年，都是极美丽和极安详地逐渐消失掉的。因为，如果说留下美好的后代、毫无痉挛地告别人生乃是合乎一种幸福的自然状态的，那么，那些更为古老的姊妹艺术种类的终结，就向我们表明了这样一种幸福的自然状态：它们慢慢地隐失，而且在它们弥留的目光前已然站着它们更美的子孙，后者正以勇敢的姿态急不可耐地昂起自己的头颅呢。与此相反，随着希腊悲剧的死亡，则出现了一种巨大的、往往深深地被感受到的空虚；就如同提庇留时代的希腊船夫有一次在一座孤岛上听到令人震惊的呼叫："伟大的潘死了！"——同样地，现在整个希腊世界都响起一种痛苦的哀叫声："悲剧死了！诗歌本身也随之消失了！滚吧，你们这些瘦弱萎靡的后代啊！滚到地狱里去吧，在那里你们尚可饱餐一顿昔日大师们的残羹剩菜！"

但这个时候，却有一种新的艺术繁荣起来了，它把悲剧奉为先驱和导师；人们当时惊恐地发觉，这种艺术固然带有她母亲的容貌特征，但却是这位母亲在长期的垂死挣扎中表现出来的容貌。欧里庇德斯所做的斗争就是悲剧的这种垂死挣扎；这种后起的艺术乃是众所周知的阿提卡新喜剧。在阿提卡新喜剧身上，残存着悲剧的蜕化形态，构成悲剧极其艰难和惨烈的消亡的纪念碑。

鉴于上述联系，我们就不难理解为什么新喜剧的诗人们对于欧里庇德斯抱有热烈的爱慕之情；以至于斐勒蒙的愿望不再令人诧异了，此人想立即上吊自杀，只为能够去拜访阴间的欧里庇德斯——只要他竟然确信这位死者现在也还是有理智的。但如果我们不求详尽，而只想简明扼要地刻画出欧里庇德斯与米南德和斐勒蒙的共同之处，以及对他们起激发和典范作用的东西，那么，我们只需说：欧里庇德斯把观众带上舞台了。如果你认识到欧里庇德斯之前普罗米修斯式的悲剧作家们是用什么材料塑造他们的主角的，根本没有把现实的忠实面具搬到舞台上去的意图，那么，你也就弄清楚欧里庇德斯的完全背离的倾向了。通过欧里庇德斯，日常生活中的人从观众席冲上了舞台——这面镜子先前只表达伟大勇敢的性格，现在则显露出那种极其严密的忠实，连自然的败笔也加以仔细再现。现在在新诗人笔下，奥德修斯，古代艺术中典型的希腊人，已沦为小希腊人形象了，从今往后，这种小希腊人就作为好心肠的、狡黠的家奴占据了戏剧趣味的中心。在阿里斯托芬的《蛙》中，欧里庇德斯声称自己的功绩是通过家常便药使悲剧艺术摆脱了富丽堂皇的臃肿病，这一点首先可以在他的悲剧主角身上得到感受。现在，观众们在欧里庇德斯的舞台上看到和听到的，根本上就是他们自己的影子，并且为这影子的能说会道而大感开心。但不只是开心而已，人们自己还可以向欧里庇德斯学习说话；在与埃斯库罗斯比赛时，欧里庇德斯就曾以此自夸：通过他，民众现在已经学会了用极机智的诡辩术巧妙地去观察、商讨和推论了。通过这样一种对公共语言的改变，他根本上就使新喜剧成为可能了。因为从现在起，如何以及用何种格言让日常事物登上舞台，已经不再是一个秘密了。欧里庇德斯把他全部的政治希望都建立在市民的平庸性上，现在，这种平庸性有了发言权，而在此之前，却是由悲剧中的半神、喜剧中醉醺醺的萨蒂尔或者半人来决定语言特性的。而且这样一来，阿里斯托芬剧中的欧里庇德斯就竭力自夸，说他描绘了人人都能做出判断的普通的、熟知的、日常的生活和行动。如果说现在大众都能进行哲学思考了，都能以闻所未闻的聪明管理土地和财产，开展诉讼，等等，那么，这全是他的功劳，是他向民众灌输的智慧的成就。

现在，新喜剧就可以面向一个有这般准备和经过这番启蒙的大众了，而欧里庇德斯在某种程度上就成了这新喜剧的合唱歌队导师；只不过这一回，观众合唱歌队还必须接受训练。一旦这个合唱歌队训练有素了，能用欧里庇德斯的调子唱歌了，就兴起了那种弈棋式的戏剧种类，就是以狡诈和诡计不断获胜的新喜剧。而欧里庇德斯——这位合唱歌队导师——就不断地受到赞扬：真的，倘若人们不知道悲剧诗人们与悲剧一样已经死了，为了从他那里学习更多一点东西，人们就会自杀的。然而，随着悲剧之死，希腊人也放弃了对于不朽的信仰，不但不再信仰一个理想的过去，而且也不再信仰一个理想的将来了。那个著名的墓志铭上的一句话"老者轻浮又古怪"也适用于老迈的希腊文化。瞬息欢娱、玩世不恭、漫不经心、喜怒无常,乃是当时最高的神灵;第五等级,即奴隶等级,现在要上台当权了——至少在观念上是这样:如若现在竟还谈得上"希腊的明朗",那也是奴隶的明朗了;奴隶们不懂得承担什么重大责任,不知道追求什么伟大,眼里只重当下,而不懂尊重过去或者将来之物。正是这样一种"希腊的明朗"的假象,深深地激怒了基督教前四个世纪里那些深刻而可怕的人物:在他们看来,这种女性式的对严肃和恐怖的逃避,这种懦夫般的对安逸享乐的沾沾自喜,不仅是可鄙的,而且是真正敌基督的思想观念。而且,由于这种思想观念的影响,延续了几百年的关于古代希腊的观点,以几乎不可克服的坚韧性保持着那种粉红的明快色彩——仿佛从来就不曾有过公元前六世纪及其悲剧的诞生,及其秘仪,及其毕达哥拉斯和赫拉克利特,仿佛压根儿就不曾有过这个伟大时代的艺术作品;诚然,对于这些各自独立的艺术作品,我们根本不能根据这样一种老迈的、奴性的此在乐趣和明朗来加以说明,它们指示着一种完全不同的世界观,以此作为自己的实存根据。

上文我们断言,欧里庇德斯把观众带上舞台了,从而同时就让观众真正有能力对戏剧作出判断了。如此便产生出一种假象,仿佛更古老的悲剧艺术并没有摆脱与观众的不当关系:而且,人们就会努力去赞扬欧里庇德斯的激进意图,把他要获得艺术作品与观众之间的相应关系的意图视为超越索福克勒斯的一大进步。然而,所谓"观众"只不过是一个词而已,完全不具有相同的、本身固定的伟大意义。艺术家有何义务去适应一种只靠数量见长的力量呢?如果艺术家觉得自己在天赋和志向上都超过了每一个观众,那么,他何以在所有这些比他低等的全体观众的共同表达面前,比在相对而言极有天赋的个别观众面前感受到更多的尊重呢?实际上,没有一个希腊艺术家像欧里庇德斯那样,在漫长的一生中都如此放肆而自满地对待他的观众:即使当群众对他五体投地时,他也以高傲的固执态度,公然抨击自己用来战胜群众的意图。倘若这位天才对于观众群魔有一丁点敬畏之心,那么,在失败的棒打下,他或许早在自己事业生涯的中途就崩溃了。由此考量,我们就会看到,我们所谓欧里庇德斯把观众带上舞台了,是为了使观众真正具有判断能力,这种说法只不过是一个权宜之计,我们必须寻求对他的意图做一种更深入的理解。相反地,众所周知的是,埃斯库罗斯和索福克勒斯在他们的有生之年——甚至在死后很长时间里——如何广受民众爱戴,而且因此,在欧里庇德斯的这些前辈那里,根本就谈不上一种在艺术作品与观众之间的不当关系。那么,是什么强大的力量驱使这位富有才气又不懈地创作的艺术家偏离正道,抛弃了隆隆诗名的普照阳光与民众爱戴的灿烂晴空相辉映的美好前程呢?何种对于观众的特殊顾虑使他背弃观众呢?他怎么可能是因为过于尊重观众而不尊重观众呢?

上面我们端出了一个谜,其谜底在于:欧里庇德斯很可能觉得自己作为诗人要比群众高明,但并不比他的那两个观众高明:他把群众带上舞台了,而对于他的那两个观众,他却是敬重有加,视之为唯一有能力判断他的全部艺术的法官和大师——遵照那两个观众的指令和劝告,他把感受、激情和经验的整个世界,也就是此前在观众席上作为看不见的合唱歌队在每一次节日演出时所感受到的一切,全盘转嫁到舞台主角的心灵中了。当他为这些新角色寻找新语言和新音调时,他便顺从那两个观众的要求,当他看到自己再次受观众法庭的谴责时,唯有在那两个观众的声音里面,他才听到了对自己的创作的有效判词,以及让人感到胜利在望的鼓舞。

那两个观众之一是欧里庇德斯本人,是作为思想家的欧里庇德斯,而不是作为诗人的欧里庇德斯。我们可以说,欧里庇德斯异常丰富的批判才能——类似于莱辛——即便不说生产,至少也会持续不断地孕育一种附带的艺术创造冲动。以这样一种天赋,以其批判性思想的全部明晰和灵敏,欧里庇德斯坐在剧场里面,努力去重新认识他那些伟大先辈的杰作,有如观看一幅已经褪色的画作,一笔一笔,一条一条地加以重审。而且在这里,他碰到了那些获悉埃斯库罗斯悲剧之深度奥秘的人们不会感到意外的东西:在每一笔和每一条线上,他看到了某种无法测度的东西,某种令人迷惑的确定性,同时也是一种神秘的深度,实即背景的无穷无尽。最清晰的形象也总是带着一个彗星尾巴,似乎暗示着不确定、弄不清楚的东西。这同一种朦胧暮色也笼罩在戏剧结构上面,尤其是在合唱歌队的意义上。而且,伦理问题的解答依然让他感到多么疑惑啊! 神话的处理也是多么可疑啊! 幸与不幸的分配是多么不均啊! 即便在更古老悲剧的语言中,也有许多东西让他反感,至少令他感到神秘莫测;特别是他发现其中用了过多的堂皇辞藻来表达简单的关系,用了过多的比喻和惊人词章来表现朴素的性格。他就这样坐在剧场里,不安地冥思苦想,而且作为观众,他承认自己不能理解他那些伟大的先辈。然而,如果说在他看来理智是一切欣赏和创作的真正根源,那么,他就不得不追问和寻思,是不是没有人与他想法一致,没有人与他一样承认那种不可测度性。但许多人,包括那些最优秀的个人,只是对他报以怀疑的微笑;而没有人能为他说明,为什么大师们面对他的疑虑和异议总是正确的。在这样一种极其痛苦的状态中,他找到了另一个观众,后者并不理解悲剧,因而也不重视悲剧。与这位观众结盟,欧里庇德斯就大胆摆脱了孤独,开始向埃斯库罗斯和索福克勒斯的艺术作品发起一场惊人的斗争——不是用论战文章,而是作为戏剧诗人,用自己的悲剧观来反对传统的悲剧观。——

在指出另一个观众的名字之前,让我们在此稍作停留,重温一下我们上文描写过的埃斯库罗斯悲剧之本质中存在的分裂性和不可测度性的印象。让我们来想一想,我们自己面对悲剧合唱歌队和悲剧主角时的惊诧心情;这两者,我们不知道怎么把它们与我们的习惯以及传统协调起来——直到我们重新发现了作为希腊悲剧之起源和本质的双重性本身,它是阿波罗与狄奥尼索斯这两个相互交织的艺术冲动的表达。

根据上述认识,我们就必须把希腊悲剧理解为总是一再地在一个阿波罗形象世界里爆发出来的狄奥尼索斯合唱歌队。所以,那些把悲剧编织起来的合唱部分,在一定程度上就是整个所谓对话的娘胎,即全部舞台世界、真正的戏剧的娘胎。在多次相继的爆发过程中,悲剧的这个原始根基放射出那个戏剧的幻景:它完全是梦的显现,从而具有史诗的本性,但另一方面,作为一种狄奥尼索斯状态的客观化,它并不是在假象中的阿波罗式解救,而倒是相反地,是个体的破碎,是个体与原始存在(Ursein)的融合为一。因此,戏剧乃是狄奥尼索斯式认识和效果的阿波罗式具体体现,由此便与史诗相分隔,犹如隔着一条巨大的鸿沟。

以我们上述这种观点,希腊悲剧的合唱歌队,全部有着狄奥尼索斯式兴奋的群众的象征,就获得了完全的解释。从前,我们习惯于合唱歌队在现代舞台上的地位,根本不能理解希腊人那种悲剧合唱歌队何以比真正的"动作"(Action)更古老、更原始,甚至更重要,——这一点却是十分清晰地流传下来的——;再者,我们又不能赞同那种流传下来的高度重要性和原始性,既然悲剧合唱歌队实际上只是由卑微的仆人组成的,甚至首先只是由山羊般的萨蒂尔组成的;对我们来说,舞台前的乐队始终是一个谜;而现在,我们已经达到了如下洞识:根本上,舞台连同动作原始地仅仅被当作幻景(Vision)了,唯一的"实在"正是合唱歌队,后者从自身中产生出幻景,并且以舞蹈、音乐和语言的全部象征手段来谈论幻景。这个合唱歌队在其幻景中看到自己的主人和大师狄奥尼索斯,因此永远是臣服的合唱歌队:它看见这位神灵如何受苦受难,如何颂扬自己,因此自己并不行动。虽然合唱歌队处于这样一种对神灵的臣服地位,但它却是自然的最高表达,即狄奥尼索斯式的表达,因而就像自然一样在激情中言说神谕和智慧:它作为共同受苦者,同时也是智慧者,从世界心脏出发来宣告真理的智者。于是就形成了那个幻想的、显得如此有失体统的智慧而热情的萨蒂尔形象,后者同时又是与神相对立的"蠢人":自然及其最强烈的冲动的映象,甚至是自然的象征,又是自然之智慧和艺术的宣告者:集音乐家、诗人、舞蹈家和通灵者于一身。

依照这种认识，也依照传统的看法，狄奥尼索斯，这个真正的舞台主角和幻景中心，起初在悲剧的最古时期并不是真正现存的，而只是被设想为现存的：也就是说，悲剧原始地只是"合唱歌队"，而不是"戏剧"。到后来，人们才尝试着把这位神当作为实在的神灵显示出来，并且把幻象及其具有美化作用的氛围表现出来，使之有目共睹；由此开始了狭义的"戏剧"。现在，酒神颂歌的合唱歌队便获得了一项任务，就是要以狄奥尼索斯的方式激发观众的情绪，使之达到陶醉的程度，以至于当悲剧英雄在舞台上出现时，观众们看到的绝不是一个戴着奇形怪状面具的人，而是一个仿佛从他们自己的陶醉中产生的幻象。让我们来想想阿德墨托斯，他深深地思念着他刚刚去世的妻子阿尔刻斯提斯，整个就在对亡妻的精神观照中折磨自己——突然间，一个身材和步态都相像的蒙面女子被带到他面前：让我们来想想他那突然的战栗不安，他那飞快的打量比较，他那本能的确信——于是我们就有了一种类似的感觉，类似于有着狄奥尼索斯式兴奋的观众看见神灵走上舞台时的感觉，而观众这时已经与神灵的苦难合而为一了。观众不由自主地把整个在自己心灵面前神奇地战栗的神灵形象转移到那个戴面具的角色上，仿佛把后者的实在性消解在一种幽灵般的非现实性中了。此即阿波罗的梦境，在其中，白昼的世界蒙上了面纱，一个新世界，比白昼世界更清晰、更明了、更感人、但又更像阴影的新世界，在持续的交替变化中，全新地在我们眼前诞生了。据此，我们就在悲剧中看到了一种根本的风格对立：一方面在狄奥尼索斯的合唱歌队抒情诗

612

中,另一方面是在阿波罗的舞台梦境中,语言、色彩、话语的灵活和力度,作为两个相互间完全分离的表达领域而表现出来。狄奥尼索斯在阿波罗现象中客观化;而阿波罗现象再也不像合唱歌队的音乐那样,是"一片永恒的大海,一种变幻的编织,一种灼热的生命",再也不是那种仅仅被感受、而没有被浓缩为形象的力量,那种能够使热情洋溢的狄奥尼索斯的奴仆觉察到神灵之临近的力量:现在,从舞台角度说,对他说话的是史诗形象塑造的清晰性和确定性,现在,狄奥尼索斯不再通过力量说话,而是作为史诗英雄,差不多以荷马的语言来说话了。

在希腊悲剧的阿波罗部分、也即在对话中浮现出来的一切,看起来是简单的、透明的、美丽的。在此意义上讲,对话是希腊人的映象——希腊人的本性是在舞蹈中彰显出来的,因为在舞蹈中最大的力量只是潜在的,但在灵活而多彩的动作中得以透露出来。所以,索福克勒斯的英雄的语言以其阿波罗式的确定和明静特性而让我们大为惊喜,以至于我们立刻就以为洞见到了他们的本质的最内在根基,带着几分惊讶,惊讶于通向这个根基的道路是如此之短。然而,如果我们先撇开那浮现出来、变得清晰可见的英雄性格——根本上,后者无非是投在一堵暗墙上的影像,也即完完全全是现象——,而倒是深入到投射在这些明亮镜像上面的神话,那么,我们就会突然体验到一种与熟悉的视觉现象相反的现象。当我们竭力注视太阳时感到刺眼而转过头去,我们眼前就会出现暗色的斑点,仿佛是用来治眼睛的药物:相反,索福克勒斯的英雄那种明亮的影像显现,简言之,面具中的阿波罗因素,却是一种对自然之内核和恐怖的洞察的必然产物,仿佛是用来治疗被恐怖黑夜损害的视力的闪亮斑点。唯有在这个意义上，我们才能相信自己正确地把握了"希腊的明朗"这个严肃而重要的概念；而无疑地，在当代的所有地方，我们都能在安全的惬意状态中见到关于这种明朗的被误解了的概念。

希腊舞台上最悲惨的形象，不幸的**俄狄浦斯**，被索福克勒斯理解为高贵的人，他纵然智慧过人却注定要犯错受难，不过到最后，由于他承受的巨大痛苦，他对周遭施展了一种神秘的、大有裨益的力量，这种力量甚至在他亡故后依然起着作用。高贵的人不会犯罪，这位深沉的诗人想告诉我们：通过他的行为，一切法律，一切自然秩序，甚至道德世界，都可能归于毁灭，恰恰是通过这种行为，一个更高的神秘的作用范围产生了，就是那些在被推翻了的旧世界废墟上建立一个新世界的作用。这就是这位诗人想告诉我们的东西，只要他同时也是一位宗教思想家：作为诗人，他首先向我们展示了一个神奇地纠结的讼案之结，法官慢慢地一节又一节解开了这个结，也导致了自己的毁灭；对于这种辩证的解决，真正希腊式的快乐是如此之大，以至于有一种优越的明朗之气贯穿了整部作品，往往打掉了那个讼案的可怕前提的锋芒。在《俄狄浦斯在科罗诺斯》中，我们发现了这同一种明朗，但它被提升到一种无限的美化之中了；`这位老人遭受了极度苦难，他纯粹作为**受苦者**经受他所遭受的一切，而与之相对的是一种超凡的明朗，它从神界降落下来，暗示我们这个英雄以其纯粹被动的行为而达到了至高的、远远超越其生命的主动性，而他早先生命中有意识的努力和追求，却只是把他带向了被动性。于是，那个在凡人眼里纠缠不清的俄狄浦斯故事的讼案之结慢慢解开了——而且，在辩证法的这种神性对立面那里，人类最深刻的快乐向我们袭来。如若我们这种解释正确地对待了诗人，那么，我们就总还可以来追问一下，由此是不是已经穷尽了神话内容：这里显而易见，诗人的整个见解无非是那个幻象，那是在我们一瞥深渊之后，具有疗救力量的自然端到我们面前的幻象。俄狄浦斯是杀害自己父亲的凶手，是他母亲的丈夫，俄狄浦斯又是斯芬克司之谜的破解者！这样一种命运的神秘三重性向我们道说了什么呢？有一个古老的、特别在波斯流传的民间信仰，说智慧的巫师只能产自乱伦——鉴于解谜和娶母的俄狄浦斯，我们马上可以对此作出如下阐释：只要有某些预言性的神奇力量打破了当前和将来的界限、僵固的个体化原则，根本上也就是打破了自然的真正魔力，在这种地方，就必定有一种巨大的反自然现象——例如前面讲的乱伦——作为原因而先行发生了；因为，要不是通过成功地抗拒自然，也即通过非自然因素，人们又怎么能迫使自然交出自己的秘密呢？我看到，这种认识就体现在俄狄浦斯命运那可怕的三重性中：破解自然之谜（那二重性的斯芬克司）的同一个人，必须作为弑父者和娶母者来打破最神圣的自然秩序。的确，这个神话似乎要悄悄地跟我们说：智慧，尤其是狄奥尼索斯的智慧，乃是一种反自然的可怖之事，谁若通过自己的知识把自然投入到毁灭的深渊之中，他自己也就必须经历自然的解体。"智慧的锋芒转而刺向智者：智慧乃是一种对自然的犯罪"——这个神话向我们喊出了此等骇人的原理：然而，这位希腊诗人却像一缕阳光，去触摸这个神话的崇高而又可怕的门农之柱，使后者突然发出音响——用索福克勒斯的旋律！

现在，与被动性之光荣相对照，我要提出照耀着埃斯库罗斯的普罗米修斯的主动性之光荣。在这里，思想家埃斯库罗斯要告诉我们的，却是他作为诗人只能通过其比喻式的形象让我们猜度的东西；这个东西，青年歌德已经懂得用自己的普罗米修斯的豪言壮语向我们揭示出来了：

> 我坐在这里，照着我的形象
> 塑造人，
> 一个与我相像的种类，
> 受苦，哭泣，
> 享受，快乐，
> 而像我一样，
> 对你毫无敬意！

人类把自己提升到泰坦的高度，为自己争得文化，并且迫使诸神与他结盟，因为人类以其自身特有的智慧，掌握着诸神的实存和范限。上面这首普罗米修斯之诗，按其基本思想来看是对非虔敬的赞颂之歌，但这首诗中最美妙者，却是埃斯库罗斯对正义的深深追求：一方面是勇敢"个体"的无尽苦难，另一方面则是神性的困厄，实即对一种诸神黄昏的预感，这两个苦难世界的力量迫使双方和解，达到形而上学的统一性——所有这一切都极为强烈地让我们想起埃斯库罗斯世界观的核心和原理，它把命运（Moira）看作超越诸神和人类而稳居宝座的永恒正义。埃斯库罗斯把奥林匹斯世界置于他的正义天平上，其胆略可谓惊人；有鉴于此，我们必须回想一下，深思熟虑的希腊人在其宗教秘仪中有一种牢不可破的形而上学思想之基础，而且可能对奥林匹斯诸神发泄其全部怀疑念头。特别是希腊的艺术家面对这些神祇依稀地感受到了一种相互依赖：而恰恰在埃斯库罗斯的《普罗米修斯》中，这种感觉得到了象征的表达。这位泰坦式的艺术家心中有一种固执的信仰，以为自己能够创造人类，至少能够消灭掉奥林匹斯诸神：这是要通过他那高等的智慧来完成的，而无疑地，他就不得不经受永恒的苦难而为这种智慧付出代价。这位伟大天才的美妙"能力"（即便以永恒的苦难为代价也是微不足道的），艺术家严峻的自豪——此乃埃斯库罗斯创作的内涵和灵魂，而索福克勒斯则在其《俄狄浦斯》中奏响了神圣者的胜利之歌的前奏曲。不过，即便埃斯库罗斯对此神话的解释也未能测出它那惊人的深度恐惧：而毋宁说，艺术家的生成快乐，那抗拒一切灾祸的艺术创造的喜悦，只不过是反映在黑暗的悲哀之湖面上的亮丽的蓝天白云。普罗米修斯的传说乃是整个雅利安民族的原始财产，是一个证据，表明这个民族善于感受深沉而悲剧性的东西；其实不无可能的是，这个神话之于雅利安人，就如同原罪神话之于闪米特人一样，是具有独特的意义的，这两个神话之间有着某种类似于兄妹的亲缘关系。普罗米修斯神话的前提，乃是天真的人类给予火以一种过高的价值，把火当作每一种上升文化的真正守护神：然而，人类自由地支配火，人类获得火不光是靠苍天的馈赠，诸如燃烧的闪电或者温热的阳光，这一点在那些遐想的原始人看来乃是一种渎神，乃是一种神性自然的剥夺。而且这样一来，第一个哲学问题就立刻设置了一个令人痛苦的、不可解决的人与神之间的矛盾,把它像一块岩石一般推到每一种文化的大门口。人类能分享的至善和至美的东西,人类先要通过一种渎神才能争得,然后又不得不自食其果,即是说,不得不承受那整个痛苦和忧伤的洪流,那是受冒犯的苍天神灵必须要用来打击力求上升而成就高贵的人类的:一个严峻的思想,它赋予渎神以尊严,通过这种尊严与闪米特人的原罪神话奇特地区分开来;在闪米特人的原罪神话中,好奇、说谎欺骗、不堪诱惑、淫荡,质言之,一系列主要属于女性的恶习,被视为祸害之根源。而雅利安人的观念的突出标志,则在于那种崇高观点,它把主动的罪恶当作普罗米修斯的真正德性:同时,我们从中也就发现了悲观主义悲剧的伦理基础,那是对人类祸害的辩护,而且既是对人类之罪责的辩护,也是对由此产生的苦难的辩护。万物本质中的灾祸——这是遐想的雅利安人不想加以抹煞的——,世界核心中的矛盾,向雅利安人敞显为各种不同世界的交织,例如神界与人界的交织,每个世界作为个体都是合理的,但作为个别世界与另一个世界并存时,它势必要为自己的个体化经受苦难。当个人英勇地追求普遍,试图跨越个体化的界限,意愿成为这一个世界本质本身时,他自己就要忍受隐藏在万物中的原始矛盾,也即说,他就要渎神和受苦了。所以,雅利安人把渎神理解为男性,而闪米特人则把罪恶理解为女性,正如原始的渎神是男人干的,而原罪是女人犯的。此外,女巫合唱歌队唱道:

> 女人走了几千步,
> 我们不要太较真;

不管女人多着忙,
男人一跃便赶上。

　　谁若弄懂了那个普罗米修斯传说的最内在核心——亦即泰坦式奋斗的个体是势必要亵渎神明的——,他就必定同时也会感受到这种悲观主义观念中的非阿波罗因素;因为阿波罗恰恰是要在个体之间划出界线,并且总是再三要求他们有自知之明,掌握尺度,要他们记住这些界线是最神圣的世界规律,由此来安抚个体。但为了在这样一种阿波罗倾向中形式不至于僵化为埃及式的呆板和冷酷,为了在努力为个别的波浪确定轨道和范围时不至于使整个湖水变成了一潭死水,狄奥尼索斯的滔滔洪流偶尔又会摧毁掉所有那些小圆圈,就是纯然阿波罗式的"意志"力求把希腊文化吸引入其中的那些小圆圈。于是,那骤然高涨的狄奥尼索斯洪流就担负起个体的各种小波浪,如同普罗米修斯的兄弟、泰坦巨神阿特拉斯背负着大地一般。这种泰坦式的欲望,仿佛要成为所有个人的阿特拉斯,用巨肩把他们扛得越来越高、越来越远——这种欲望乃是普罗米修斯因素与狄奥尼索斯因素的共性所在。从这个方面看,埃斯库罗斯的普罗米修斯就是狄奥尼索斯的面具,而此前提到过的埃斯库罗斯对于正义的那种深刻追求,则透露出普罗米修斯在父系一脉上源自阿波罗,后者是个体化之神和正义界限之神,是明智者。所以,埃斯库罗斯的普罗米修斯的双重本质,即他兼具狄奥尼索斯本性和阿波罗本性,就可以用抽象的公式来加以表达——这使逻辑学家欧里庇德斯大感惊讶:"现存的一切既正义又不正义,在两种情况下都是同样合理的。"

这就是你的世界！这就是所谓的世界！——

有一个不容争辩的传说，说最古形态的希腊悲剧只以狄奥尼索斯的苦难为课题，在很长一段时间里唯一现成的舞台主角就是狄奥尼索斯。但我们可以同样确凿地断定，直到欧里庇德斯，狄奥尼索斯向来都是悲剧主角，希腊舞台上的所有著名角色，普罗米修斯，俄狄浦斯等等，都只是那个原始的主角狄奥尼索斯的面具而已。所有这些面具后面隐藏着一个神祇，这乃是唯一根本性的原因，说明那些著名角色为何具有如此经常地让人赞叹的典型的"理想性"。我不知道有谁说过，所有个体作为个体都是滑稽的，因而是非悲剧性的：由此或可得知，希腊人根本上是不可能容忍舞台上的个体的。希腊人看来确实有此种感受：说到底，柏拉图对于"理念"（Idee）与"偶像"（Idol）、映象（Abbild）所做的区分和评价，是深深地植根于希腊人的本质之中的。而若用柏拉图的术语来说，我们或可这样来谈论希腊舞台的悲剧形象：这一个真正实在的狄奥尼索斯以多种形象显现，戴着一个抗争英雄的面具，仿佛卷入个别意志之网中。以现在这个显现之神的言行方式，他就像一个迷误、抗争、受苦的个体：而且根本上，他以史诗般的明确和清晰显现出来，这要归于释梦者阿波罗的作用，阿波罗通过那种比喻性的显现向合唱歌队解释了他的狄奥尼索斯状态。但实际上，这个英雄就是秘仪中受苦的狄奥尼索斯，是亲身经历个体化之苦的神；根据种种神奇的神话叙述，狄奥尼索斯年轻时曾被泰坦诸神所肢解，然后在此状态中又被奉为查格琉斯而广受崇敬——这就暗示出，这样一种解体，即

619

真正狄奥尼索斯的苦难,宛若一种向气、水、土、火的转变,所以,我们就必须把个体化状态视为一切苦难的根源和始基,视为某种本身无耻下流的东西。从这个狄奥尼索斯的微笑中产生了奥林匹斯诸神,从他的眼泪中产生了人类。以这种作为被肢解之神的实存,狄奥尼索斯具有双重本性,他既是残暴野蛮的恶魔,又是温良仁慈的主宰。可是,秘仪信徒们却指望着狄奥尼索斯的再生,对于这种再生,我们现在必须充满预感地把它把握为个体化的终结:对于这个即将到来的第三个狄奥尼索斯,秘仪信徒们报以激荡的欢呼歌唱。而且,只是因为有了这种希望,被分解为个体的支离破碎的世界才焕发出一缕欢乐的容光——通过沉浸在永恒悲伤中的得墨忒耳,神话形象地说明了这一点:当她听说她能再次把狄奥尼索斯生出来时,她第一次重启笑容。以上述观点,我们已然有了一种深刻的、悲观主义的世界观的全部要素,同时也就理解了悲剧的秘仪学说:那就是关于万物统一的基本认识,把个体化当作祸患之始基的看法,艺术作为那种要打破个体化之界限的快乐希望,以及作为对一种重建的统一性的预感。——

把那种原始的和万能的狄奥尼索斯元素从悲剧中剔除出去,并且纯粹地、全新地在非狄奥尼索斯的艺术、道德和世界观基础上重建悲剧——这就是现在明明白白地向我们揭示出来的欧里庇德斯的意图。

在晚年的一部神话剧里,欧里庇德斯本人竭力地向他的同代人提出了有关这种意图的价值和意义的问题。竟允许狄奥尼索斯因素存在吗?难道不应该强行把它从希腊的土壤里根除掉吗？那是当然啰，这位诗人告诉我们，只要有可能，就要把它根除掉；但酒神狄奥尼索斯太过强大了；像《酒神的伴侣》中的彭透斯这样绝顶聪明的敌手，也突然被他迷惑了，后来就在着魔状态中奔向自己的厄运。卡德摩斯和忒瑞西阿斯这两位老者的判断，似乎也就是这位老诗人的判断了：最聪明个体的思索也推翻不了那些古老的民间传统，那种生生不息地蔓延的狄奥尼索斯崇拜；其实面对此种神奇的力量，恰当的做法是至少显示出一种外交式谨慎的关注——但即便这样，这位酒神仍有可能对如此不冷不热的参与生出反感，最后把外交家变成一条龙（就像这里的卡德摩斯）。这就是一位诗人告诉我们的，他以漫长的一生英勇地反抗狄奥尼索斯，最后却对自己的敌手大加赞美，以自杀来结束自己的生涯，类似于一位头晕者从高塔上摔下来，只为逃避可怕的、再也无法忍受的眩晕。这部悲剧就是对他的意图之可行性的抗议；但是啊，他的意图已经得到了实行！惊人之事发生了：当这位诗人要收回自己的意图时，他的意图已经得胜了。狄奥尼索斯已经从悲剧舞台上被赶了下来，而且是被一种恶魔般的力量赶下来的——一种借欧里庇德斯之口说话的恶魔般的力量。连欧里庇德斯在某种意义上也只是面具：借他之口说话的神祇不是狄奥尼索斯，也不是阿波罗，而是一个完全新生的恶魔，名叫苏格拉底。这是一种全新的对立：狄奥尼索斯与苏格拉底，而希腊悲剧艺术作品便因此对立而走向毁灭了。现在，尽管欧里庇德斯力图通过自己的悔改来安慰我们，但他是不会成功的：壮丽无比的庙宇已成废墟了；破坏者的悲叹，破坏者承认那是所有庙宇中最美的一座，这对我们又有何用场呢？即便欧里庇德斯受到了惩罚,被所有时代的艺术法官转变为一条龙了——但这样一种可怜的补偿又能使谁满意呢?

现在,让我们进一步来考察一下那种苏格拉底意图,欧里庇德斯正是借此来反对和战胜埃斯库罗斯悲剧的。

我们现在必须问问自己:欧里庇德斯只想把戏剧建立在非狄奥尼索斯因素的基础上,这样一种计划,就其实施的至高理想而言,究竟有着何种目标呢?倘若戏剧不是从音乐的母腹中、在狄奥尼索斯的那个神秘暮色中诞生出来的,那么,它还会有何种形式呢?只有戏剧化的史诗了:在这个阿波罗式的艺术领域里,悲剧的效果当然是达不到的。这里的关键不在于所描写的事件的内容;的确,我甚至想说,歌德在他所设计的《瑙西卡》中不可能把那个牧歌式人物的自杀——这是要在第五幕中完成的——弄得那么富有悲剧效果;史诗的阿波罗式表现力是如此超乎寻常,以至于它借助于对于假象的快感以及对于通过假象达到的解脱的快感,使最恐怖的事物在我们眼前魔幻化。戏剧化史诗的诗人,就如同史诗流浪歌手一样,是不能与史诗形象完全融合起来的:他始终抱着不动声色的静观态度,从远处看着自己面前的形象。这种戏剧化史诗的演员从骨子里讲始终还是流浪歌手;内心梦幻的圣洁庄严落在他的所有表演上,以至于他从来都不是一个完全的演员。唯通过这个途径,我们才能会心地接近歌德的《伊菲格尼》(*Iphigenie*),在其中我们必须对至高的戏剧式史诗的诞生表示敬意。

那么,欧里庇德斯戏剧对于阿波罗戏剧的理想又是怎样的关系呢?其关系就像那个年轻的流浪歌手之于古代庄严的流浪歌手——在柏拉图的《伊翁篇》中,那个年轻的流浪歌手对自己的本性做了如下描写:"当我讲到某件悲哀之事时,我眼里充满泪水;而如果我讲的事恐怖而可怕,我便毛骨悚然,心惊肉跳了。"在这里,我们再也看不到那种对假象的史诗式沉迷,再也看不到真正的演员那种毫无冲动的冷静——真正的演员恰恰在其演艺的至高境界中完全成为假象和对于假象的快感了。欧里庇德斯就是那种心惊肉跳、毛骨悚然的演员;他作为苏格拉底式的思想家来制订计划,又作为热情的演员来实施计划。无论是在计划的制订还是在计划的实施中,他都不是纯粹的艺术家。所以,欧里庇德斯的戏剧是一个既冷又热的东西,既能把人冻僵又能让人燃烧;它不可能达到史诗的阿波罗式效果,而另一方面,它又尽可能地摆脱了狄奥尼索斯元素;现在,为了制造效果,他就需要新的刺激手段,那是再也不可能在两种艺术冲动中、亦即在阿波罗式艺术冲动和狄奥尼索斯式艺术冲动中找到的。这些新的刺激手段就是取代阿波罗式直观的冷静而悖论的思想,以及取代狄奥尼索斯式陶醉的火热情绪,而且是在高度真实地模仿的、绝没有消失在艺术苍穹中的思想和情绪。

因此,既然我们已经知道了这么多,知道了欧里庇德斯根本没有成功地把戏剧仅仅建立在阿波罗因素基础上面,而毋宁说,他的非狄奥尼索斯意图是误入歧途了,成了一种自然主义的和非艺术的倾向,那么,现在我们就可以更进一步,来探讨一下审美苏格拉底主义的本质了;审美苏格拉底主义的最高原则差不多是:"凡要成为美的,就必须是理智的";这是可与苏格拉底的命题"唯知识者才有德性"相提并论的。欧里庇德斯拿着这个准则来衡量所有细节,并且依照这个原则来校正它们:语言、人物、戏剧结构、合唱歌队音乐。在与索福克勒斯悲剧的比较中,往往被我们算到欧里庇德斯头上的诗歌的缺陷和倒退,多半是那种深入的批判过程、那种大胆的理智的产物。欧里庇德斯的序幕可为我们用作例证,来说明那种理性主义方法的成效。与我们的舞台技巧大相违背的,莫过于欧里庇德斯戏剧中的序幕了。在一出戏的开始,总会有一个人物登台,告诉观众他是谁,前面的剧情如何,此前发生了什么事,甚至这出戏的进展中将发生什么事——现代戏剧作家或许会把这种做法称为不可饶恕的蓄意之举,是故意放弃了悬念效果。我们都知道了将要发生的一切事情,这时候,谁还愿意等待它们真的发生呢?——因为在这里,甚至决不会出现一个预言的梦与一种后来发生的现实之间令人激动的关系。欧里庇德斯作了完全异样的思考。悲剧的效果决不依靠史诗般的紧张悬念,决不依靠现在和以后将发生之事的诱人的不确定性;相反,倒是要靠那些雄辩又抒情的宏大场景,在这种场景里,主角的激情和雄辩犹如一股洪流掀起汹涌波涛。一切皆为激情所准备,而不是为了情节:凡是不能酝酿激情的,都被视为卑下的。但最强烈地妨碍观众尽情享受地投入到这种场景中去的,是观众缺了一个环节,是剧情前因后果中留有一个缺口;只要观众依然不得不去算计这个或那个人物的含意,这种或那种倾向和意图冲突是以什么为前提的,他们就还不可能全神贯注于主角的痛苦和行为上面,还不可能紧张地与主角同甘苦共患难。埃斯库罗斯和索福克勒斯的悲剧运用了极聪明的艺术手段,带着几分偶然,在头几个场景里就把理解剧情所必需的所有那些线索交到观众手中了：这是一个能证明那种高贵的艺术家风范的特征，而此所谓艺术家风范仿佛掩盖了必要的形式因素，使之表现为偶然的东西。不过，欧里庇德斯总还自以为已经发现：观众在看头几个场景时处于特有的骚动不安当中，为的是把剧情的前因后果算计清楚，以至于他们丢失了诗意的美和展示部的激情。因此，欧里庇德斯就在展示部之前设置了一个序幕，并且让一个人们可以信赖的角色来交代这个序幕：经常须有一位神祇，在一定程度上由该神祇来向观众担保悲剧的情节发展，消除人们对于神话之实在性的任何怀疑：其方式类似于笛卡尔，后者只能通过诉诸上帝的真诚性以及上帝无能于撒谎这一点来证明经验世界的实在性。为了向观众确保他的主角的将来归宿，欧里庇德斯在他的戏剧结尾处又一次需要同一种神性的真诚性；这就是臭名昭著的deux ex machina［解围之神］的任务了。介于这种史诗的预告与展望之间，才是戏剧抒情的当前呈现，即真正的"戏剧"。

所以，欧里庇德斯作为诗人首先是他自己的自觉认识的回响；而且，正是这一点赋予他一种在希腊艺术史上十分值得纪念的地位。鉴于他那批判性和生产性的创作，欧里庇德斯必定经常感觉到，他应该把阿那克萨哥拉著作的开头几句话运用于戏剧——阿氏曰："泰初万物混沌；理智出现，才创造了秩序。"如果说阿那克萨哥拉以其"奴斯"（Nous）学说出现在哲学家中间，有如第一位清醒者出现在一群醉鬼中，那么，欧里庇德斯也可能以一种类似的形象来把握他与其他悲剧诗人的关系。只要万物唯一的安排者和统治者（即奴斯）依然被排斥在艺术创作之外，则万物就还处在一种原始混沌中；欧里庇德斯必定做出如此判断，他也必定作为第一个"清醒者"来谴责那些"烂醉"诗人。索福克勒斯曾说，埃斯库罗斯做得对，尽管是无意而为的，这话当然不是在欧里庇德斯意义上来说的——欧氏顶多会承认：因为埃斯库罗斯是无意而为的，所以他做了错事。连神圣的柏拉图多半也只是以讽刺的口吻来谈论诗人的创造能力（只要这不是有意的观点），并且把诗人的能力与预言者和释梦者的天赋相提并论；按其说法，诗人在失去意识、丢掉理智之前，是没有创作能力的。就像柏拉图也曾做过的那样，欧里庇德斯着手向世界展示这种"非理智的"诗人的对立面；正如我前面讲过的，他的审美原则"凡要成为美的，就必须是被认知的"，是可以与苏格拉底的命题"凡要成为善的，就必须是被认知的"并举。据此，我们就可以把欧里庇德斯视为审美苏格拉底主义的诗人。但苏格拉底是那第二个观众，并不理解、因而并不重视旧悲剧的第二个观众；与苏格拉底结盟，欧里庇德斯就敢于成为一种新的艺术创作的先行者了。如果说旧悲剧是因这种新的艺术创作而归于毁灭的，那么，审美苏格拉底主义就是杀人的原则；但只要这场斗争是针对旧悲剧中的狄奥尼索斯因素的，我们就可以把苏格拉底看作狄奥尼索斯的敌人，看作新的俄尔浦斯——他奋起反抗狄奥尼索斯，虽然注定要被雅典法庭的酒神女祭司们撕碎，却迫使这位极其强大的神逃遁：就像当年，这位酒神为了躲避厄多涅斯王吕枯耳戈时，逃到了大海深处，也就是逃到一种渐渐铺展到全世界的秘密崇拜的神秘洪流中了。

苏格拉底与欧里庇德斯关系甚密，意趣相投，同时古人对此点也不无觉察；对于这种可喜的觉察能力的最动人表达，乃是那个在雅典广为流行的传说，说苏格拉底经常帮助欧里庇德斯写诗。要列举当代的民众蛊惑者时，"美好古代"的拥护者们总是一口气说出这两个名字：由于受这两个人的影响，古代马拉松式的、敦实有力的卓越身体和灵魂，随着身心力量的不断萎靡，越来越成为一种可疑的启蒙的牺牲品。阿里斯托芬的喜剧就是以这种腔调，既愤怒又轻蔑地来谈论那两个人的，这一点使现代人感到恐惧，他们虽然乐意抛弃欧里庇德斯，但眼见阿里斯托芬竟把苏格拉底说成头号诡辩家，说成所有诡辩企图的镜子和典范时，他们可能会惊讶不已的——在这方面给他们的唯一安慰，就是公开谴责阿里斯托芬本人，斥之为诗坛上招摇撞骗的阿尔西比阿德。在这里，针对此类攻击，我并不想为阿里斯托芬的深刻直觉辩护，而倒是要继续从古代的感受出发来证明苏格拉底与欧里庇德斯的紧密共属关系；在此意义上我们特别要记住的是，作为悲剧艺术的敌人，苏格拉底是不看悲剧的，只有在欧里庇德斯的新戏上演时才出现在剧场里。而众所周知，德尔斐的神谕却把这两个名字相提并论，把苏格拉底称为人间最智慧者，同时又判定欧里庇德斯在智慧比赛中应得第二名。

在这个排名中，索福克勒斯名列第三；与埃斯库罗斯相反，他可以自诩做了正确之事，而且这是因为他知道什么是正确的。显然，正是这种知识的神圣性程度，使上述三个人一起彰显为他们时代的三个"有识之士"。

但当苏格拉底发现他是唯一承认自己一无所知的人时，他关于这种新的对知识和见识的空前重视发表了极其尖刻的话；

628 他以挑衅之势走遍雅典,造访那些大政治家、大演说家、大诗人和大艺术家,所到之处都见到知识的自负。苏格拉底不无惊奇地认识到,所有这些名流本身对自己的职业并没有正确可靠的识见,而只靠直觉从事。"只靠直觉":以这个说法,我们触着了苏格拉底之意图的核心和焦点。苏格拉底主义正是以这个说法来谴责当时的艺术和当时的伦理的:他那审视的目光所及,只看到缺乏识见和幻想猖獗,然后从这种缺失当中推断出现存事物的内在颠倒和无耻下流。从这一点出发,苏格拉底就相信必须来匡正人生此在:他孑然一人,作为一种完全不同的文化、艺术和道德的先驱,带着轻蔑和优越的神情进入一个世界之中——而对于这个世界,我们倘若能以敬畏之情抓住它的一个边角,就已然是莫大的幸事了。

这就是我们每次面对苏格拉底时都会出现的巨大疑难,正是这个疑难一而再,再而三地激励我们去认识这个最值得追问的古代现象的意义和目的。希腊的本质表现为荷马、品达和埃斯库罗斯,表现为斐狄亚斯、伯里克利、皮提亚和狄奥尼索斯,表现为至深的深渊和至高的高峰,那无疑是我们要惊叹和崇拜的——作为个体,谁胆敢否定这样一种希腊本质呢?何种恶魔般的力量胆敢凌辱这种迷人仙酒呢?是哪个半神,使得由人类最高贵者组成的精灵合唱歌队也不得不向他高呼:"哀哉!哀哉!你已经用有力的拳头,摧毁了这美好的世界;它倒塌了,崩溃了!"

那个被称为"苏格拉底魔力"的神奇现象,为我们了解苏格拉底之本质提供了一把钥匙。在特殊场合,苏格拉底那巨大
629 的理智会沦于动摇状态,通过一种在这样的时刻发出来的神性

声音，他便获得了一个坚固的依靠。这种声音到来时，往往具有劝告作用。这种直觉的智慧在这样一个完全反常的人物身上表现出来，只是为了偶尔阻止他那有意识的认识活动。在所有创造性的人那里，直觉恰恰是一种创造的和肯定的力量，意识表现为批判性的和劝告性的，而在苏格拉底身上却不然，在他那里，直觉成了批判者，意识成了创造者——真是一个缺损畸胎（Monstrosität per defectum）啊！诚然，在这里我们感受到了任何一种神秘资质的巨大 defectus［缺陷］，以至于可以把苏拉格底称为特殊的非神秘主义者，在后者身上，逻辑的天性由于异期复孕而过度发育，恰如在神秘主义者那里，那种直觉的智慧发育过度了。但另一方面，苏格拉底身上表现出来的那种逻辑本能却失灵了，完全不能转向自身、直面自身；在这种无羁的湍流中，它显示出一种自然强力，只有在最伟大的直觉力量中，我们才能十分惊恐地发现这种自然强力。谁只要在柏拉图著作中领略到一丁点儿苏格拉底生活倾向中表露出来的那种神性的天真和稳靠，他也就会感觉到，逻辑的苏格拉底主义那巨大的本能之轮仿佛在苏格拉底背后转动，而要审视这个本能之轮的运动，我们必须通过苏格拉底，有如通过一个幽灵。不过，苏格拉底本人对此关系也已经有预感了，这一点表现在：无论在哪儿，甚至于在法官面前，他都要庄严地提出自己的神圣使命。在这一点上，要驳倒苏格拉底根本上是不可能的，正如我们不可能赞同他那消解本能直觉的影响一样。在这种难以解决的冲突中，当他一度被传到希腊国家法庭上时，就只有唯一的一种判决形式，即放逐；人们蛮可以把他当作某种完全莫名其妙的、无法归类的、不可解释的东西驱逐出境,后世无论如何都没理由来指责雅典人的可耻行为了。然而,雅典人却判他死刑,而不只是放逐而已,仿佛是苏格拉底本人要实施这个判决的,完全清醒而毫无对死亡的天然恐惧:苏格拉底从容赴死,有如他在会饮时的泰然心情——根据柏拉图的描写,苏格拉底总是作为最后一个豪饮者,在黎明时分泰然自若地离开酒宴,去开始新的一天;而那时候,留在他身后的是那些沉睡在板凳和地面上的酒友,正在温柔梦乡中,梦见苏格拉底这个真正的好色之徒呢。赴死的苏格拉底成了高贵的希腊青年人前所未有的全新理想:尤其是柏拉图这个典型的希腊青年,以其狂热心灵的全部炽热献身精神,拜倒在这个偶像面前。

现在,让我们来设想一下,当苏格拉底那一只巨人之眼,那从未燃起过艺术激情之优美癫狂的眼睛,转向悲剧时会是何种情形——让我们来设想一下,他的眼睛不可能愉快地观入狄奥尼索斯的深渊——那么,说到底,这眼睛必定会在柏拉图所谓"崇高而备受赞颂的"悲剧艺术中看到什么呢?某种相当非理性的东西,似乎有因无果和有果无因的东西,而且整个是如此多彩和多样,以至于它必定与一种审慎的性情相抵触,而对于多愁善感的心灵来说却是一个危险的火种。我们知道苏格拉底唯一弄得懂的是何种诗歌艺术,那就是伊索寓言;而且肯定是带着那种微笑的适应和将就态度,在《蜜蜂和母鸡》这则寓言中,诚实善良的格勒特就是以这种态度赞颂诗歌的:

你看看我身上,诗歌有何用场,

对没有多少理智的人，

要用一个形象言说真理。

但在苏格拉底看来，悲剧艺术甚至不能"言说真理"，姑且不说它面向的是"没有多少理智的人"，也即并不面向哲学家：我们有双重理由远离悲剧艺术。与柏拉图一样，苏格拉底也把悲剧艺术看作谄媚的艺术，这种艺术只表现舒适惬意之物，而并不表现有用的东西，所以他要求自己的弟子们对此类非哲学的刺激保持节制和隔绝的态度；其成功之处在于，年轻的悲剧诗人柏拉图为了能够成为苏格拉底的弟子，首先焚烧了自己的诗稿。然而，当不可战胜的天资起而反抗苏格拉底的准则时，它们的力量，连同那种惊人性格的冲击力，始终还是十分强大的，足以迫使诗歌本身进入全新的、前所未知的地位中。

这方面的例子就是刚刚提到过的柏拉图：在对于悲剧和一般艺术的谴责方面，柏拉图无疑并不落后于他的老师所搞的天真的冷嘲热讽；但基于完整的艺术必要性，柏拉图却不得不创造出一种艺术形式，后者恰恰与他所拒斥的现成艺术形式有着内在的亲缘关系。柏拉图对旧艺术的主要责难——旧艺术是对假象（Scheinbild）的模仿，因而属于一个比经验世界还更低级的领域——首先并不是针对这种新艺术作品的：所以我们看到柏拉图力求超越现实，去表现作为那种假现实之基础的理念。但这样一来，思想家柏拉图却迂回地达到了这样一个地方，就是他作为诗人始终有在家之感的地方，以及让索福克勒斯和整个旧艺术庄严地抗议他的责难的地方。如果说悲剧汲取了全部先前的艺术种类,那么,在某种古怪的意义上,这个说法同样也适合于柏拉图的对话,后者是通过混合全部现存的风格和形式而产生的,它飘浮在叙事、抒情诗、戏剧之间,在散文与诗歌之间,因此也打破了统一语言形式这一严格的老规矩;犬儒学派的作家们在这条道上就走得更远了,他们有着极其斑杂多彩的风格,在散文形式与韵文形式之间摇摆不定,也达到了"疯狂的苏格拉底"这一文学形象,那是他们在生活中经常扮演的形象。柏拉图的对话可以说是一条小船,拯救了遇难的古代诗歌及其所有的子孙们:现在,它们挤在一个狭小的船舱里,惊恐地服从苏格拉底这个舵手的指挥,驶入一个全新的世界里,沿途的奇妙风光令这个世界百看不厌。柏拉图确实留给后世一种新艺术形式的样板,即小说的样板:小说堪称无限提高了的伊索寓言,在其中诗歌与辩证哲学处于一种类似的秩序中,类似于后来多个世纪里这种辩证哲学与神学的关系:即作为ancilla［奴婢］。此即诗歌的新地位,是柏拉图在魔鬼般的苏格拉底的压力下把诗歌逐入这个新地位中的。

在这里,哲学思想的生长压倒了艺术,迫使艺术紧紧依附于辩证法的主干上。在逻辑公式中,阿波罗的倾向化成了蛹:正如我们在欧里庇德斯那里必能感受到某种相应的东西,此外必能感受到狄奥尼索斯元素向自然主义的情绪的转化。苏格拉底,这位柏拉图戏剧中的辩证法主角,让我们想起了欧里庇德斯的主角的类似本性,后者必须通过理由和反驳来为自己的行为辩护,由此常常陷于丧失掉我们的悲剧同情的危险中:因为谁会认不清辩证法之本质中的乐观主义要素呢?——这个要素在每一个推论中欢庆自己的节日,而且唯有在冷静的清醒和意识中才能呼吸:这种乐观主义要素一旦进入悲剧之中,就必定渐渐地蔓延开来,使悲剧的狄奥尼索斯区域萎缩了,必然使悲剧走向自我毁灭——直到它跳进市民戏剧中而走向灭亡。我们只需来想想苏格拉底的原理的结论:"德性即是知识;唯有出于无知才会犯罪;有德性者就是幸福者":在这三种乐观主义的基本形式中,蕴含着悲剧的死亡。因为现在,有德性的英雄必定是辩证法家,德性与知识、信仰与道德之间必定有一种必然的、可见的联合,现在,埃斯库罗斯的先验的正义解答,沦落为"诗歌正义"这一浅薄而狂妄的原则了,连同其通常的deus ex machina[解围之神]。

现在,面对这一全新的苏格拉底乐观主义舞台世界,合唱歌队以及一般地悲剧的整个音乐的和狄奥尼索斯的基础会如何显现出来呢?显现为某种偶然的东西,显现为某种——尽管完全可以忽略掉的——对悲剧之起源的回忆;然而,我们已经看到,合唱歌队只能被理解为悲剧和一般悲剧元素的原因。早在索福克勒斯那里,就已经显示出那种有关合唱歌队的窘境——一个重要的标志是,在他那里,悲剧的狄奥尼索斯根基已经开始碎裂了。索福克勒斯再也不敢把获得戏剧效果的主要任务托付给合唱歌队了,而倒是限制了合唱歌队的范围,使之显得几乎与演员处于同等地位上,就仿佛把它从乐池提升到舞台上了:而这样一来,合唱歌队的本质当然就完全被毁掉了,尽管亚里士多德恰恰对于这种有关合唱歌队的观点表示赞同。对于合唱歌队地位的改变,索福克勒斯至少是用自己的实践来倡导的,据传甚至还写了一本著作来加以张扬；这是合唱歌队走向毁灭的第一步，而毁灭过程后面诸阶段，在欧里庇德斯、阿伽同那里，以及在新喜剧中，以惊人的速度接踵而至。乐观主义的辩证法用它的三段论皮鞭把音乐从悲剧中驱逐出去了：也就是说，它摧毁了悲剧的本质——这种本质只能被解释为狄奥尼索斯状态的一种显示和形象化呈现，解释为音乐的明显象征，解释为一种狄奥尼索斯式陶醉的梦幻世界。

可见，如果我们必须假定，甚至在苏格拉底之前就已经有一种反狄奥尼索斯的倾向，只是在苏格拉底身上这种倾向获得了一种空前出众的表达，那么，我们就不必害怕这样一个问题，即：像苏格拉底这样一个现象究竟指示着什么？面对柏拉图的对话，我们固然不能把这一现象把握为一种仅仅消解性的否定力量。苏格拉底的欲望的直接效果无疑就在于狄奥尼索斯悲剧的瓦解，而苏格拉底深刻的生活经验本身却迫使我们追问：苏格拉底主义与艺术之间是否必然地只有一种对立的关系？一个"艺术苏格拉底"的诞生究竟是不是某种自相矛盾的东西？

因为对于艺术，这位专横的逻辑学家时而有一种缺失之感，一种空虚之感，感觉到自己得受部分责难，也许疏忽了某种责任。正如他在狱中对朋友们讲的那样，他经常做同一个梦，梦里说的总是同一个意思："苏格拉底，去搞音乐吧！"直到他生命的最后日子，他都用这样的想法来安慰自己：他的哲学思考就是最高的缪斯艺术，他并不认为神灵会让他想起那种"粗鄙的、通俗的音乐"。最后在狱中，为了完全问心无愧，他也勉强同意去搞他所轻视的那种音乐。怀着这种想法，他创作了一首阿波罗颂歌，并且把几篇伊索寓言改成诗体。驱使他做这些功课的，乃是某种类似于魔鬼告诫之声的东西；那是他的阿波罗式观点：他就像一个野蛮族的国王，理解不了一个高贵的神的形象，而由于他毫无理解，他就有亵渎神灵的危险。苏格拉底梦里的那句话乃是一个唯一的标志，表明他对于逻辑本性之界限的怀疑：他一定会问自己，也许我不能理解的东西也未必径直就是不可理解的东西吧？也许存在着一个智慧王国，逻辑学家被放逐在外了？也许艺术竟是科学的一个必要的相关项和补充呢？

635

有鉴于上述最后几个充满预感的问题，我们现在必须来说一说，苏格拉底的影响如何像在夕阳西下时变得越来越巨大的阴影，笼罩着后世，直至今日乃至于将来；这种影响如何一再地迫使艺术推陈出新——而且已经是形而上学上的、最广和最深意义上的艺术——，以及这种影响本身的无穷无尽又如何保证了艺术的无穷无尽。

在能够把这一点认识清楚之前，在令人信服地阐明所有艺术与希腊人（从荷马到苏格拉底）的最内在的依赖关系之前，我们必须像雅典人对待苏格拉底那样，来了解一下这些希腊人。几乎每一个时代和每一个文明阶段都一度愤愤不平地力求摆脱希腊人，因为在希腊人面前，后世一切自身的成就，看起来完全原创的和受到真诚赞赏的东西，似乎都突然失去了光彩和生气，萎缩成失败的复制品、甚至于漫画了。而且如此这般地，总是一再爆发出一种由衷的愤怒，就是对这个胆敢把一切非本土的东西永远称为"野蛮"的傲慢小民族的愤怒：人们要问，这些希腊人到底是谁？——尽管他们只具有短暂的历史光辉，只拥有局促得可笑的机制,只具有一种可疑的道德才能,甚至负有卑鄙恶习的丑名声,但他们竟在各民族当中要求享有人群中的天才方能拥有的尊严和殊荣。可惜人们并没有如此幸运,找到能够把这样一种人直接干掉的毒酒:因为嫉妒、诽谤和愤怒所生产出来的全部毒汁都不足以毁掉那种自足的庄严。所以在希腊人面前,人们自惭形秽,心生畏惧;除非人们重视真理超过一切,而且也敢于承认这种真理,即:希腊人作为驾驭者掌握着我们的文化,也掌握着每一种文化,但车马材料几乎总是过于寒碜,配不上驾驭者的光荣,而这些驾驭者就认为,驾着这等破车驶向深渊便是一个玩笑:他们自己以阿喀琉斯的跳跃,越过了这个深渊。

为了表明苏格拉底也具有这样一种驾驭者地位的尊严,我们只需认识到,他是一种前所未有的此在方式的典型,即理论家的典型;而洞察这种理论家典型的意义和目标,乃是我们最后的任务。与艺术家一样,理论家也对现成事物有一种无限的满足感,并且也像艺术家那样,由于这种满足感而避免了悲观主义的实践伦理,及其只有在黑暗中才闪光的犀利目光。因为在每一次真理的揭示过程中,艺术家总是以喜悦的目光停留在那个即便到现在、在揭示之后依然隐蔽的东西上,而理论家则享受和满足于被揭下来的外壳,以一种始终顺利的、通过自己的力量就能成功的揭示过程为其至高的快乐目标。倘若科学只关心那一位赤裸裸的女神而不关心其他任何东西,那就不会有科学了。因为若是那样的话,科学的信徒们的心情一定会像那些想要径直凿穿地球的人们:当中每个人都明白,即便尽毕生的最大努力,他也只能挖出这无限深洞里的一小段,而第二个人的劳作又会在他眼前把他挖的这一小段填埋起来,以至于第三个人会觉得,自己要挖洞,最好是自己独当一面,选择一个新的挖掘点。如果现在有人令人信服地证明,通过这个直接的途径是不能达到对跖点目标的,那么,谁还愿意在旧洞里继续挖掘呢?——除非他这时不满足于找到宝石或者发现自然规律。因此,最诚实的理论家莱辛敢于大胆表白,说他关注真理的探索甚于关注真理本身:这话揭示了科学的根本奥秘,使科学家们感到惊讶,甚至于大为恼火。莱辛这种个别的识见,如果不说狂妄自负,也是过于诚实了。当然,现在除了这种识见,还有一种首先在苏格拉底身上出世的妄想,那种无可动摇的信念,即坚信:以因果性为指导线索的思想能深入到最深的存在之深渊,而且思想不仅能够认识存在,而且竟也能够修正存在。这种崇高的形而上学妄想被当作本能加给科学了,而且再三地把科学引向自己的界限,至此界限,科学就必定突变为艺术了:真正说来,艺术乃是这一机制所要达到的目的。

让我们现在举着上面这种思想的火炬,来看看苏格拉底:他在我们看来是第一个不仅能凭借这种科学本能生活、而且——更有甚者——也能凭借这种科学本能赴死的人:因此,赴死的苏格拉底形象,作为通过知识和理由而消除了死亡畏惧的人,就成了科学大门上的徽章,提醒每个人牢记科学的使命,那就是使此在(Dasein)显现为可理解的、因而是合理的:诚然,如果理由不充分,那么为做到这一点,最后也就必须用到神话。刚刚我甚至把神话称为科学的必然结果,实即科学的意图。

谁一旦弄清楚,在苏格拉底这位科学的秘教启示者

（Mystagoge）之后，各种哲学流派如何接踵而来，像波浪奔腾一般不断更替，一种料想不到的普遍求知欲如何在教养世界的最广大领域里，并且作为所有才智高超者的真正任务，把科学引向汪洋大海，从此再也未能完全被驱除了，而由于这种普遍的求知欲，一张共同的思想之网如何笼罩了整个地球，甚至于带着对整个太阳系规律的展望；谁如果想起了这一切，连同惊人地崇高的当代知识金字塔，那么，他就不得不把苏格拉底看作所谓的世界历史的一个转折点和旋涡。因为倘若人们来设想一下，为那种世界趋向所消耗的这整个无法估量的力量之总和并不是为认识效力的，而是用于个人和民族的实践目的、也即利己目的，那么，在普遍的毁灭性战斗和持续不断的民族迁徙中，本能的生活乐趣很可能大大被削弱了，以至于自杀成了习惯，个体或许会感受到最后残留的责任感，他就像斐济岛上的居民，身为儿子弑父，身为友人杀友：一种实践的悲观主义，它本身可能出于同情而产生出一种有关民族谋杀的残忍伦理——顺便提一下，世界上凡是艺术没有以某种形式而出现、特别是作为宗教和科学而出现，用于治疗和抵御瘟疫的地方，往往就有这种悲观主义。

与这种实践的悲观主义相对照，苏格拉底乃是理论乐观主义者的原型，他本着上述对于事物本性的可探究性的信仰，赋予知识和认识一种万能妙药的力量，并且把谬误理解为邪恶本身。在苏格拉底类型的人看来，深入探究那些根据和理由，把真正的认识与假象和谬误区分开来，乃是最高贵的、甚至唯一真实的人类天职：恰如自苏格拉底以降，由概念、判断、推理组成的机制，被当作最高的活动和一切能力之上最值得赞赏的天赋而受到重视。甚至最崇高的道德行为,同情、牺牲、英雄主义等情感,以及那种难以获得的心灵之宁静,即阿波罗式的希腊人所谓的"审慎",在苏格拉底及其直到当代的同道追随者看来,都是从知识辩证法中推导出来的,从而是可传授的。谁若亲自经验过一种苏格拉底式认识的快乐,体察到这种快乐如何以越来越扩大的范围,力图囊括整个现象世界,那么,从此以后,他能感受到的能够促使他此在的最强烈刺激,莫过于这样一种欲望,即要完成那种占领并且把不可穿透的知识之网牢牢地编织起来的欲望。对于有此种心情的人来说,柏拉图的苏格拉底就表现为一种全新的"希腊的明朗"和此在福乐形式的导师,这种全新的形式力求在行动中迸发出来,并且多半是为了最终产生天才、在对贵族子弟的助产式教育影响当中获得这样一种迸发。

但现在,科学受其强烈妄想的鼓舞,无可抑制地向其界限奔去,而到了这个界限,它那隐藏在逻辑本质中的乐观主义便破碎了。因为科学之圆的圆周线具有无限多个点,至今还根本看不到究竟怎样才能把这个圆周完全测量一遍;所以高贵而有天赋的人,还在他尚未达到生命中途之际,便无可避免地碰到这个圆周线的界限点,在那里凝视那弄不清楚的东西。如果他在这里惊恐地看到,逻辑如何在这种界限上盘绕着自己,终于咬住了自己的尾巴——于是一种新的认识形式破茧而出,那就是悲剧的认识,只为了能够为人所忍受,它就需要艺术来保护和救助。

如果我们用已经得到加强的、靠着希腊人而得到恢复的眼睛来观看围绕着我们的这个世界的最高领域,那么,我们就会发觉,在苏格拉底身上突出地表现出来的永不餍足的乐观主义求知欲,已经突变为悲剧性的听天由命和艺术需要了:诚然,这种求知欲在其低级阶段是与艺术为敌的,尤其是必定对狄奥尼索斯悲剧艺术深恶痛绝,苏格拉底主义对埃斯库罗斯悲剧的斗争就是这方面的例子。

现在,让我们怀着激动的心情来叩当代和未来的大门:上面讲的这种"突变"将导致天才的不断新生,确切地说,就是搞音乐的苏格拉底的不断新生吗?这张笼罩此在的艺术之网,无论冠有宗教之名还是冠有科学之名,将越来越牢固和细密地得到编织呢,还是注定要在现在自命为"当代"的那个动荡不安的野蛮旋涡中被撕成碎片呢?——我们心怀忧虑,但也不无慰藉,且静观片刻,作为沉思者来充当这种种惊心动魄的斗争和过渡的见证人。啊!这种斗争的魔力正在于:旁观者也必须投入战斗!

论我们教育机构的未来

六个公开演讲[①]

导　言

一

我演讲的标题[②]，应该像其他任一标题一样，须尽可能的确

[①] 1872年，尼采受巴塞尔的"学术委员会"邀请作有关教育改革的公开演讲，尼采只发表了五次演讲。他写了第七个演讲的简略构思。

[②] 尼采的演讲涉及德语中两个表达"教育"的两个概念的区分：Erziehung和Bildung。"Erziehung"意思为"教育"，相当于英语中的"education"；而"Bildung"，则为德语世界中被认为是不可翻译的概念，不仅有"教育"（Erziehung）义，但同时也有"文化""教化"和"自我创化"义。这里的"自我创化"是指一种终身的连续的创造性的自我转化，因此，就时间而言，个体 Erziehung 的终止应该是个体的终身性的"Bildung"开始，也就是说，制度化的学校教育（Erziehung）就是帮助学习者走上自我创化（Bildung）的道路，尼采有时交替使用了"Erziehung"和"Bildung"这两个概念，但更为频繁地使用了"Bildung"，而且更加重视后者的"文化"和"自我创化"的意思。其演讲标题"我们教育机构的未来"中"教育机构"的德文为"Bildungsanstalten"，亦即"教化机构"，也显示了这一点。也就是说，在尼采看，教育机构是为了使学习者亦即尼采所指的少数天才的迈向自我创化（"Erziehung zur Bildung"）的机构；而这些天才们的自我创化，对德国社会来说，是文化的创生，对其自身来说是成为"有教养者"（gebildete Menschen）。这里沿用我国哲学界和文学界的翻译，把"Biludng"翻译成"教化"。译者有时也酌情把"Bildung"译为"教育"、"教育教化"、"自我创化"或"文化"，更多时是意图把这些涵义都纳入到"教化"这个概念之中。读者亦可根据自己的理解把它的翻译还原为"教育"，但绝不能等同于中文中的"教育"概念。详细区分，亦可参考译后记。

定、清晰和有力,但我现在才注意到,目前的标题太过简短、太过精确,因而又有点模糊和不清晰。因此,我必须首先就这个标题以及本次系列演讲的目的,向我尊敬的听众做些解释,并为不得不这样做而向诸位致以歉意。我承诺向诸位谈论关于我们教育机构的未来,但我最初根本没有想到去探讨我们巴塞尔地区此类机构的特定未来及其继续发展。因此,即使许多一般性的论述,恰巧也适用于巴塞尔地区的教育机构,我本人也并不想做这样的推断,也不想为这样的推断承担责任。其原因在于,我认为自己对这里太陌生,也没有经验,感觉自己远未在这里扎根,远未谙熟这里的情况,从而不能对这里的教育机构的情况做出正确的判断,也根本不能预先确定其未来发展。另一方面,我自己完全知道我是在一个什么样的城市做演讲。这个城市力求以一种不同寻常的规模以及令所有更大国家感到汗颜的标准去促进其公民的教育和教化。因此,我想我肯定有理由来假定,这里的人既对我所要谈论主题做了许多,也一定对此思考了许多。我的希望,也就是我的假设是,我能与这里的听众建立一种精神联系,因为他们不仅同样对教育教化问题进行过深入思考,而且也有意志去用行动去促进他们认为是正确的事物。考虑到演讲目标的宏大和演讲时间的有限,我惟有对着这些听众,才能使自己得到理解。也就是说,只有他们才能猜度我只能暗示的意义,才能补充我所必须省略的内容。简言之,他们需要的不过是提醒,而非教诲。

因此,我完全拒绝被视为巴塞尔学校问题和教育问题的业余顾问,也不考虑从当今文明民族的整个视野出发来预言教育教化和教育机构的未来。视野太过阔远,就像太过切近一样,都会令我目盲。因此,所谓我们的教育机构,不是特指巴塞尔的教育机构,也不是囊括所有民族最广泛意义上的无数形式的教育机构,而是指在这里也受到欢迎的德国的教育机构。也就是说,我们这里要关注和探讨的是德国教育机构的未来,其中,包括德国的国民学校、实科中学、人文中学和大学。① 在探讨的过程中,

---

① 国民学校(Volksschule),在18世纪德国、特别是普鲁士,是一种国家支持的初等教育机构。1717年,普鲁士颁布法令实施强迫教育,但1781年的调查显示只有四分之一的学生参加国民学校;实科中学(Realschule,词根"Real"在拉丁语中有"事物"的意思),最初是由虔信学派在18世纪初创立,强调传授有用知识的中等教育机构。1783年哥廷根大学教授格斯纳(J.M. Gesner)强调学校应当教授数学、物理、化学、生物、历史和地理等实科知识和民族语言(即德语),主张培养有用的公民,而不是学者。实科中学一方面满足了德国的工业发展要求,促进了工业发展,另一方面,也为那些不从事古典研究而期望能在工商业中谋求职位的学习者提供了出路;人文中学(Gymnasium),是一种使学生获得大学入学资格的中等教育机构。尼采的演讲所着重探讨的就是这种被称为重要的文化运动的纪念碑的人文中学。"Gymnasium"在古希腊是进行身体训练和精神训练的地方,当然身体训练处于主导位置。这个概念在罗马时期并未流行,但在意大利文艺复兴时期重新活跃起来,并在15世纪进入荷兰和德国。1538年,斯图谟(Johannes Sturm)在斯特拉斯堡建立了一所作为德国人文中学的榜样的人文中学。这些人文中学强调拉丁语和希腊语学习,强调学术的教育,以使学生获取大学资格。但从18世纪开始,德语、现代外语(主要是法语)以及自然科学的比重也逐渐增加。经过1735年、1752年和1764年的系列改革,人文中学逐渐为国家控制。1800年,由于新人文主义和洪堡(Wilhelm von Humboldt)的影响,古典教学重又逐渐增强,并强调人的普通教化。1812年,普鲁士规定,所有有权送其学生进入大学学习的学校,一律称为人文中学。19世纪末,人文中学又经历了一次转折,被当时政府要求增加自然科学和现代语教育,强调培养德国人,而不是希腊人和罗马人。自1900年以后,人文主义的文科中学(humanistische Gymnasium)、实科人文中学(Realgymnasium)以及高级实科中学(Oberrealschule),都可以获得进入大学学习的资格证书(Abitur)。今天,德国的"Gymnasium",翻译成"文理中学"而非"人文中学",似更为恰当。

我们将完全不做比较和评价,尤其要警惕这样一种阿谀性的妄念,即,似乎我们的状况对其他文明民族来说是普遍有效的、不可超越的模式和模范。这里只需知道这一点就已足矣:我们的教育机构并非偶然地与我们联系在一起,并非像一件长袍那样加在我们的身上;它们是重要的文化运动的活的纪念碑,在某些方面,它们就是我们的"祖传的家什",把我们与我们民族的过去联系起来,因此,它们在本根上是如此神圣、如此可敬的遗赠,以至于我知道,我只有在最大可能接近其最初产生的理想的意义上才能讨论我们教育机构的未来。此外,我坚定地相信,目前对这些教育机构所进行的、旨在使其"合乎时宜"①的许多改变,大部分都扭曲和偏离了作为其根基的原初的高贵理想。对于这些机构的未来,我们所敢于作出的希望是,它们在历经德意志精神的普遍的更新、重振和净化之后,从中获得一定程度的新生。在这种新生之后,它们会显得亦旧亦新,但人们对它们现在施予的变化则多是力求仅仅使其"现代"与"合乎时宜"。

我准备仅在这一希望的意义上来谈论我们教育机构的未来。这也是我一开始请求听众谅解的第二点。在所有的自负中,最大者莫过于想做先知,以至于一个人说自己不想做先知,在听众看来已觉可笑。在我看来,任何人都不可以以一种先知的腔调来谈论我们的教育教化以及与之相连的教育机构和教育方法的未来,除非他能够证明这种未来的教育教化的萌芽在当代已一定程度地存在,并将在高得多的程度上得到了扩展和发展,以

---

① 尼采出版的第二部著作的书名是《不合时宜的考察》。

对学校和其他教育机构产生一种必然的影响。请允许我像一位罗马内脏占卜师①那样,只根据时代的内脏来测度其未来。就我们的主题而言,我正是要预言一种业已存在的教育教化趋势的未来的胜利,尽管当下它并未受到青睐,也不受尊重,甚至也未得到扩展。但我满怀信心地认为,它必将胜利,因为它有着最伟大、最强有力的盟友:自然。我们无须讳言,我们现代教育方法的许多前提都带有不自然的特性,并且,我们时代最致命的弱点恰恰与这种不自然的教育方法相关联。谁感觉自己与这个时代完全混同合一,认为它是一种"不言而喻"的东西,那我们也不会因为他的这个态度和这个无耻拼凑起来的闻所未闻的时髦词汇"不言而喻"②而嫉妒他。不过,谁若是持相反的观点,且已经绝望,那他也就无须再去战斗,只需怀抱孤独,尽速穷居独守。但是,在这种对当代持"不言而喻"态度者和对现实持绝望态度的孤独者之间,还挺立着战士,即仍持有希望的人。在我们眼前挺立的伟大的席勒,就是这类人最为高贵和最为崇高的代表。就像歌德在《大钟歌·跋》中给我们所描绘的那样:③

他的面颊现在越来越红润,
因为那从不离开我们的青春,

---

① 内脏占卜师(Haruspex):根据献祭的动物内脏来占卜未来。内脏占卜最初源于意大利西北部的埃特鲁斯坎部落(Etruscan),后被引入到罗马宗教。

② 德语"selbstverständlich"(不言而喻)是由"selbst"(自身,本身)和"verständlich"(可理解的,明白的)两个词组成,尼采这里不认可这个词汇,也不认可用这个词汇去对待德国教育的现实状况。

③ 参见歌德:《大钟歌·跋》第49—56行。

> 因为那勇气,它迟早要
> 战胜迟钝麻木的世界的抗衡,
> 因为那信念,它不断飞升,
> 时而勇猛地狂飙,时而卑顺地低回,
> 以使善能发荣滋长,泽被世界,
> 以使高贵者的时日最终来临。

我希望我尊敬的听众把我至此为止的发言视为类似导言式的开场白,其目的是对我的演讲的题目做些说明,以避免可能的误解和不合理的要求。现在言归正传。我将在我的探讨的开始划定我基本的思考范围,并将尝试从中引出我对我们教育机构的判断。也就是说,在我演讲的开始,应该有一个清晰表述的论题,以便作为一个盾形饰纹章,提示着来访者他将进入什么样的屋子和庄园,如果他在看过这种盾形纹章之后,还喜欢一个如此标记的屋子和庄园,而不是离开的话。我的论题是:

在当代,两种表面相互对立、但其作用同样有害并最终在其结果中汇聚一起的潮流,统治着我们最初建立在完全不同根基之上的教育机构:一种是尽可能扩张和扩展教育教化的冲动,另一种是缩减和削弱教育教化的冲动。第一种冲动要求在尽可能广的范围内扩展教育教化,但按照第二种冲动,教育教化则应该放弃其最高的骄傲的使命,转而从属于并服务于另一种生活形式即国家。对于扩展和缩减教育教化的这两种灾难性的潮流,如果我们有朝一日不能帮助另外两种与之相反的、真正德意志的且一般而言富有前景的倾向获得胜利,那倒真是令人绝望了。我这里指的是教育教化的窄化和积聚的冲动以及教育教化的强化和自享的冲动,前者与尽可能扩展教育教化的冲动相对立,后者与缩减教育教化的冲动相对立。我们之所以相信后两种冲动的胜利的可能,乃是因为我们认识到,扩展和缩减教育教化的这两种潮流都是与自然的永恒意图相背离。把教育教化集中于少数人乃是自然的必然法则。这是普遍的真理。而那两种主导的潮流却只会导致建立一种虚假的、与其根本相悖的教化和文化。

前 言
（供演讲前阅读,尽管与演讲内容并无联系）

一

我所期望的读者应当持有三种品质。第一,他必须有静气,能从容而不匆忙地阅读;第二,他必须不把他自己及其所受的教育带入到阅读之中;第三,他不可以指望在阅读结束时获得一套新的公式规则作为最终结果。我不承诺为人文中学和实科中学提出一套新的公式规则和学习计划,相反,我更倾向于赞美那些在这方面具有超强力量的人物。因为他们能够测度整个历程,从经验的深渊上升到真正文化问题的高度,并从那种高度下降到最枯燥的条例细则和最细致的公式规则之低处。而我则只要能够攀登上一个相当高度的小山,喘定之后,可以获得自由的视野,就已深感满意了。在本书中,我永远都不会去满足那些求取公式规则者的嗜好。

我真切地看到一个时代正在来临。届时,严肃的人们将一起为彻底地再生和净化教育教化而工作,并将重新成为促进那种新教化的日常教育和教学的立法者;他们也许会再次去制定一系列公式规则。但那个时代距离当代还多么遥远!此间必定还有什么事情会发生!也许人文中学会灭亡,甚至大学会灭亡,或,至少是这些教育机构会得到完全革新。因为今天这些机构的公式规则,在未来一代人的眼里看起来像是人类穴居时代的野蛮遗迹。

这本书是为了那些能够安静的读者写的,因为他们还没有卷进这个飞速转动时代的令人晕眩癫狂的匆忙之中,还没有感受到一种为时代的车轮所辗碎时的献身偶像般的快乐。也就是说,本书是为了少数人而作!但是,这些人还必须没有习惯于根据所节约或所浪费的时间的量,来评估每一事物的价值,他们"仍然拥有时间";他们毫无愧疚、毫无自责地选择和寻求一天中的好时光以及那些富有成果和活跃有力的时刻,来思考我们教育教化的未来;当傍晚来临时,他们还可以自信自己以真正有益和富有尊严的方式度过了他们的白昼;他们还可能相信他们用十分有益和富有尊严的方式,也就是,以沉思未来的方式,度过他们的白天。这种人在阅读时仍没有忘记思考,他善于捕捉字里行间的秘密。他生性慷慨挥霍,也许会在放下书很久之后,仍会对所阅读的内容进行思考。而且,这也不是为了去写一个书评,或者也去写一本书,而仅仅是为了思考!你这该罚的挥霍者!但你正是合我心意的读者。你心静无忧,足以陪伴作者任何距离,①即使其道路的目标只有在许多代以后才能完全看清!相反,如果读者心浮气躁,愤而冒进,急于摘取整整一代人也未必能获得的果实,那么,我们不得不担心他没有理解作者。

我对于读者第三个、也是最重要的要求是,他在任何情况下都不应该按照现代人的方式,不断地将他自己和他的教育教化带入其阅读活动之中,似乎那是一切事物可靠的衡量尺度和标准。相反,我们倒是希望他拥有足够的真正教化,从而能够看轻甚至蔑视自己所曾受到的教育,然后能完全信任作者的引导。这样,他才可能完全相信作者的引导,因为作者正是凭借无知并认识到自己的无知,才敢于对读者如此说话。作者所希望的不过是点燃他对德国当代的特定的野蛮的强烈感受,也就是感受那种与其他时代的野蛮如此鲜明地区分开来的19世纪的野蛮。

现在,作者手里拿着这本书,寻求这里或那里为类似感受所驱使的同道。让我找到你们,你们这些孤独者,我相信你们的存在!你们这些无私的人,你们遭受着德意志精神的堕落和患病的痛苦!你们这些沉思的人,你们的眼睛不是匆忙地触及事物的表面,而是善于发现通向事物本质的核心的入口!你们这些高贵的人,如亚里士多德所赞扬的,你们会犹豫且无为地度过自己的一生,除非伟大的荣誉和辉煌的事业召唤你们去行动!②现在,我所召唤的正是你们!仅这一次,请你们不要躲进你们的孤独和不信任的洞穴里!至少做本书的读者吧,为的是以后通过

---

① 可能是化用《圣经·马太福音》(第5章第41行)中的句子:"有人强逼你走一里路,你就同他走二里。"

② 参见亚里士多德:《尼各马可伦理学》1124b,第24—26行。

你们的行动来否定和遗忘它！请想一想，它注定要做你们的传令官！但是，一旦你们自己全副武装出现在战场上，谁还有兴趣回首去看一看召唤你们战斗的传令官呢？

第一次演讲

尊敬的听众，我请你们与我一起思考的主题，是如此的严肃，如此的重要，在某种意义上又是如此的令人不安，以至于我也和你们一样，会乐于去倾听任何一个许诺对此有所赐教之人，即使他还如此年轻，甚至他自己也不可能认为他能够凭借他自己的力量去做出某些与这个任务相称的满意的阐释。不过，可能的情况是，关于我们教育机构的未来这一令人不安的问题，他曾听到过某些正确的观点，现在想对你们复述一下。还有一种可能是，他曾有过这样一些非凡的良师：他们就像罗马内脏占卜师那样，完全能够从这个时代的内脏出发来对未来做出预言。实际上，你们可以对我作此类的期待。我也确实曾经在一次稀有的、基本上十分安全的情况下，听到了两个非凡之人之间的一次谈话。这个谈话围绕的正是我们的主题，而且，其要点、考察问题的方式和方法，如此牢固地印刻在我记忆里，以至于每当我思考类似的事情时，都已不可能不陷入与他们相同的思考之道上。只是我时常没有那两个人曾表现出的那种坚定的勇气。他们令我震惊地、大胆地说出了被禁止的真理，更为大胆地表达了他们的希望。因此，我越来越认为，有益的是，一劳永逸地记录下这场谈话，以激励其他人对如此非凡的观点和结论进行评判。这里，我有特别的理由相信,我恰好可以利用这次公共演讲的机会。

我非常清楚我是在什么地方建议对那场谈话进行一般性的思考和反思。这个地方,也就是巴塞尔,正力求以一种不同寻常的规模以及令所有更大国家感到汗颜的标准去促进其公民的教育教化。因此,我想我肯定有理由来假定,这里的人既对我所要谈论的主题做了许多,也一定对此思考了许多。惟有对着这些听众,我才能使自己对那场谈话的复述得到完全理解。也就是说,只有他们才能猜度我只能暗示的意义,才能补充我所必须省略的内容。简言之,他们需要的不过是提醒,而非教诲。

现在,我尊敬的听众,下面我就开始叙述我那次安全的经历,以及那两位不知名姓之人不太安全的谈话。

让我们想象处于一个青年学生的状态。他的这种状态在我们时代的不安和躁动中几乎已是不可能的,不可思议的。我们必须想象经历一下这个状态,以让我们认为这样一种无忧无虑的自我安静,一种逃离当下的,甚至无时代羁绊的满足和愉悦是可能的。在莱茵河岸边的波恩大学,我和我一个同龄朋友就是在这种状态中度过了一年光景。这一年,我们没有任何关于未来的计划和设想。现在看来,那简直就像是一场梦,一场为其之前和之后两个成长时期所框定的梦。我们两人不受干扰,保持着安宁与安静,尽管我们是与一个人数众多、其根本兴趣和追求与我们迥异的学生社团生活在一起,尽管有时我们不免要疲于满足或拒绝这些同龄人过于热闹和繁复的要求。但是,即使这种对相反追求的力量的虚与委蛇,现在回想起来,也始终具有一种类似我们做梦时受到各种阻碍的性质:我们做梦时会相信自己能飞翔,但总是感觉被某种不明的障碍拖住和拖回。

从少年开始,从我们的人文中学时代开始,我和我的朋友有着无数共同的记忆。我这里必须特别指出其中的一个共同记忆,因为它是过渡到我将要转述的那次安全无害经历的桥梁。我和我的朋友曾在一年的夏末去莱茵河旅游,我们几乎在同一时间和同一地点不约而同地,实际上是每人为自己,想出了一个计划。我们为这种不同寻常的心灵相通所震撼,决心把这个计划付诸实施。我们当时决定成立一个由少数志同道合的同学组成的小协会,其意图是为我们在文学和艺术方面的富有创造性的倾向找到一个固定的、有约束力的组织形式。更明白地说,我们规定,我们每人有责任每月向我们的小协会提交一件自己的作品,它可以是一首诗,一篇论文,一幅建筑草图或一部音乐创作;然后要求其他所有人本着友好的精神对这些作品进行自由地不受约束地评判和批评。① 因此,我们相信,通过相互的监督和校正,我们既可以激发、也可以限制我们的教化冲动。事实上,这个计划的落实是如此的成功,以至于我们对这个想法诞生的那个时刻和地点始终保持着一种感激和敬畏之情。

我们很快就为这种情感找到了其恰当的表达形式。我们彼此约定,只要可能,我们就会在每年的那一天去造访那个位于罗兰采克②附近的僻静之地。中学时的那个夏末,我们正是坐

---

① 尼采在就读Schulpforta人文中学时,确实建立过类似的协会。他与平德尔(Wihelm Pinder)和克鲁格(Gustav Krug)建立一个名为"日耳曼尼亚"(Germania)的协会。

② 罗兰采克(Rolandseck,又名Rolanswerth):莱茵河岸边的一个小镇,在雷马根(Remagen)市内,距离波恩20公里左右。据说查理曼大帝的骑士死于此。

在那里沉思冥想,并为突然降临的相同约定所欢欣鼓舞。准确地说,我们并未足够严格地遵守这个约定。但是,恰恰由于这个原因,这些疏失在良心上造成的罪责感,使得我们在波恩大学这一学年期间,在莱茵河岸较长居住之时,不仅决心要更为坚定地遵守我们的规定,而且决定在约定的日子,去虔诚而隆重地拜访罗兰采克附近的那个地方,以满足和慰藉我们的感激之情。

但是,这对我们并非易事,因为恰恰在那一天,我们那个人数众多的、活跃的社团竭尽全力阻止我们"飞翔",①妨碍我们实施我们的计划。我们社团决定在这天举行一次去罗兰采克的盛大郊游,目的是在夏季学期结束之时再次确认其全体会员,然后让他们带着最美好的告别记忆返回家乡。

那天属于那种完美天气之一。这种气候很是罕见,唯有夏末才可能出现:天地静谧和谐地在远处相拥在一起,在煦暖的日光中闪烁生辉,秋日的凉爽与蔚蓝的苍穹交融一体。我们穿上了在一个阴郁流行的时代只有大学生才钟爱的明亮缤纷的奇装异服,排成队伍,登上一艘特地为我们装点上喜庆的三角旗的汽船。轮船的甲板上插着我们社团的旗子。莱茵河两岸不时地响起信号枪的响声。这是按照我们的指令而发射的,目的在于告知莱茵河岸的居民,特别是我们在罗兰采克的东道主我们到达的消息。现在,我将不再叙述从登陆地出发、经过令人激动和好奇之地的嘈杂的旅程,也不叙述并非每个人都理解的、

---

① 这里也许在暗示前文提及的梦中飞翔。

在大学生之间流行的乐子和笑话。我将不再讲述那场逐渐活跃、甚至变得狂野的宴饮,也不再讲述那场不可思议的音乐会。参加宴饮的所有人都必须参与这场时而独奏、时而合奏的音乐会。我是我们社团的音乐顾问,曾负责音乐会的排练,现在则不得不担任指挥。当音乐会走向有点狂放、节奏越来越快的结尾之时,我向我的朋友做了个手势,然后就在类似嚎叫的结尾和弦之后,我和我的朋友就从门口溜走了,将几乎是怒号的深渊关闭在身后。

我们一下走入了突然令人清爽的、静谧的大自然中。太阳静止地发着光,但已西沉了许多,万物的阴影相应伸长。一缕清风从莱茵河闪着绿光的波浪上吹来,略过我们热烫的面颊。我们庄严隆重的纪念仪式定在那天白昼最后若干小时里举行,因此,我们想到用仪式之前的白昼时光来练习我们一个孤僻的爱好。我们当时有许多这样的爱好。

我们当时都强烈地爱好射击。多年以后,我们发现这个业余习得的技能对在军中服役有很大用处。我们社团的一个仆役知道我们这个远处高地的射击场,并事先把我们的手枪送到这里。罗兰采克后面较低的山脊为树木所覆盖。射击场就是一块位于树林边缘且略高于树林的小的不平之地。被我们尊为神圣的沉思之地,就在射击场附近。我们那年夏末就是在那块沉思之地决定创立我们的小协会。射击场的侧面有一条长着树木的斜坡,斜坡上有一个小的林中空地,那是一个邀人驻足的地方。从那里,我们的视野穿过前面树木和灌木,可以看到莱茵河,也可以看到,正是七峰山①,特别是龙岩山②的美丽蜿蜒的曲线把成片树木隔离开来。诺嫩沃特岛③位于波光粼粼的莱茵河所形成的弓形的中央,像是被莱茵河搂在自己的臂弯里。那块林中空地就是为我们共同的梦想和计划所圣化的地方。在傍晚稍后的时间里,我们要去那块林中空地,甚至是必须去,如果我们想按照我们的计划来结束那一天的话。

在离射击场那块不平之地不太远的地方,孤零零地站立着一颗粗壮的橡树墩。树墩的周围是些没有树木灌木的平地和低矮起伏的小山丘。我们曾合力在这个橡树墩上刻了一个清晰的五角星。这个图形由于经年的暴雨而有些扩大,从而成为一个理想的射击靶子。当我们到达我们的射击场时,已是下午晚些时候了。那棵橡树墩在贫瘠的荒原上投下更长、更瘦的身影。此时万籁俱静。由于脚下高耸的树木的遮蔽,我们难以看到下面的莱茵河和深谷。在这个僻静的地方,我们射击发出的尖锐的回响更加令人震撼。就在我瞄准五角星要发射第二枪时,我感觉到有人有力地抓住我的胳膊,同时我看到我的朋友也被以类似的方式阻止装填弹药。

我迅速转过身来,看到一张老人的愤怒的脸,同时我也感到似乎是一条凶猛的狗扑向我的后背。我们,也就是我以及被另一个较年轻的陌生人所阻止的我的朋友,还未来得及表达我们的

---

① 七峰山(Siebengebirge):莱茵河岸边七座小火山。关于七峰山有许多传说。有传说认为,每座山都是一个巨人的身体。

② 龙岩山(Drachenfels):七峰山之一。

③ 诺嫩沃特岛(Nonnenwörth):莱茵河上靠近罗兰采克的一个小岛。

惊奇,那位老者已经用威胁性的、激烈的声调开腔了。

"不！不！"他向我们喊道,"不要在这里决斗！""你们这些年轻的大学生,尤其不可以决斗！把枪扔掉！冷静下来,彼此和解,握手言和！你们是大地的盐,是未来的精英,是我们希望的种子。怎么难道你们还没有从那愚蠢的荣誉问答手册及其暴力正义的原则中解放出来吗？我不想中伤你们的心,但你们的大脑并未为你们争得荣誉。你们在青少年时得到了古希腊罗马的语言和智慧的滋养和保育,人们以不可估量的辛苦和操心,使你们年轻的心灵很早就沐浴在美丽的古代世界的智者和英雄的光芒之中。难道你们在经历这样的教育教化之后,竟仍想把骑士荣誉的信条,也就是非理性的和野蛮的信条,作为你们行为的准则吗？再理性地探讨一下这信条吧,把它变成清晰、明白的概念吧,揭露其贫乏的狭隘性,但不要用你们的心,而是要用你们的理性作为标准来检验它。如果你们现在不能抛弃它,那么你们的大脑就不适合做这样领域的工作:这个领域需要轻松打破偏见之束缚的有力的判断力,需要一种能区分正确与错误的平衡的理性,即便是正确与错误之间的差异隐藏很深而并不像现在这里的情况那样容易判断时。若你们不具有这样的判断力和理性,那么,我的好人们,你们还是寻求另一种正直的方式来度过一生,或去当兵,或去学一门手艺,以获取有保障的未来。"

对于这种虽有道理但却冒犯粗糙的宏论,我们的回应也比较激烈,我和我的朋友双方相互打断对方说话、争抢着说道:"首先您搞错了主要事项,因为我们来这里不是决斗,而是练习射击。第二,您也好像根本不知道什么是决斗。您怎么认为我们两个像两个强盗一样来这个僻静的地方决斗,而没有带上证人或医生?第三,对于决斗问题,我们每个人都有自己的立场,我们不希望您用这样方式的教训来袭击和吓唬我们。"

这种肯定不礼貌的回应给那个老者留下了恶劣的印象。当他了解到我们不是在决斗时,他先是温和友好地打量了一下我们,但当他听到我们最后一句话时,他又恼怒和吼叫起来。当他听到我们竟然敢于谈及自己的立场时,他有力地抓住他的同伴,迅速转过身来,严厉地吼道:"人不能仅有立场,还必须有思想!"他的同伴也对着我们补充道:"即使这样一个人会搞错,但还是要敬畏他!"

但是,我的朋友期间说了一句"小心!",又装上子弹朝着那个橡树墩上的五角星发射了一枪。老者背后这一突然的枪声,使他盛怒不已。他又转过身来,富有敌意地盯着我的朋友,然后用更弱的声音对他年轻的同伴说:"我们应该怎么做?这两个年轻人的枪声会摧毁我。"

"你们必须知道,"老者的年轻同伴转向我们说,"你们此刻震耳的射击消遣,是对哲学的真正谋杀。请看看,这位令人尊敬的长者,他在请求你们不要在这里射击。而且,如果这样一个人在请求你们……"

"是的,就算是我的请求。"那位白发老者打断他同伴,并严厉地看着我们。

实际上,我们也真不知道在这种情况下该做什么。我们也不清楚,我们有点噪声的射击爱好与哲学有什么关系。我们同样也不清楚,为什么我们必须出于莫名其妙的礼貌考虑而放弃我们的射击场。此时,我们犹豫不决和愤怒不悦地站立着。老者的年轻同伴注意到了我们的困窘,便向我们解释事情的缘由:"我们必须在这附近待上若干小时。我们有个约会。这位杰出的哲学家今晚要在这里会见他一位杰出的朋友。我们选择了一个靠近这里的小树林里有些长椅的僻静地方,作为这次的会见地点。如果我们持续受到你们射击声的惊扰,那就太不愉快了。我认为,当你们知道眼前这位选择这一安静的僻远之地来会见其朋友的白发老人,是我们最著名的哲学家之一,你们的情感也不会允许你们再继续在这里练习射击了。"

但是,他的这通解释反而令我们更加不安了。我们现在看到一个比失去射击场更大的危险在逼近我们,便急切地问:"你所说的安静的约会之地在哪里?莫不是在这里左边的小树林里?"

"正是那里。"

"但是,那个地方今晚属于我们两个,"我的朋友插话道。"我们必须拥有那个地方。"我们两个一齐喊道。

对我们来说,我们早已决定的神圣纪念在此时此刻要比世界上所有的哲学更重要。我们如此急切、如此激动地表述我们的感受,如此令人费解地、急迫地表达我们的愿望,以至于在不了解我们秘密的那位老人及其年轻同伴看来,可能显得有点荒唐可笑。至少,我们这位哲学家侵扰者微笑地、质询地看着我们,似乎在期望我们做出某种道歉或解释。但是,我们保持沉默,因为我们首先想保守我们的秘密。

我们这两个阵营就这样无声地对峙着,落日的余晖将树梢涂上了金黄色。此时此刻,哲学家看着落日,那个同伴看着哲学家,我们两个则看着小树林里那个今晚可能要丢失的隐身之地。一种愤怒之情攫取了我们。我们自问,如果哲学阻止我们成为我们自己,阻止与朋友独处的乐趣,如果哲学阻止我们成为哲学家自身,那么,哲学到底是什么呢?因为我们相信,我们对我们共同记忆的纪念具有真正的哲学本性。我们希望借以形成我们对未来的严肃的目标和计划。我们希望通过孤寂的沉思,能够以类似的某种方式再次帮助我们找到在未来构成和满足我们最内在的心灵的东西,一如少年时代那个富有创造性的举动所发现的那样。那个庄严的行为的意义恰恰就存在于其自身之中。除了处于孤寂、单独的状态中静静地思考和沉思,我们什么也不想做,就像五年前我们在沉思中不约而同地做出那个决定一样。它应该是一场静默的纪念,完全是过去,完全是未来,而现在则不过是过去与未来之间的破折号。可是眼下,一个不友好的命运闯入我们的魔圈,而且我们也不知道该如何除去它。在这次异乎寻常的遭遇中,我们甚至感觉到了某种神秘的诱惑和刺激。

两个敌对双方无声地对峙了一段时间。头上的晚云越来越红,黄昏越来越安静,越来越柔和,我们仿佛听到了大自然均匀的呼吸。大自然用最后一抹完成了一天的工作,像是很满意自己的艺术作品,即一个完美的白昼。就在此时,从莱茵河那边传来的狂热而混乱的欢呼声划破了静谧的黄昏,远处人声更加响亮嘈杂——这自然都来自我们的大学同学。他们这时想必是在莱茵河上泛舟游览。我们想到,我们被他们丢下了,同时我们也将会丢失些什么。几乎同时,我和我的朋友举枪射击。枪击的回声又传到我们这儿,连同这回声,从莱茵河谷也传来一声熟悉的叫喊。他们是在应答我们的信号,他们知道我们是社团著名的、同时也是声名狼藉的射击爱好者。

但同时,我们意识到我们的行为是对那两位沉默的新来者最大的不敬。他们之前一直静静地看着我们,这时被我们的枪声吓得跳到一边去了。我们迅速走向他们,交替说道:"请原谅。这是我们最后一次射击。这是为了用枪声呼应我们莱茵河上欢呼的朋友。你们听到他们了吗?如果你们真的坚持要小树林里的那个安静之所,那么你们必须至少要允许我们也去那里。那里有若干长凳。我们不会打扰你们的,我们将安静地坐着,不发一言。现在七点已过,①我们这就必须去那里。"

"这听起来比实际情形更加神秘,"停顿一会儿,我补充说,"我和我朋友之间有个最严肃的承诺,此后几个小时要在那里度过。这也是有原因的。那个地方对我们来说由于美好的回忆而有点神圣,它也应该会为我们开创一个良好的未来。因此,我们会注意不给你们留下任何不快的记忆,尽管我们已多次打扰并惊扰你们。"

哲学家继续沉默,但他年轻的同伴说:"可惜,我们的承诺和约定也强迫我们不仅要待在你们选择的那个地方,而且也必须在同样的时间待在那个地方。我们现在可以选择决定是命运、还是小精灵②为这种遭遇负责。"

"此外,我的朋友,"哲学家劝慰地说道,"我现在对我们这

---

① 罗兰采克夏日的黄昏要七点左右才开始。
② 小精灵在德国民间传说中时常在房子里游荡,有时给人帮助,有时也捣乱作祟。

两个爱好射击的年轻人比以前更加满意了。你观察到没有,我们刚才对日沉思时,他们是多么安静?他们既没有说话,也没有抽烟,他们只是静静地站着,我甚至认为他们在沉思。"

哲学家马上转向我们说道:"你们是在沉思吗?当我们一起去那块我们共同的安静之所时,请你们向我说说。"我们一起走了几步,向下通过一个斜坡,进入到那个小树丛里温暖的雾气之中。小树林里越发幽暗。我的朋友在途中毫无掩饰地告诉哲学家他当时的想法:他多么担心,生平第一次,一位哲学家会阻止他进行哲学思考。

白发老者笑道:"怎么?您担心一个哲学家会阻止你们二位进行哲学思考?这也许会发生。你们还没有经历过这样的事吗?你们在大学还没有这方面的经历吗?可你们肯定听过哲学讲座吧?"

这个问题让我们很困窘。因为直到那时,我们的教育中还从来没有一点哲学。而且,我们那时还善意地相信,任何在大学里拥有哲学教习和哲学家头衔的人,就必然是哲学家。我们对此没有经验,受教极少。我们坦率地承认,我们还没有听过哲学课程,不过,肯定会去弥补。

"那么,"他问,"你们怎么说要'进行哲学思考'?"

我说,"我们不知道如何界定这一概念。不过,我们的意图和目的不过是想认真思考如何最有可能成为一个有教养者,即受过教化之人。"

"这个意图既太多,同时又太少,"哲学家抱怨道,"那就去思考这个问题吧!这是我们的长凳。我们想离你们远些。我们不想打扰你们思考如何成为有教养者。我祝你们好运,祝你们有自己的立场,就像你们对决斗问题一样,有自己全新的、明智的立场。哲学家不会阻止你们进行哲学思考,但请你们至少不要用你们的枪声来惊扰他。请你们今天效仿一下毕达哥拉斯的门徒:要成为一种真正哲学的奴仆,就必须沉默五年。你们也许能够沉默五刻钟,以成为你们如此急切关注的、自己的未来教化的奴仆。"

我们到达了我们的目的地,开始了我们的纪念庆典。就像五年前那个时候一样,莱茵河仍在脚下的薄雾中流淌,天空依然明亮,树木吐着同样的芬芳。我们坐在离哲学家最远凳子的最远一角,就像隐藏起来一样。这样,那位哲学家及其同伴也就看不到我们的正面。我们处于孤寂和独处状态了。当哲学家的声音轻缓地到达我们这里时,它就与树叶的沙沙声、密集于树丛高处的无数生物的嗡嗡声混合在一起,几乎汇成一首大自然的乐曲。这样,哲学家的声音对我们来说,就像是远处单调的诉说。我们确实没有受到干扰。

就这样过了些时间。晚霞逐渐褪色,而我们对我们少年时自我教化的壮举的回忆越来越清晰。在我们看来,我们要将最大的感谢送给我们成立的那个特别的小协会。它不仅是我们中学学习的补充,还是我们所参加的唯一带来硕果的社团。在它的框架之内,我们把我们就读的人文中学也只视为服务于我们普遍追求教育教化的一个手段。

我们清楚地知道,由于我们这个小协会,我们当时从未想到所谓的职业问题。国家总是希望教育能尽可能快地培养有用的官员,并通过过于严格的考试来确保他们无条件的服从,但是,国家这种对青少年年华的太过频繁的剥削和压榨,从未在我们的教育教化中发生过。我们如何不受功利、有用、加速成长和快速成功等时弊的影响,只需看看今天仍使我们感到安慰的一个事实:我们俩即使今天也不真正知道我们应该成为什么,而且,我们甚至并不为此忧心忡忡。我们的小协会在我们身上滋养了这种幸运的无忧无虑。正因为如此,我们在纪念它时满怀感激之情。我曾经说过,这样一种无目的的沉溺于当下的悠哉游哉,这样一种安躺于当下的摇篮中的逍遥自在,对于我们这个痛恨一切无用的时代来说,几乎是难以置信的,至少是要受到谴责的。我们是多么无用啊!但我们对我们的无用又是多么骄傲啊!我们俩甚至争论谁应该拥有更加无用的桂冠。我们希望我们不看重什么,不代表什么,不欲求什么,不思虑明日,只想做安逸地活在时代的门槛即当下的无用之徒。我们确实做到了。祝福我们!

我亲爱的听众,这就是我们当时的想法!

在沉浸于这种庄严的自我考察之后,我现在将用同样自满的口气来回答我们的教育机构的未来的问题。这时,我逐渐发现,从哲学家长凳传来的大自然的乐曲此时已失去其最初的性质,变得更加有力和清晰。我突然意识到自己在听,在偷听,在竖着耳朵全神贯注地倾听。我推了推也许有点倦意的朋友,轻声地对他说:"别睡!那边有我们可学的东西。它适合我们,尽管不针对我们。"

这时,我听到那位哲学家的年轻同伴如何激动地为自己辩解,而那位哲学家则用越来越有力的语调对他进行指责。"你丝毫没有变化，"哲学家对其年轻同伴吼道，"可惜，没有丝毫变化。七年前我带着担忧和疑虑让你离开。真是不可思议，你仍是七年前我最末一次见到时的那个样子。尽管我不愿意，可惜我还是不得不再次剥去你在这七年期间给自己穿上的现代教育之皮。我将在下面发现什么？仍然是同样不变的'理智的'性格。但正如康德所理解的，理智的性格可能也是一种必然性，不过，却是一种很少给人以安慰的必然性。我扪心自问，你智力并不平庸，也有真正的求知欲，但我整整一年的陪伴和交往，却未能在你身上留下任何令人深刻的印象，那么，我的哲学家生涯还有何意义！你现在的言行举止，表现出就像从未听过所有教育教化的基本原理似的。而在我们以前的交往中，我经常向你教导这个基本原理。现在，请告诉我，这个原理是什么？"

"我记得，"那个挨了责骂的学生回答说，"您过去经常说，如果人们知道，实际上达到以及一般而言能够达到真正有教养之人的数量，是如此难以置信地稀有，那么就不会有人去追求教育教化了。但是，如果没有数量庞大的众人只是由于一种幻象诱惑而从根本上违反其本性地参与追求教育教化，那么，即使是这么数量微小的真正有教养之人也是不可能出现的。因此，人们不能公开泄露真正有教养之人的数量稀少与教育机构的数量巨大之间这种荒谬可笑的不对称性。在这种不对称中隐藏教育教化的真正秘密：无数的人似乎是在为自己追求教育教化，并为此而努力工作，而实际上不过是在使极少数的人获得教养成为可能。"

"正是这个原理，"哲学家说，"但是，你怎么可能会忘记其真正的意义，以至于会相信你自己就是这极少数中的一个？你是这样想的，我看得很清楚。但这是我们这个有教养时代的卑劣的标志之一。这是在把属于天才的权利民主化，以解除个体对教育教化追求的辛劳和需要。如果可能，每个人都想在天才所植的大树下乘凉，都想逃避使天才的生成为可能的艰难义务。怎么？你太骄傲，而不愿作教师？你看不起那些蜂拥而入的学生？你藐视教师的义务？你想怀着敌意与这些学生划清界限，复制我和我的生活方式，去过一种孤寂的生活？你想一下子达到我经过长期顽强的斗争才最终获得的东西，即能够作为哲学家而生活？难道你不担心孤寂的生活会对你施加报复？要尝试成为一名教化的隐遁者，人们必须拥有充盈的丰富和丰沛，从而能够去过一种从自身出发而为宇宙万物的生活！不平凡的年轻人！你们认为所必须模仿的恰恰总是最困难的，最高的，而这些只对大师才是可能的。只有他们才知道这种生活是多么的困难，多么的危险，又有多少杰出的天赋会因为尝试去过这种生活而被毁灭！"

"我不想对您有所隐瞒，我的导师，"那个年轻弟子回答说，"我从您这儿听到太多的教导，也有您太长时间的陪伴，从而不能完全向我们现今的教育事业和教育体制投降。对于您过去向我指出的那些缺陷和弊端，我的感受太鲜明了，因此，如果我选择勇敢地与它们作斗争，那么，我清楚地知道我并无足够的力量去获取成功。一种普遍的气馁侵袭、征服了我。逃入孤寂，求助于隐遁，并不是因为我高傲自负。我乐意向您描述我所认为的当今如此活跃、如此引人注目的教育教化问题的特征。我想我必须对两个主要倾向加以区分：两种表面相互对立、但其作用同样有害并最终在其结果中汇聚一起的潮流，统治着我们的教育机构：一种是尽可能扩张和扩展教育教化的冲动，另一种是缩减和削弱教育教化的冲动。一种倾向要求，基于不同理由，教育应该扩展到尽可能多的人；相反，另一种倾向则要求教育教化放弃其最高尚的、最高贵的和最崇高的使命，转而屈尊去服务于另一种生活形式，比如国家。"①

"我相信我已经发现了，尽可能扩展教育教化的呼声在哪些方面最为强烈。这种扩展论主要是基于现代最受欢迎的国民经济学学说。②其公式大致如此：尽可能多的知识和教育，因此，尽可能多的生产和需求，因此，尽可能多的幸福与快乐。在这里，利益，或更确切说，收益，即尽可能多的挣钱，成了教育教化的目的或目标。现在，从这方面，教育教化似乎被界定为一种明智认识，人们借以保持在'其时代的高度'上，识别所有通往财富的最便捷的途径，掌控人际之间和国民之间交往的一切手段。这样，教育教化的本来任务似乎成为了尽可能地培养'通用'之人。这里的'通用'意思类似人们指称钱币的'通用'。③似乎这种通用之人的数量越多，一个国家的国民就越幸福。而这恰恰必须是现代教育机构的目的：按照一个人的天性所允许的程度，来促进他变得通用，使他从特定的知识和认识的程度去获取

---

① 参见《导言》部分最有一段。
② 此段的余下部分略微改动后被《作为教育者的叔本华》第6部分所引用。参见科利版《尼采著作全集》第1卷，第387页第23行—第388页第25行。
③ 法语的"courant"（通用）与英语"currency"（通货，货币）有关。

最大可能程度的金钱和快乐。每个人都必须精确地自我评估；他必须知道他可以对生活的理性的期待是多少。按照这种理解，'智识与财产的结盟'完全变成了一种道德要求。任何使人孤寂独处、超越金钱和收益以及花费太多时间的教育教化都受到了憎恨和厌恶。人们总是想把其他的教育教化倾向作为更高级的'自我主义'，作为'不道德的教育——伊壁鸠鲁主义'而加以消除。按照时代认可的道德风尚，人们要求的是相反的东西，也就是一种速成的教育教化，以能迅速成为一个挣钱的生物；他们要求的是一种彻底的教育，以能成为一个挣很多钱的生物。人们只被允许获得与其挣取的利益相当的数量的文化；他也只需要这些数量的文化。简言之，人类对尘世幸福有着必然的要求，因为这个原因，他们对教育教化也有着一种必然的要求，但也只限于这个原因！"

"我想在这里插上几句，"哲学家说，"在你清晰的描述中出现了一个巨大且可怕的危险，即这些大众不知什么时候会一下子跳过中学教育这个中间阶段，而直接奔向尘世的幸福。人们现在把这个危险称为'社会问题'。也就是说，对这些大众而言，最大多数人的教育教化，只是最少数人的尘世幸福的手段。这种最大可能普及的教育，如此地削弱了教育，以至于教育再也不能赐予任何人以特权和尊重了。最大可能普及的教育，恰恰就是野蛮。好的，我不想打断你的继续论述了。"

哲学家的年轻同伴继续说："人们到处如此勇猛地扩展教育，除了那个如此受到追捧的国民经济学的教条外，还有其他一些动机。在有些国家，人们如此普遍地担心宗教压迫，如此显著地担心宗教压迫的后果,以至于社会各阶层都贪婪追求教育,为的是吮吸教育中被认为可以消解宗教本能的因素。另一方面,国家为了自我保存,也到处尽可能扩展教育,因为它知道自己足够强大,足以把产生于教育的最为顽强的解放纳于自己的控制之下。事实也证明了这一点。得到尽可能扩展的教育,不仅对其公务员或军队,而且最终总是只对国家自身有利,即对国家与其他国家的竞争有利。在这种情况下,国家的基础必须足以广阔和坚固,从而仍能够平衡其所支持的复杂的教育大厦。就像在第一种情况下一样,即,过去的一次宗教压迫的遗迹必须仍足以清晰可感,以逼迫人们寻求一种如此可疑的对抗手段。因此,哪里响起了最广泛地扩展其国民教育的呼号,我总是爱去区分激发这种呼号的是对利益和财产的贪婪渴求,是对上一次宗教压迫的记忆,还是国家精明的自我算计。

"与此相反,在我看来,还有一种虽非十分响亮但至少同样重要的呼声,即缩减教育的倾向。在整个学术圈子,人们已习惯于悄悄地谈论这一倾向:一个普遍的事实是,由于现在奋力追求榨干学者以为科学服务,学者的教育教化已变得日益偶然和不可能了。因为现今的科学研究已经如此广泛地扩展,从而使得那些不具有超常智力但天赋良好之人,若想有所成就,就必须沉浸于一个特殊的专业领域,而忽视所有其他领域。这样,他即使现在在自己的专业方面高于一般庸众,但在其他所有领域,在所有的重要事情上,他仍然属于一般庸众。因此,这样一个专业学者就像是一个工厂工人,终其一生拧着特定的螺丝,或操作着特定的工具或机器。这样,他自然能练就不可思议的精湛技能。在德国,人们给这样一种令人痛苦的事实披上了一件了不起的思想的外衣,甚至把我们学者的这种狭隘的专业性及其对真正教化的日益偏离崇奉为一种道德现象:'埋头于微末事物','固执的忠诚',都成了最高的颂词;对专业之外的无教化和无教养,被颂扬为高贵的谦逊和自足的标志。

"在过去若干世纪里,人们认为学者,只有学者才是有教养者;但从自己时代的经验出发,我们感到很难把两者简单地加以等同。因为今天,为了有利于科学发展而去榨取从事科学研究的人,已被毫无异议地广泛认可。还有谁在自问,如此吸血鬼似地消费其创造者的科学,还有什么价值呢?科学上的学术分工所追求的实际上与某些宗教所着意追求的是同样的目标,即缩减教育教化,甚至灭杀教育教化。但是,这种要求对一些宗教及其起源与历史而言,是完全合理正当的,不过,一旦转移到科学,就可能导致其自我毁灭。如今我们已经处于这样一个时代,在所有普遍性的严肃性的问题上,特别是在最高的哲学问题上,上面所说的那种学者已根本不再有发言权了。相反,一个如今横生于各科学之间的、起黏合作用的阶层即新闻界,相信自己可以在这里履行其使命。就如其名称所显示的那样,①新闻界现在根据其本性,像个谋取日薪的劳动者那样,在行使着自己的使命。

"也就是说,教育界的两种倾向在新闻界汇于一处,即扩展教育和缩减教育在这里握手言和,归于一体。报纸精确地代替了教育教化。现在,不管是谁,即使是学者,若想表达自己的教育

---

① 在古法语中,"新闻"(Journalistik)有"每日"的意思。

要求，也必须依靠这个黏合性的新闻界阶层。这个阶层黏合着所有生活方式、所有阶层、所有艺术以及所有科学之间的罅隙，而且还黏合得如此坚固，如此可靠，就像日报所作的那样。当代特有的教育目的也在新闻界中达到顶峰：服务于此刻、当下的奴仆，就像记者一样，代替了伟大的天才，一切时代的领袖，代替了把人们从对此刻的陷溺中解放出来的拯救者。现在，请告诉我，我卓越的导师，在与这样一种到处颠倒所有真正的教育目的的斗争中，我还应该怀有什么样的希望？当我知道我刚刚播下的真正的教育的种子立即被伪教育、伪教化的碾子无情地辗碎，我，一个孤立的教师，又应该怀有什么样的勇气？因此，一个教师欢欣地把一个学生带回到遥远的难以企及的古希腊世界，带回到真正的教育的故乡，但不到一个小时之后，这个学生就抓起一张报纸，一本时尚小说，或任何一本其风格已被烙上现今教育野蛮的令人恶心的印章的教育读物，此时，请想一想，我的导师，这个教师的最为辛劳的工作是如何的无用啊！"

"现在，请静一静！"这时那位哲学家用强有力且富有同情心的语调说道，"我现在更理解你了，我刚才不应该向你口出恶语。除了有点绝望外，你完全正确。现在我想向你说几句安慰的话。"

第二次演讲

尊敬的听众！从此刻开始，我倍感荣幸地欢迎你们中的一些人首次来作我的听众，你们对于我三周前的演讲也许只是道听途说，因而现在必须容忍我把毫无准备的你们引入到我三周前开始转述的那种严肃对话的中场。下面,我将首先回顾一下上次演讲的最后部分。那位白发哲学家的年轻同伴以诚恳且亲密的方式请求其卓越的导师原谅,解释他为什么气馁地放弃了他迄今为止的教师使命,并在一种自己选择的孤寂中毫无安慰地度日。这样一个抉择的原因完全不是出于他的高傲自大。

这位坦率耿直的年轻人说道,"我从您这听到太多的教导,也有您太长时间的陪伴,从而不会深信不疑地向我们现今的教育事业和教育体制投降。对于您过去要求我注意的教育上那些无可救药的缺陷和弊端,我的感受太鲜明了。因此,如果我选择勇敢地与它们作斗争,那么,我清楚地知道我并无足够的力量去获取成功,去捣毁这种伪教育、伪教化的堡垒。于是,一种普遍的气馁侵袭、征服了我,我选择退入孤寂之中,但这并不是出于高傲自负。"因此,为了解释自己行为的原因,他清晰地描述了现代教育的普遍特性,以至于这个哲学家禁不住用富有同情的声调打断了他的讲述,并准备向他说些安慰的话。① "现在,请安静一下,我可怜的朋友,"哲学家说,"我现在更理解你了,我刚才不应该向你口出恶语。除了缺乏勇气之外,你完全正确。现在我想对你说几句安慰的话。你相信我们时代的学校教育中如此重压你的教育野蛮还会持续多久?在这方面,我不想对你隐瞒我的看法:它的时代即将结束,它的末日已屈指可数。第一个敢于在这个领域表现出完全真诚之人,将会听到来自成千个勇敢的灵魂对其真诚的反响。因为实际上,在我们时代的天赋、更

---

① 以上为前一演讲的总结。

加高贵和情感更加热忱的人士中,有一个缄默的共识:他们每个人都知道他们曾在这种学校教育状态中遭受了什么,每个人都想把自己的后代至少从相同的压榨中解放出来,尽管他们自己曾必须臣服于此。但尽管如此,还是没有人能做到完全的真诚。其可悲的原因在于我们时代的教育精神的贫乏。这里缺乏真正有创造性的天赋,缺乏有真正实践精神的人,也就是缺乏那些拥有良好创意之人,缺乏那些懂得真正的天赋以及真正的实践必须必然集于一身之人。因为那些平庸的实践者恰恰缺乏创意,因此,也必然缺乏真正的实践。每个对当代教育文献有所熟悉之人,如果不为其高度贫乏的精神和极度笨拙的圆圈舞而惊恐,那么他也就堕落到极点了。这里,我们的哲学不是源于惊异,而是源于惊恐。[1]谁不能在这方面感受到惊恐,那就请他不要伸手去触碰教育问题。但至今的情况正好相反。那些感受到惊恐之人,比如你,我可怜的朋友,都畏惧地逃离了;那些平庸的无所畏惧之人却将其粗笨的大手伸展到艺术中最精微、最细巧的技艺,即教育的技艺之上。但这种状态不可能长久了。在不远的将来,真诚的人就会出现,他具有良好创意,为了实现这些创意,他敢于与所有的现存之物决裂;他会借助一个伟大的典范去完成至今为止单凭活跃的粗笨大手所无法模仿的东西。这样,人们至少会开始区分和比较,至少会感受到两者之间的对立,并反思这种对立的原因。相反,今天,还有许多善良之人相信,那些粗笨的

---

[1] 亚里士多德认为,哲学始于惊异("惊异"的德语"Erstauen",相当于英文"wonder";尼采所谓的"惊恐"的德语"Erschrecken"则相当于英文"shock"、"terror"和"dread")。

大手所从事的属于教育技艺。"

"我亲爱的导师,"哲学家同伴说,"我恳求您举一个例子来帮助我理解和树立您如此勇敢提出的希望。我们两个都了解人文中学,您相信,如在人文中学,借助诚实和良好的创意就能消除所有陈旧的、固陋的习惯吗?在我看来,抵抗进攻的枪炮不是一个坚固的铜墙铁壁,而是所有原则的最为致命的弹性和圆滑。进攻者并无一个可见的、固定的对手可供歼灭,相反,这个对手善于伪装,可以变成千百个形状,并借助其中一个形象来逃脱进攻的捉拿,借助怯懦的屈服和韧滑的撤退来迷惑进攻者。正是人文中学迫使我怯懦地逃入到孤寂之中,正是因为我感到:如果人们在这里取得胜利,那么所有其他的教育机构就一定会屈服;如果谁在这里必须丧失信心和勇气,那么他就只好在一切最严肃的教育问题上气馁。因此,我的导师,请就人文中学向我赐教,对于它的灭亡和新生,我可以希望些什么呢?"

哲学家说:"我和你一样,认为人文中学至关重要。其他所有教育机构都必须以人文中学所追求的目的来加以衡量,但也共同遭受其方向偏离之苦,并将会通过其净化和更新而得到新生。即使今天的大学也不再奢望主张和拥有人文中学作为教育影响的中心的这一重要地位。至少从一个重要的方面来看,它们不过是人文中学系统的一个附属。这一点我稍后再向你进一步说明。①现在,我们一起来看看在我心中产生的富有希望的相反倾向是什么:人文中学至今为止所受到促进的混杂的、难以辨识

---

① 对这个承诺的回应,参见第五个演讲。

的精神,要么必须完全烟消云散,要么必须从根本上得到净化和更新。我不想用一般原则来使你惊恐。既然我们对人文中学都富有经验,也都深受其苦,那么,我们就首先来探讨其中的一方面经验:用严格的眼光来考察现在人文中学的德语教学是怎样的?

"我首先告诉你德语教学应该是什么样子。从根本上来看,人们今天所说和所写的如此恶劣和庸俗的德语,只有在报刊德语时代才是可能的。这就是为什么必须用强制的手段把有高贵天赋的年轻人置于良好品味和严格的语言训练的玻璃罩之下。如果这不可能做到,那我现在开始宁可说拉丁语。因为我耻于去说一种被如此败坏、如此亵渎的德语。

"我不知道一个更高的教育机构①的使命还有可能是什么,如果它不恰恰是用令人尊敬的权威和严格把这些在语言上已变得粗野的青少年引上正确的道路,并向他们呼吁:'严肃认真地对待你们的语言!若你们不把此感受作为一桩神圣的义务,那你们身上也就不存在一种更高的教育教化的萌芽。你们对待其母语的方式可以表明你们对艺术是高度尊重还是极度蔑视,可以表明你们对艺术的亲疏程度。如果你们不能对我们报刊惯用的某些词汇和措辞感到生理上的恶心,那么你们只有放弃追求教育教化。因为就在这里,就在最为切近之处,在你们每一个说和写的时刻,你们都有一个试金石在检测有教养者现在的任务是多么艰巨,多么庞大,在检测你们中的许多人要达到真正的教

---

① 这里指人文中学。

化又是多么的不可能。'

"按照我们刚才的理解,人文中学的德语教师有义务要求其学生注意无数的细节,养成绝对确定的良好品味,禁止使用如'加重负荷''放进口袋''盘算某事''掌握主动''不言而喻'等令人无限乏味无聊的词语。①教师还必须一行一行地向学生展示我们经典作家的作品,向他们展示如果一个作者内心拥有正确的艺术感,对其眼前所写的东西具有完美的理解,那么他会如何谨慎严格地对待其每一个表达和措辞。教师必须不断地要求其学生对同样的思想不断地寻求更好的表达。而且,在其天赋较差的学生还没有发展出对语言的神圣敬畏、天赋较好的学生还没有发展出对语言的高贵热情之前,教师的严格工作不能有丝毫停滞。

"这就是所谓的形式教育的一个任务,而且是最有价值的任务之一。但是,在人文中学,也就是所谓的形式教育的场所,我们现在会发现什么呢?谁若懂得把他这里所发现的进行正确地归类,那他就知道把作为所谓的教育机构的今天的人文中学视为什么。例如,他会发现,按照其最初的构成,人文中学就不是为了教化和文化,而仅是为了学术,而且,最近又发生了一次转折,其努力的目标似乎也不再是为了学术,而是为了新闻学了。这从德语教学的方式这一个真正可信的例子中可以清晰地看到。

---

① "beanspruchen"(加重负荷)、"vereinnahmen"(放进口袋)、"einer Sache Rechnung tragen"(盘算某事)、"die Initiative ergreifen"(掌握主动)、"selbstverständlich"(不言而喻)等德语语法上的错误,难以用汉语翻译出来。

"教师本来应该提供真正实践性的教学,使学生习惯于严格的语言上的自我约束,但我们却到处发现用学术的和历史的方法来教母语的趋势。这就是说,人们对待母语就像是在对待一门死语言,似乎对这门语言的现在和未来可以不负责任。在我们这个时代,历史的方法已成为如此流行的方法,以至于语言的活的躯体也成为了其解剖研究的牺牲品。但是,人们必须懂得把活的东西当作活的东西来对待,这恰恰是教育教化的开始;而教师使命则恰恰开始于首先必须在行为正确而非仅仅是认识正确的事情上,抑制住正在普遍蔓延的'历史兴趣'。我们的母语正是属于让学生必须学习行为正确的领域。仅仅是为了这一实践目的,我们教育机构的德语教学才是必要的,根本的。但是,历史的方法对教师来说要更加容易、更加安逸,同时,这也与他们较低的天赋,一般而言,也与其总体意志和追求的较低飞翔相适应。但是,我们这一观察适用于教育现实的所有领域:这种更为简单、更为舒适的方法总是伪装在伟大的托词和堂皇的招牌之下。而真正实践的、实际上也是更为困难的属于教育教化的行动,却受到嫉恨和蔑视。这就是为什么真诚的人必须使自己和他人清楚这种黑白颠倒。

"除了为语言学习提供学术性的刺激和激励之外,我们的德语教师经常还提供什么呢?他是如何将其教育机构的精神与德意志民族所拥有的少数真正有教养之人的精神,也就是其经典诗人和艺术家的精神联系起来的呢?这是一个黑暗的、令人忧虑的领域,若将其置于光亮之下,人们无不充满惊恐。但即使这里,我们也不想有所隐瞒,因为这一切终将且必须得到更新。在人文中学,年轻人尚未成形的精神被打上了令人厌恶的、新闻界的审美情趣的烙印。教师自己在这里播下了粗野地恶意曲解我们经典作家的种子。这种恶意曲解随后又冒充为审美批判,而实际不过是厚颜无耻的傲慢的野蛮。学生在这里学会了用幼稚的优越感来谈论我们独一无二的席勒,嘲笑他最高贵的、最富德意志特色的作品,讥笑他作品中的博萨侯爵、①马克斯和特克拉②。对于这种讥笑,德意志天才会感到愤怒,德意志优秀的子孙会感到脸红。

"德语教师习惯活动的最后一个领域,也常常被视为其活动的顶峰,在一些地方甚至被视为人文中学教育的顶峰,就是所谓的德语作文。由于几乎总是最有天赋的学生怀着浓厚的兴趣徜徉在这个领域,因此,我们要认识到,恰恰在教师对这些学生所提出的任务里,会潜藏着多么危险的诱惑性!这种德语作文是对个性的召唤。学生越是强烈地认识到其与众不同的特性,就越是富有个性地构思其德语作文。大多数人文中学还通过主题选择来促进这种'个性的形成'。教师向更低年级学生提出了本身就违反教育规律的主题,促使他们描述自己的生活、自己的发展。在我看来,这是教师工作的非教育性的、最强有力的证明。我们只要看一看多数人文中学的那些作文主题,就会发现,绝大多数学生也许不得不终身遭受这种过早要求创造个体性的作品所带来的痛苦,遭受这种不成熟的思想创作之苦,尽管他们自己

---

① 博萨(Marquis Posa):席勒《唐·卡洛斯》中的人物。
② 马克斯(Max)和特克拉(Thekla):席勒《华伦斯坦》三部曲中的人物。

对此是无辜的。我们还会极为经常地发现,一个人后来的所有文学作品就是这种反理智发展的教育原罪的可悲结果!

"我们只需想一想,在这样一个年龄创造这样一个作品会发生什么。这是他自己的第一个作品,其有待发展的力量第一次喷发而成就的结晶。其独立自主的要求所产生的跌跌撞撞的感觉,给这些早期创作蒙上一种新奇的、永不再来的醉人魅力;其天性中所有的莽撞从其内心深处被召唤了出来;其不再有为更强有力的限制所约束的所有虚荣,被允许第一次以文学的形式来加以显现。从现在开始,这个年轻人感觉自己已经成熟,感觉自己有能力去论述和参与讨论,并在实践中被要求这样去做。他选择的那些主题责成他或是对特定诗作发表判断,或是以性格描述的形式去评论历史人物,或是独立探讨严肃的伦理问题,甚至是把探寻的目光转向自身,去考察他自己的发展,并作出一个自我批判的报告。简言之,整个最富反思性的任务世界,展现在这个直到现在还几乎懵懂无知、不知所措的年轻人面前,并交由他去作判断。

"现在让我们想象一下教师对这些如此深刻影响学生个体的最初作品的一般态度。教师会认为这些作品的哪些方面应该加以批评谴责?他又应该要求其学生注意什么?注意思想或形式的一切过度之处,也就是说,注意所有在他们这个年龄一般特有的和个体性的东西。由于过早的激发和促进,学生真正的独立自主只能表现出笨拙、尖锐和可笑的特性,但恰恰是这种个性受到了教师的谴责和拒斥,以有利于一种非原创的平庸的作品。这样,千篇一律的平庸之作却获得了教师们乖戾的赞扬而这类作品通常恰恰会让他们自己感到非常无聊。

"也许有人从德语作文这一整出喜剧中看到了今天人文中学不但最为荒谬而且还极其危险的要素。这里要求原创性，但那个年龄阶段唯一可能的原创形式又受到了拒斥；这里把形式教育视为前提，但形式教育又却只有极为少数的人在成熟的年龄时才能达到；这里把每个学生都毫无例外地视为一种具有文学天赋的存在，允许他们对最为重要的人和事作自己的判断，但真正的教育教化所应该孜孜以求的恰恰是压制对独立判断的荒唐要求，使年轻人习惯于严格顺从天才的王权；这里要求一种在更大框架下的表述形式作为前提，但学生在这个年龄每一个说出或写出的句子都是一种野蛮。除了这些危险之外，现在让我们考虑一下年轻人在那个年龄极易产生的自满，考虑一下年轻人现在第一次看到镜中的自我的文学形象时的虚荣感。谁若一眼就看清所有这些效果，他就会担心，我们文学和艺术界的全部弊端会被我们所考察的教育体制不断地重新印刻在成长中的新一代身上。这些弊端有：匆忙而虚荣的创作，无耻的图书炮制，完全的无风格，表达的粗糙、无特性或可悲的矫揉造作，审美标准的丧失，对混乱无序的沉溺。简言之，这些就是我们新闻界和学术界的文学特性。

"极为少数的人现在还会认识到，在成千上万人之中也许只有一人能以文学闻名，而所有其他甘冒风险一试的人，都会受到真正有判断力之人的荷马式的嘲笑，以作为其所印刷出来的每一句话应得的'奖赏'。因为看到一个文学的赫菲斯特①跛行，

---

① 赫菲斯特：古希腊神话中的锻冶之神和工匠的保护神，又驼又瘸，是众神中最丑陋的。

甚至走过来向我们敬献什么作品,对众神来说确为一场好戏。在这一领域,培养学生拥有严肃认真和顽强不屈的习惯和见解,这是形式教育的最高任务之一。而对所谓的"自由人格"的普遍纵容,则无非是野蛮的标志。从我上面所说可以清晰地看出,至少德语教学所考虑的不是教育教化,而是其他的方面,也就是制造前面所说的"自由人格"。只要德国人文中学在其德语作文中还习惯于培养令人作呕地肆无忌惮地乱涂乱写,只要它们还没有把最为切近的说和写的实践训练作为其神圣的使命,只要它们还是像对待一个必要的恶或一个无生命的躯体那样来对待母语,我就不会把这些机构视为真正的教育机构。

"在语言方面,我们很少看到古典典范的任何影响。这就是为什么我从这一考虑出发,对源于人文中学的所谓的"古典教育"感到十分困惑和怀疑。因为只要看一眼古典典范,人们怎么能看不到古希腊人和古罗马人从其少年开始就极其认真地重视和对待他们的语言;另外,如果古典的希腊世界和罗马世界作为最富教益的模式,确实曾盘旋在我们人文中学的教育计划制定者的脑中,那么,人们怎么能在语言教育这一点上未能认识到它们的典范。至少,我对此深感怀疑。人文中学实施'古典教育'的宣称,看来更不过是一个应付的借口。一旦有对其促进教育教化能力的任何质疑,这个借口就会被拿来使用。古典教育!听起来如此高贵堂皇!它会令进攻者感到羞愧,使其推迟对它的进攻,因为谁能立即看清这个迷惑人的口号之下的真相!这是人文中学长期以来的惯用策略。哪里响起挑战的号角,它就朝哪里举起一个没有装饰着勋章和荣誉的盾牌,上面写着迷惑人的口号,如'古典教育'、'形式教育'或'科学预备教育'。可惜这三个堂皇的口号,不仅相互之间,而且各自自身内部也都存在着矛盾。如果把它们强行拼凑在一起,那么就只能产生一种教育怪物。因为达到真正的'形式教育'是如此闻所未闻的艰难和稀少,它要求一种如此复杂的天赋,以至于只有太天真的人或太无耻的人,才会许诺它是人文中学可以达到的目标。'形式教育'就是一个粗糙的、经不起哲学推敲的术语,人们必须尽可能放弃使用它,因为不存在真正的'实质教育'①。另一方面,谁若是把'科学预备教育'视为人文中学的目标,那么,他就会因此牺牲掉了'古典教育'和所谓的'形式教育',一般来说,也牺牲掉了文科中学的整体教育目标,因为科学者和有教养者的素养属于两个不同的领域,尽管有时会在同一个体身上积聚,但绝不会彼此和谐。

"如果把人文中学这三个所谓的目标与我们在德语教学中观察到的实际情况加以比较,我们立即就会认识到这些目标在实践中大多会起到什么作用:只会被设计用来逃离战斗和斗争的困境,并实际经常足以迷惑对手,因为我们在德国人文中学的德语教学中看不到古典典范及其伟大的语言教育的痕迹。试图通过这种德语教学方法来达到的'形式教育',不过被证明是对'自由人格'的绝对偏爱,亦即,不过是对野蛮和混乱的绝对偏爱。至于作为德语教学一个结果的科学预备教育,我们的日耳曼学学者不得不公正地指出,对其学科的繁荣,人文中学的学术准

---

① 质料教育或实质教育(materielle Bildung):这里似乎是暗指亚里士多德的四因说,其中有形式因和质料因。

备训练的贡献是如此的微小,而大学教师个体的人格的贡献是如此的巨大。总之,人文中学忽视了其在开启真正教化方面最为重要、最为急迫的目标,即母语训练,并因此缺乏所有进一步追求教育教化的努力所需要的自然的、肥沃的土壤。因为只有借助一种严格的、艺术上细致的语言训练和语言习惯,才能强化对我们经典作家伟大之处的正确感觉。但直到现在,对这些经典作家的认可,几乎只依赖于个别教师的可疑的美学嗜好或特定的悲剧或小说的纯粹题材的效果。但是,人们从自己的经验应该知道语言的掌握是多么的艰难,人们必须经过长期的寻求和拼搏之后才能走上我们伟大诗人曾经走过的道路,以感知他们曾经的感觉:他们走在那条道路是多么的轻松和美妙,其他人跟在他们后面是多么的笨拙和造作。

"唯有通过这样的训练,年轻人才会对我们报纸工厂生产者和流行小说家的如此受到喜爱和如此受到追捧的'华丽'风格,对我们文学匠人的'考究的措辞',感到那种生理上的恶心,从而一劳永逸地摆脱与超越所有那类真正滑稽可笑的问题和疑惑。如,对奥尔巴赫①与古茨科夫②是否是真正的诗人之类的问题,只需凭借对其作品产生的强烈的、生理上的恶心,就可以解决了。但不要让人相信培养这种感情并感到生理上恶心这一点

---

① 奥尔巴赫(Berthold Auerbach,1812—1882):作家,其真名为巴鲁赫(Moyes Baruch),"兄弟会"成员,与青年德意志运动有联系。其著名的小说有《黑森林村庄的故事》。

② 古茨科夫(Karl Ferdinand Gutzkow):作家,年轻时为"兄弟会"的激进成员,后来成为"青年德意志运动"的主导性的发声者。其文学生涯游走于创作戏剧小说和出版期刊之际。

是件容易的事，也不要让人相信除了通过语言的荆棘之途，也就是除了通过母语上的自我训练而非语言学研究，还有其他通向审美判断的道路。

"任何认真严肃对待此事之人，将会拥有类似成人在其作为新兵服役时不得不重新学步的经验，因为他之前的走路只算是一种粗糙的业余爱好和经验主义。那将是一段艰难岁月。他会担心肌腱会被拉断，会对自己能否轻松而舒适地运用这些有意识习得的艺术性的步法和站姿而感到绝望。他会惊恐地看到他如何笨拙而生疏地迈步，担心自己不仅学不会这种正确的行走方式，而且还会忘记之前如何走路。但是，终有一天他会突然发现，这些艺术性的运动已重新变成了一种新的习惯和第二天性，过去走路时的自信和力量带着更多的优美，重新回到他的身上。现在他开始意识到走路是多么的困难，也有资格揶揄那些步法粗糙的经验主义者和故作摩登的业余爱好者。我们所谓的'摩登'作家就像其风格所显示的那样，从未学习过上面那种意义上的行走。我们人文中学的学生，就像那些摩登作家一样，也从未学习过这种行走。但是，教育教化开始于语言的正确运动，而且只要它一旦正确地起航，那么学生随后就会对那些时髦作家产生一种生理上的感觉，也就是'恶心'。

"在这里，我们认识到了今日人文中学的灾难性的后果。它们没有能力传递真正的、严格的教育教化，而这首先需要服从和习惯；它们在最好的情况下，只能把引发和激发学术倾向作为一个目标，并如此经常地导致了学术与野蛮的品味、科学与新闻的联盟。今天，人们几乎可以普遍地看到，我们的学者已从德意志经典作家如歌德、席勒、莱辛①和温克尔曼②所一度努力达到的教化高度下降和滚落。这种下降正是体现在对这些经典作家粗暴的误解上。这种误解不仅暴露在文学史家那里，不管他叫格维努斯③还是施密特④，而且也暴露于一切社交场合，甚至在男人与女人的每次交谈中。但是，这种下降最为经常地、同时也最为痛苦地恰恰体现在与人文中学相关的教育文献之中。可以证明，这些经典作家对真正的教育机构的无与伦比的价值，即他们作为古典教育的引路人和秘示者的价值，在过去半个世纪甚至更长时间以来不仅没有被提及，更遑论受到普遍认可。只有在他们的引导之下，人们才能找到通往古代世界的正确之路。每一种所谓的古典教育，都只有一个健康的、自然的出发点，即，在使用母语时形成艺术性的严肃且严格的习惯。但是，要达到这一点，要通晓形式的秘密，很少有人从内在出发、靠自己的力量做到，几乎所有人都需要那些伟大的领袖和导师，都需要把自己置于他们的监护之下，并信任他们的监护。但是，没有对形式的引导和开发

---

① 莱辛（Gotthold Ephraim Lessing，1729—1781）：戏剧家和评论家，对德国戏剧和古典美学有重要影响。其作品《拉奥孔》是一部关于诗学和雕塑艺术的研究之作。

② 温克尔曼（Johann Joachim Winckelmann，1717—1768）：作家，有许多论述古代艺术和建筑的作品，是欧洲古典主义发展的重要人物。

③ 格维努斯（Georg Gottfried Gervinus，1805—1871）：德国政治家，文学史家，作家，著有五卷本的《德意志诗歌史》，其中他率先从普遍的历史发展的视角来展示诗歌，因此，尼采认为这种人应该对德国从歌德和席勒的古代教化高度跌落下来负有责任。

④ 施密特（Julian Schmidt，1818—1886）：文学史家，编辑，与弗莱尔塔克编辑杂志。

了的感觉，古典教育是不可能成长的。只有在对形式和野蛮的不同感觉及辨别能力逐渐被唤醒的地方，带领我们飞往真正的、唯一的教育之乡即古希腊的翅膀，才开始振动。①但是，如果单靠这一对翅膀就试图走进那无比遥远、有着金刚石城墙围绕的希腊世界，我们当然难以飞得那么远；因此，这时我们同样需要这些领袖和导师，即我们德意志的经典作家，以在他们过去寻求古典的鼓翼的激发和带动下，振翅飞往渴望之乡——古希腊。

"但是，关于我们经典作家和古典教育之间的这种唯一可能的关系，从未有一丝声音渗透到人文中学的古老围墙之内。语文学家倒是勤勉地致力于以自己的方式把荷马和索福克勒斯带给其年轻学生的心灵，并将其结果赋予一个未经批判的美名'古典教育'。让每个学生以自己的经验去检验，在这些如此勤勉的教师手中，他从荷马和索福克勒斯那里获得了什么。这里充斥着最频繁和最强烈的欺骗以及无意传播的误解。我也从未在德国人文中学里发现一丝一毫可以真正称得上是'古典教育'的痕迹。但当人们了解到人文中学如何脱离了德意志经典作家以及德意志语言的训练，那么他们就不会对此感到惊奇。用这种一步登天的方式，没有人能进入古代世界。但是，我们学校对待古代作家的方式，我们语文教师所做的大量评注和阐释，恰恰就是这种一步登天的方法。

"实际上，对于古典的希腊世界的感觉，是最为艰苦的教化奋斗和艺术天赋的极为罕见的结晶，而人文中学却只通过粗鲁

---

① 这里的翅膀之喻似乎是指柏拉图的《斐德若篇》。

的误解来要求加以唤醒。它试图在什么样的年龄去唤醒这种感觉？在一种仍盲目地受时代最为五彩缤纷的倾向所诱惑的年龄阶段；在一种还没有认识到对于古希腊世界的感觉一旦被唤醒就会立即变得具有进攻性、就必须在与所谓现代文化的持续斗争中表达自己的年龄阶段。对于今天的人文中学的学生来说，古希腊人作为希腊人已经死去了。是的，他也能从荷马那里获得些快乐，但斯皮尔哈根的一个小说则会更加强烈地迷住他；他也会带着几分乐趣吞下希腊的悲剧和喜剧，但一个完全现代的戏剧如弗莱尔塔克的《记者》①会给予他完全不同的触动。是的，他也能模仿美学家谈论所有的古代作家，如模仿艺术家美学家格林②，后者曾经在一篇关于米洛的维纳斯的隐晦的文章③中最后自问道：'这个女神的形式对我来说意味着什么？她在我身上唤起的思想对我有什么用？俄瑞斯特、俄狄浦斯、伊菲戈尼亚和安提戈涅④与我的心灵有什么共同之处？'——不，人文中学的学生们，米洛的维纳斯与你们没有关系，与你们的教

---

① 《记者》是由弗莱尔塔克（Gustav Freytag，1816—1895）在1854年出版的喜剧。该剧是关于一个政治上活跃的教授和上校的一个为报社工作的女儿之间的爱情故事，从1852年首次演出后的30年，一直深受欢迎，长演不衰。弗莱尔塔克是著名作家、记者和官员，他的喜剧《记者》和小说《应该和拥有》（小说赞扬商人阶层是德国的坚固基础），获得了巨大成功。

② 格林（Hermann Grimm，1828—1901）：童话作家威廉·格林（Wilhelm Grimm）的儿子，早年是作家，创作剧作和小说，后来成为现代艺术的教授，著名的散文家。

③ 散文的题目是《论米洛的维纳斯》。

④ 俄瑞斯特（Orest）、俄狄浦斯（Ödipus）、伊菲戈尼亚（Iphigenie）和安提戈涅（Antigone），均为希腊悲剧中的人物。

师也同样关系较少——这是今日人文中学的不幸和秘密。如果你们的引导者本来眼盲却冒充目明，那么谁来引导你们到达教育之乡！如果他们用其方法纵容你们自主地结结巴巴说话，而不是教导你们去说话；纵容你们去作自主的审美判断而不是引导你们去敬畏和虔诚地对待艺术作品；纵容你们去作自主的哲学思考而不是强迫你们去倾听伟大的思想家，那么，你们中谁又能对艺术的神圣的严肃产生真正的感觉呢？所有这些方法的结果就是使你永远无法接近古代世界，而只能成为现在时代的奴隶。

"我们在今日人文中学中所发现的最有益的一点，肯定就是其若干年以来对待拉丁语和希腊语的严肃态度。这里，人们学会了尊重一个有确定规则的语言，尊重语法和辞典；这里，人们确切地知道什么是错误，因而不会总是费心地求助各种语法上和正字法上的奇思怪想和恶劣习惯，来为自己的错误作辩护（如在现代德语中所看到的那样）。但愿这种对语言的尊重不是停留在空中，从而不会像是人们一转向母语就会加以抛弃的一个理论负担！拉丁语教师或希腊语教师自己都经常不尊重自己的母语，懒散随意地对待母语。一涉及母语，他们就立即放下了从拉丁语和希腊语中获得的严格训练，就像德意志人对待所有本土东西的态度一样。把一种语言翻译成另一种语言是一种孕育和提高对自己语言的艺术感的最有益的壮举，但在把古典语言翻译成德语方面，人们从未以应有的、绝对的严格和尊严来加以实施。而对待德语这样一种不太规范的语言来说，这种严格训练尤为必要。最近，这种有益的壮举越发少了：人们满足于了解这些古代的外语，而不屑于去加以应用和精通。

"这里，我们可以再次看到对人文中学理解中的学术倾向。这种现象有助于说明更早时代的人文中学曾经严肃地把人文教化①作为其目标。那个时代属于我们伟大诗人，也就是少数真正有教养的德意志人的时代。在那个时代，伟大的沃尔夫②把这种来自古希腊和古罗马经由这些人流淌出来的新的古典精神引入到人文中学。由于他的大胆创举，人文中学树立起了一个新的形象，即，人文中学自此以后就不仅仅是学术和科学的培养场所，而首先应该是所有更高级、更高贵的教育教化的真正的神圣之地。

"在诸多似乎是外在的、必要的变革措施中，一些极为根本的措施富有持久效果地进入到了人文中学的现代建构之中。但是，恰恰最重要的措施并未取得成功，即教师自己没有接受这种新的精神的洗礼。这样，人文中学重新又严重偏离沃尔夫所追求的人文教化这一目标。相反，旧有的、已被沃尔夫所克服的对学术和学者教育的绝对推崇，在微弱的斗争之后就逐渐取代了新近楔入的教育原则，并要求其之前的排他权利，尽管它不再以过去面目那样公开示人，而是乔装改扮，隐藏了其真实意图。而且，古典教育的伟大计划之所以未能获得成功，是因为这些教育

---

① "Humanitätsbildung"，字面的意思是人文教化或人文教育，意思是为了人的自我教化的教育，其文艺复兴以来的意思还表现在借助古希腊罗马来达到人的自我教化。

② 沃尔夫（Friedrich August Wolf, 1759—1824）：古典语文学家，开启了综合意义上的现代古典研究，把语文学宽泛地界定为体现在古代世界的关于人性的知识。其作品有《古代学阐述》。

努力的非德意志的、几乎是外国的或世界主义的特性,即相信撤走一个人脚下的故土,他仍能稳固地站立;妄想一个人可以放弃中介桥梁,弃绝德意志精神,弃绝一般意义上的民族精神,直接跃入遥远的希腊世界。

"当然,人们必须首先懂得如何在其隐藏的地方,在时髦的装束下面,或在瓦砾废墟下面去寻求这种德意志精神;人们必须热爱这种精神,即使它羸弱枯槁也不会感到羞耻;人们必须首先警惕不要把德意志精神混同于当今自诩为'当代德国文化'的东西。相反,德意志精神内在地与那种文化为敌。而且,恰恰在被这种当代文化抱怨为缺乏文化的地方,却常常保存着真正的德意志精神,即使其外在形式并不优美,甚至质朴粗野。相反,今天狂妄地自称为'德意志文化'的东西,是一个世界主义的大杂烩,它与真正的德意志精神的联系,就像记者之于席勒,梅耶贝尔①之于贝多芬。那个在最为根本上非日耳曼的法兰西文明在这里发挥着最强大的影响,它被毫无才情、毫无品味地模仿,从而也给德意志社会、报刊和风格蒙上了一种伪善的形式。当然,这种模仿无论在哪个地方都不会带来一种在艺术上的、自足的效果。但在法兰西,这一源自罗马世界的本质的原创文明几乎直到今天仍能够产生这种效果。为了感知这种对立,可以把德国最为著名的小说家与法国或意大利不太著名的作家加以比较,我们会发现尽管两者在倾向和目标上同样不确定,在手段上

---

① 梅耶贝尔(Giacomo Meyerbeer, 1791—1864):最初名叫Jacob Liebmann Meyer Beer,能用德语、意大利语和法语写歌剧。他在当时的巴黎享有盛誉,特别是他的浪漫歌剧。

同样更加不确定,但是,在他们那里,与之相连的是艺术上的严肃性,至少是语言上的准确性,与之相联的经常还有美,尤其是一种相应的社会文化的反响;而在我们这里,所有一切都是非原创的,其思想和表达像是穿着睡袍,臃肿拖沓,矫揉造作,令人不快,因此,缺乏任何一种真实的社会形式的背景。在最大程度上,其学者的造作和博学的炫耀在提醒我们:在德国,是堕落的学者变成了记者,而在法国和意大利则是有艺术教养者变成了记者。用这种所谓德意志的、在根本上则是非原创的文化,德国人无望在任何方面取得胜利;在这方面,法国人和意大利人做得比德国人好。至于对外在文化的灵活模仿,俄罗斯人尤其会令德国人感到惭愧。

691　"我们应该更加坚定地抓住那种德意志精神:它已在德国宗教改革、德国音乐中现身,而在德国哲学的巨大勇气和严格中以及在新近经过考验的德国士兵的忠诚中则表现为一种持久的、不慕虚荣的力量。我们甚至可以期望这种精神去战胜当代流行的、时髦的伪文化。我们对学校未来的希望是把真正的教化学校引入这种斗争之中,特别是在人文中学点燃成长中的新一代对真正的德意志特性的热情。所谓的古典教育最终也将通过这种方式重新获得其天然的土壤和唯一的起点。人文中学的真正的革新和净化只能产生于德意志精神的深刻且有力的革新和净化。要找到真正连接德意志精神最内在的本质与希腊天才之间的纽带,是个十分神秘和困难的任务。然而,倘若真正的德意志精神的最高贵的需要没有抓住希腊天才之手,就像在野蛮的洪流中没有抓住一个砥柱;倘若从这种德意志精神中没有产生一个对希腊世界的无限渴望；倘若对历经千辛万苦获得的、令席勒和歌德流连忘返的、对希腊故乡的远眺，没有变成最优秀的、最有天赋之人的朝圣之旅，那么，人文中学的古典教育的理想必将毫无固着点地在空中飘荡。在这方面，我们至少不应该谴责这种人：为了保持那种真正的、牢固的在其眼中毕竟还算得上是理想的目标，为了使其学生免受那些现在自诩为'文化'和'教化'的令人目眩的幻相的诱惑，他们试图在人文中学培养一种仍然如此有限的科学和学术。这就是今日人文中学的可悲现状。这种最有限的立场在一定程度上是合理的，因为没有人能够到达或至少是确定一个地方，从而可以检验所有这些立场都是错误的。"

"没有人？"那个学生带着激动的声调问哲学家。两人接着都陷入了沉默。

第三次演讲

尊敬的听众！我曾聆听过那场对话，这里试图凭借我鲜活的记忆向诸位转述其概要。在我结束上次转述之时，那场对话被一种严肃的、长久的停顿所中断。哲学家和他的同伴陷入到抑郁沮丧的沉默之中。刚刚谈到的德国最重要的教育机构，也就是人文中学的稀有困境，像一个重负压在他们的心头之上。消除这一重负，单个具有此善意之人没有足够的力量；而众人力量虽大，但在这方面没有足够的善意。

尤令我们孤独的哲学家感到困扰的是这两个方面的事实：

一方面可以清楚地看到，真正可以被称作是"古典教育"的东西，现在只不过是飘浮在空中的教育理想，根本不可能落实于和生长于我们教育机构的土壤；另一方面，现在被普遍地、委婉地称作是"古典教育"的东西，只有一种自命不凡的幻象的价值，其最好的作用在于使"古典教育"的说法得到存续，并不失其庄重之感。这两位令人敬佩之人从德语教学上清晰地看到，一种建立在古代世界的柱石之上的更高的教育教化至今仍未找到其恰当的出发点：语言教学的野蛮化；强迫学生走向学术性的历史研究之道，而不是给予他们实际的训练和习惯；人文中学所要求的特定练习与我们新闻界的令人忧虑的精神倾向的联系。所有这些在德语教学中可以观察到的现象，都指向了这样一种可悲的结论：从古典世界产生的最有益的力量还没有被我们的人文中学所感知，也就是，这种没有被感知的力量可以被用来准备与当代的野蛮作斗争，而且也许还可以再次把人文中学变成这种斗争的武器库和兵工厂。

相反，我们看到，这种古典精神似乎已经被相当彻底地赶出了人文中学，而人文中学却仿佛像是要尽可能宽阔地向我们当代被阿谀和娇纵的所谓的'德国文化'敞开大门。倘若我们这两个孤独的谈话者还可以抱有什么希望的话，那么这种希望就是，现在的情况已经变得越来越糟糕，从而使得至今只被少数人所洞见的东西，很快就会被多数人所清晰深入地领悟，这样一来，真诚而坚定之人严肃认真地考虑国民教育这一严肃领域的时代也不再遥远了。

"我们应该更加坚定地抓住那种德意志精神，"哲学家说，

"它已在德国宗教改革、德国音乐中现身,而在德国哲学的巨大勇气和严格中以及在新近经过考验的德国士兵的忠诚中则表现为一种持久的、不慕虚荣的力量。我们甚至可以期望这种精神去战胜当代流行的、时髦的伪文化。我们对学校未来的希望是把真正的教化学校引入这种斗争之中,特别是在人文中学点燃成长中的新一代对真正的德意志特性的热情。所谓的古典教育最终也将通过这种方式重新获得其天然的土壤和唯一的起点。人文中学的真正的革新和净化只能产生于德意志精神的深刻且有力的革新和净化。要找到真正连接德意志精神最内在的本质与希腊天才之间的纽带,是个十分神秘和困难的任务。然而,倘若真正的德意志精神的最高贵的需要,没有抓住希腊天才之手,就像在野蛮的洪流中没有抓住一个砥柱;倘若从这种德意志精神中没有产生一个对希腊世界的无限渴望;倘若对历经千辛万苦获得的、令席勒和歌德流连忘返的、对希腊故乡的远眺,没有变成最优秀的、最有天赋之人的朝圣之旅,那么,人文中学的古典教育的理想必将毫无固着点地在空中飘荡。在这方面,我们至少不应该谴责这种人:为了保持那种真正的、牢固的、在其眼中毕竟还算得上是理想的目标,为了使其学生免受那些现在自诩为'文化'和'教化'的令人目眩的幻相的诱惑,他们试图在人文中学培养一种仍然如此有限的科学和学术。"①

在一段时间静默的沉思之后,年轻同伴转向哲学家,并向他说道:"您过去曾试图激发我的希望,现在您又扩展了我的认识,

---

① 此一段落是上一演讲倒数第二段的重复。

并借以扩展了我的力量和勇气。现在我确实能更加勇敢地注视这个战场,我也确实后悔太过迅速地从那里逃离。我们对我们自己一无所求,也不忧虑会有多少个体在这个战斗中倒下,以及我们自己是否会第一批倒下。正是因为我们严肃地对待这场战斗,我们才应该不能太在乎我们可怜的个体。一旦我们倒下,其他人会立即举起上面刻有我们信念的勋章的旗帜。我将不考虑我是否有足够的力量去打这场战斗,也不考虑我是否能长久地抵抗下去。在这样的敌人的挖苦中倒下,是一种十分光荣的死亡,因为他们所严肃对待之事对我们来说也常常显得荒唐可笑。只要想想我的同龄人曾经怎样像我那样为人文中学的教师职业的召唤、这一教师职位的最高召唤而准备时,我就知道我们过去是多么经常地嘲笑那些恰好相反的东西,多么经常地严肃嘲笑那些极为迥异的东西。"

"现在,我的朋友,"哲学家微笑着打断了弟子的说话,"你说起话来像一个不会游泳的人却要往水里跳,其恐惧的不仅仅是溺水身亡,更多的是怕被人耻笑。但是,被人耻笑是我们最后一件令我们恐惧的事情。因为我们所处的领域有那么多的真理有待说出,而说出那么多令人惊怖、痛苦和不可原谅的真理,必然会使我们遭受最为明白的仇恨,而且,只发一发怒就会引起某种令人窘迫的嘲笑。对此,你只需想一想这种情况:不计其数的教师群体,他们最真诚地接纳了迄今为止的教育制度,兴高采烈地、毫无怀疑地继续推进这种体制。当这些人听到自己被排除,确切说,被大自然出于自身的利益而排除在外的计划,听到远远超出其平庸的能力的要求和命令,听到从未在其心中产生回响的希望，听到那种他们从不理解的战争召唤、从而在其中只能作为麻木愚钝的、抗拒反对的庸众的战斗时，你想想他们会如何表现？毫不夸张地说，他们必然采取我们中等教育机构的绝大多数教师的立场。确实，如果我们考虑到这些教师绝大多数是如何产生，又是如何成为这些中等教育机构的教师的，那么我们就不会对这种立场感到惊奇了。现在到处都是数量过度膨胀的中等教育机构，而它们又需要招募数量更加庞大的教师，从而使其数量已远远超出了一个民族，甚至是一个优秀民族的本性所能产生的程度。因此，有大量不够资格的人进入了这类教育机构，而且，由于他们在人数上占据着绝对的优势，于是，凭借着物以类聚的本能，他们便逐渐决定了这些机构的精神本质。这些人永远无望去理解教育的事情。他们错误地相信，只要通过引入一些规章制度，就可以把我们目前教育机构及其教师的超出比例的数量繁荣，转化为真正的繁荣，转变成大自然的丰盈，而无须对其进行数量上的大幅削减。相反，我们则一致认为，就大自然本身而言，只有极为少量被它选定和选派的人，才适合一种真正的教化历程。而且，对于他们的幸运的发展，极为少量的中等教育机构就已足矣。然而，在目前数量庞大的教育机构中，恰恰是这些极为少数的人，感到自己最少得到促进，而这些机构本来是为他们而建立起来的。"

"教师的情况也同样如此。恰恰是那些最优秀的教师，那些按照较高标准一般来说配得上这一称号的教师，在今天的人文中学中最不适合教育这些未加拣选、胡乱堆集在一起的学生，并且，这些最好的教师，在某种程度上，还必须把他们所能给予的最好的东西对这些学生保密。相反，那些绝大多数的教师在这些机构却感到如鱼得水，因为他们平庸的天赋与其愚笨贫乏的学生处于某种和谐的关系之中。正是这些绝大多数的教师呼吁建立了那些新的人文中学和更高的教育机构。在我们所生活的时代，他们震耳欲聋的持续呼声毕竟唤起了一种印象：似乎有一种巨大的教育需求需要得到满足。但是，恰恰在这里，人们需要学会去正确地倾听；正是在这里，我们不要为这些教育大话的喧嚣的效果所动摇，而是要认清那些如此不倦地谈论其时代教育需求之人的真面目。然后，我们就会看到一个令人尤为失望的现象，我亲爱的朋友，我们曾如此频繁地经历过这类现象：一旦我们就近认真观察，就会发现这些高声阔谈教育需要之人突然变脸，会热切而狂热地反对真正的教育和教化，也就是，反对坚持精神王国的贵族本性的教育和教化。因为他们认为，他们的目标就是要把大众从少数伟大的个体的统治之下解放出来，力图从根本上摧毁精神王国最神圣的等级秩序，摧毁大众在天才统治之下的仆役地位、卑下的服从和忠诚本能。

"很久以来，我就已习惯了谨慎地审视那些热衷于通常所理解的、所谓的"国民教育"之人，因为他们多数是在自觉或不自觉地欲求自己的绝对自由，并必然会堕入野蛮时代的普遍的狂欢①之中。但是，神圣的自然秩序并不允许这种自由，他们天生就要服役和服从。他们跛足的、爬行的和折翅的思想一开始工作，就证明了大自然用了怎样的黏土来炮制他们，并且被打上了

---

① 古罗马的农神节带有狂欢的倾向，特别是在罗马帝国后期，更趋纵情堕落。

怎样的工厂印记。因此，大众教育不是我们的目标，我们的目标是对被拣选出来、为了伟大而永恒的作品做准备的少数个体的教育教化。我们现在知道，公正的后代在评价一个时代的国民总体教育状况时，将完全依据那个时代的那些特立独行的伟大英雄，并依据这些伟大之人受到认可、促进、尊重或被埋没、虐待和毁灭的方式来给出他们的判断。人们采取直接的手段如普遍的、强制性的基础教学，来实现所谓的国民教育。但是，这种手段只能是完全外在的和粗糙的。因为大众的教育教化一般所触及的是国民生活的根本的、更深层次的宗教领域：国民的宗教本能在这里孕育，国民继续诗化其神秘图景，保持对其风俗、公义、故土和语言的忠诚。所有这些宗教性领域很少能用直接的手段，或无论如何不能只用摧毁性的暴力来加以触及。在这些严肃的事情上，要真正促进国民教育，恰恰意味着要拒绝使用这些摧毁性的暴力，恰恰意味着维持国民的健康的无知和沉睡。没有这种反作用，没有这种疗救手段，任何文化在其自身行动的消耗性的紧张和激动中都难以获得存续和进展。

"但是，我们知道，那些人所追求的就是想中断国民这种治疗性的健康沉睡，不断地向他们呼喊：'睁开眼睛！觉悟吧！明智吧！'我们知道这些人的目的，他们想借助所有教育机构的极度扩展以及由此产生的对自负的教师阶层的扩展，来满足他们唤起的过度的教育需求。正是这些人通过这些手段，在与精神王国的自然的等级秩序作斗争，试图摧毁那种从国民的无知与沉睡中爆发出来的最高尚、最高贵的教育力量之根。这种力量在分娩天才、然后给予其正确的教育和爱护方面，负有母亲般的使命。我们只有借助母亲这个比喻才能理解一个民族在天才方面真正的教育的重要性和责任：天才的真正来源不在那些人所鼓吹的国民教育之中；可以说，他只有一个形而上学的来源，一个形而上学的故乡。但是，他要现出身来，他要从民族中现出身来，他要去绘制一幅被反射的画卷，一幅饱蘸着这个民族所有的独特力量和色彩的辉煌画卷，他要以类似个体创作永恒作品的方式，来描绘和认识这个民族的最高贵的使命，从而与其民族自身的永恒接续起来，把它从瞬时变换的事物中拯救出来。对于天才来说，他只有在一个民族的文化、教化的母亲怀中成长乃至成熟，才有可能做到这一切。没有这一保护性的温暖的故乡，这些天才一般不可能展翅作其永恒的飞翔，他们就像被放逐在冬日荒原的异乡人，过早地、悲惨地从其贫瘠的故土蹒跚离去。"

"我的导师，"弟子这时说道，"你这种天才的形而上学令我惊异，我对这个比喻的精妙只能有模糊的理解。但是，我完全理解您所说的人文中学的过剩以及由此引起的中学教师的过剩。我正是在这个领域积累了不少经验，它们使我确信，人文中学的教育趋势不得不完全按照这种庞大的教师数量来自我校正。这些教师在根本上与教育没有关系，他们之所以走向这条路完全是因为所谓教育机构的急需。任何人只要在一次灵光乍现中相信希腊世界的超凡脱俗与难以企及，并经过艰难的斗争之后仍捍卫这一信念，那么他就会知道，通往灵光乍现的入口从来都不会对多数人敞开。因此，他会认为，那些出于职业前景和赚取面包的考虑，像对待一件日常手艺工具一样来与古希腊交往，毫无羞耻和敬畏地用粗糙的手艺人之手在希腊圣物上乱摸之人，不仅荒唐愚蠢且有失体面。但是,恰恰是在被吸引到人文中学从事教师职业的绝大多数人中,即古典语文学者这一群体中,这种粗鲁的、毫无敬畏的态度最为普遍,因此,这样一种态度在人文中学中继续发展和传承就并不令人惊奇了。

"我们只需看看年轻一代的、古典语文学者的所为就可以认识到这一点。面对古希腊这样无与伦比的世界,我们都有一种羞愧之感,感到无颜存在,但相比之下,我们注意到,这些年轻的古典语文学者却罕有这种羞耻感。这帮小混蛋多么冷静镇定,多么厚颜无耻地把自己可怜的小巢筑在古希腊最伟大的神庙里!他们从其大学时代开始就在令人惊叹的希腊世界的遗迹上随意踩踏,自鸣得意,毫无敬畏和羞耻。希腊遗迹的每个角落真该向他们中的绝大多数人发出强有力的、震撼的怒吼:'从这里滚开,你们这些未得密传的人。你们这些永远不会得到密传之人,偷偷地溜走吧,闭嘴吧,羞愧吧!'但这种咒语是徒劳的,因为要理解希腊人的咒语和禁令,人们必须首先成为一定程度的希腊人!但这些人太过野蛮了,竟然要按照自己的习惯,为了自己的舒适来安置希腊遗迹,让它们适应自己。他们带着他们所有的现代的安逸舒适和业余的嗜好想象,把它们藏在这些古代的柱石和墓石之下,然后,当他们在这些古代的环境中重新找出他们自己之前狡猾地偷偷塞进去的东西时,就会激动地欢呼雀跃。如,某人能做几行歪诗,学会查阅赫西修斯词典①,他立即相信自己注定

---

① 赫西修斯(Hesychius,约公元前5世纪):一部关于不常用词和短语的辞典,许多词条取自技术语言、古老的诗人和生僻的方言。

就是埃斯库罗斯①的改写者。他竟也找到了自己的信徒,这些信徒竟也声称他与埃斯库罗斯意气相投、资质相当,但他实际上就是一个剽窃诗的盗贼!又如,某人用一双警察式的怀疑的、眼睛去寻求使荷马有罪的所有矛盾以及矛盾的蛛丝马迹。他们把自己的生命耗费在撕裂和缝合荷马的碎片上,而这些碎片是他最初从诗人荷马辉煌的长袍上盗窃来的。再如,某人考察了古代世界几乎所有的秘仪和纵欲的方面,并让自己倍感不适,于是便决定一劳永逸地仅仅保留被启蒙了的阿波罗,从而使得人们在雅典人那里只看到一个明朗、理智但仍有点儿不道德的阿波罗形象。②当他把古代世界的一个阴暗角落提高到自己的启蒙高度时,当他在早期毕达哥拉斯学派那里发现一个开明政治的同行时,他是怎样地松了一口气啊!又如,某人苦恼不已地思考为什么俄狄浦斯会被诅咒必作弑父娶母如此可怖之事。罪责在哪里!诗的正义在哪里!他突然大悟,原来俄狄浦斯狂热且易激动,缺乏所有基督的温和敦厚,因为当提瑞希亚斯称他是个怪物且将是整个城邦的诅咒时,他就曾陷入一种完全不得体的激动之中。索福柯勒斯也许在教导我们,要谦卑温顺!否则你必会弑父娶母!再如,某人穷其一生去计算古希腊和古罗马诗人的诗篇的长度,并为发现"$7:13=14:26$"③的比例等式而欣喜不已。还有某人甚至提出可以从介词的角度来解决荷马史诗中的问题,相

---

① 埃斯库罗斯(公元前525—前456年):古希腊悲剧诗人,与索福克勒斯和欧里庇得斯一起被称为古希腊最伟大的悲剧作家,有"悲剧之父"的美誉。
② 这里谈及阿波罗,似乎是在暗示其著作《悲剧的诞生》。
③ 这个例子也许在暗示一种数字命理学的一种混合。

信可以借用介词'向上'和'向下'①而从荷马的井里捞取真相和真理。总之,所有这些人尽管怀着不同的目的,但却都是笨拙地在古希腊的遗迹上不倦地挖掘和捣腾。对于这些现象,古代世界的真正朋友必然深感痛心。因此,对于每一个感到自己有某种研究古代世界的职业倾向的人,不管他有无天赋,我都想抓住他的手,向他发表这样一番宏论:年轻人,当你带着自己那点课本知识踏上这属于有灵巧而非笨拙之人的旅途时,你知道你面临什么样的危险吗?你是否听说过,按照亚里士多德的观点,被像柱砸死绝对不是一个悲剧的死法?但正是这样的死法在威胁着你。这不使你感到震惊吗?你应该知道,若干世纪以来,古典语文学家试图把古希腊已经倒塌和陷落的雕像重新树立起来,但至今总是力不从心,没有成功。因为那雕像十分巨大,单一个体的努力就像侏儒在上面爬行。尽管众人联合,并且运用现代文化的所有起重手段,但那雕像刚被抬离地面,却又重新倒下,并且可能会压碎下面的人。不过,压死人还可忍受,因为人总是要死于某个原因。但谁能保证在这些尝试中雕像本身不被砸成碎块!那些古典语文学家可能会被希腊世界压成碎块,这尚可忍受,但令人不可忍受的是,希腊世界也会被这些语文学家砸成碎块!年轻人,请你想一想,你这轻率莽撞之人,转身回去吧,如果你不想成为圣像破坏者的话!"

"实际上,"哲学家笑着说,"正如你所期望的那样,现在已

---

① "ana"和"kata"为希腊语中的介词。其中,"ana"意思是"向上"(相当于英语中的"up");"kata"的意思是"向下"(相当于英语中的"down")。

经有大量古典语文学者转身离开了,而且,我也注意到一个与我青年时期的经验形成鲜明对比的现象:相当数量的离开者或是有意识地或是无意识地相信,这种直接研究古代世界对他们来说,是无用的,且没有前景,因此,即使今天,多数的古典语文学者认为这种研究是过时的,不会有结果,也不会有创见。这群人怀着越来越大的热情转入到语言学研究之中。在语言学这片广袤的处女地上,即使资质最平庸之人,眼下也有用武之地;由于这个领域的研究方法的新颖和不确定性,以及易犯想象性错误的持续危险,因此,某种程度的冷静及忍受枯燥无趣的能力,甚至已被视为积极的决定性的天赋;按部就班、循规蹈矩的劳作,恰恰是这个领域所最为期望的;从古代世界的遗迹中发出的那种庄严的警告声音,是吓不退这个领域的新来者的;这个领域张开双臂欢迎每一个人,甚至包括这种人:他们尽管阅读索福克勒斯以及阿里斯托芬[①],但从没有留下任何不同寻常的印象以及值得重视的思想,结果便只好将自己安放在语源学的织布机旁,或被诱惑去收集遥远的方言的碎片,将其时日耗费在联结与分离、收集与分散、跑进与跑出以及查阅各种图书之上。但是现在,如此被有效雇用的语言研究者还首先必须是教师!根据他的责任,他必须向人文中学的学生,对古代作家有所教授,但他自己却从未对古代作家有什么印象,遑论洞见!这多么令人窘迫!古代世界从未向他说什么,结果他对古代世界也一无所说。他突

[①] 阿里斯托芬(Aristophanes,公元前448—前380年):古希腊喜剧诗人,其喜剧有《云》等。

然灵光突现,自鸣得意地恍然大悟:为什么他是个语言学家!为什么古代作家用希腊语和拉丁语写作!于是,他立即怀着愉快的心情开始对荷马作语源学分析,为此,他向立陶宛语或古保加利亚语,主要是神圣的梵语寻求帮助,似乎学校的希腊语课不过是普通语言学导论课的幌子,似乎是荷马犯了一个原则性的错误,即没有用古印度日耳曼语来写作。凡是了解今天人文中学之人,都会知道这些教师对古代世界是多么陌生,而且,正是因为这种陌生感,学术的比较语言学才获得如此的兴盛和优势。"

"我认为,"哲学家弟子说道,"重要的是,一个从事古典教育的教师不要把他的希腊人、罗马人与其他人,特别是野蛮民族混淆起来,也绝不能把希腊语和拉丁语与其他任何语言并列起来。从他的古典倾向来看,他恰恰不应该关注希腊语和拉丁语的基本骨架与其他语言是否一致,是否有亲缘关系。一致的地方,对他并不重要。只要他想成为真正的教化的教师,只要他想按照崇高的古典榜样来改造自己,那么,他恰恰应该真正关注那些不一致的地方,真正关注是什么使得古希腊罗马不同于野蛮民族且高于野蛮民族。"

"我也许会弄错,"哲学家说,"但我怀疑,我们现在人文中学教授拉丁语和希腊语的方式,恰恰使得对精通这种语言以及轻松自如地用其读写的能力丧失难寻了。我们现已垂垂老矣且所剩无几的稀少的一代,在这些方面的能力曾更为优秀出色。另一方面,在我看来,今天的教师似乎向其学生强调学科的历史的、发生史的重要性,这样,在其最好的情况下,也不过是培养出新的小梵语学者或语源学小鬼和考证浪子而已,但他们中没有一个人能够像我们老一辈那样轻松愉快地阅读他的柏拉图和他的塔西佗①了。因此,今天的人文中学仍然可以是学术和博学的场所,但这种学术和博学不是作为指向最为高贵的教化目的的自然的和无心的副产物,而是那种类似不健康躯体的浮肿。今天的人文中学当然仍是培养这种学术和博学的浮肿的场所,如果它还没有确实蜕化为如今总爱自诩为'当代德国文化'的时髦优雅的、野蛮的拳击台的话。"

"但是,这些可怜的、数量众多的教师应该逃往哪里呢?"弟子询问道,"要知道大自然并没有赋予他们获取真正的教育教化的天赋,他们之所以勉为其难成为教育教化的教师是因为一种急迫的需求,是因为学校的过量导致了他们的过量,是为了谋生和面包!如果古代世界不容分辩地命令他们走开,那么他们能逃往哪里呢!难道他们不会成为当代诸种势力的牺牲品!这些势力借助其不知疲倦的报刊喉舌日复一日向他们嚎叫:'我们就是文化!''我们就是教化!''我们就是高度!''我们就是金字塔的顶峰!''我们就是世界历史的目的!'当他们听到这些诱惑性的预言,当这些非文化的最无耻的征兆以及报刊中所谓'文化兴趣'的贱民的公共性,被颂扬为一个全新的、最高可能的和最成熟的教育教化形式的基础时,这些可怜的教师将逃往哪里呢!如果他们也能略微感知所有这些预言都是十足的谎言时,那么要想不再听到这些喋喋不休的教育聒噪,除了逃往最让

---

① 塔西佗(Tacitus,约55—120):古罗马最伟大的历史学家,著有《日耳曼尼亚志》和《历史》等。

人麻木的、最为枯燥、最为贫瘠的科学和科学研究之中,还能逃往哪里呢?他们以这种方式生活,难道最终不会像鸵鸟那样将头埋在沙里!埋头于方言、语源学和考证之中,过着蚂蚁般辛勤的生活,这尽管远离了真正的教育教化,但至少可以闭塞耳目,不闻当代时髦文化的聒噪,对于他们来说,这难道不也是一种真正的幸运和幸福吗?"

"你说的很有道理,我的朋友,"哲学家说,"但是,哪里的铁律会规定,教育机构必须过盛,从而教师也必须过剩?我们不甚清楚地认识到,这种过剩的要求是从一个敌视文化的领域响起的,而且这种过剩只能必然导致和有利于非文化?实际上,我们之所以谈论这种铁律,完全是因为现代国家习惯参与谈论这些事情,并愿意借助其装备来一举实现自己的要求。那么,这就会给大多数人这样一个印象,即,似乎是事物的永恒铁律和最初法则在向他们说话。此外,谈论这种铁律之要求的所谓的'文化国家',则是一个新事物,直到最近半个世纪才是一个'不言而喻'的事物。但是,在最近半个世纪,按照人们时髦说法的许多'不言而喻'的事物本身并非'不言而喻'。恰恰是最强有力的现代国家即普鲁士如此严肃地对待这种对教育和学校的最高的领导权,再加上其政治体制特有的果敢和强硬,从而使得它所采取的这种令人忧虑的原则,普遍地威胁和伤害真正的德意志精神。因为从这个方面来看,我们会发现,把人文中学提高到所谓的'时代的高度'的努力,已被正式严格地、系统地落实了。在这里,我们可以发现用来激励尽可能多的学生接受人文中学教育的所有手段的兴盛;在这里,国家甚至成功地运用了其最强有力的手段，即在服兵役方面被赋予的特权。按照统计官员的客观报告，这一点，唯有这一点，可以解释为什么所有的普鲁士人文中学普遍满员，为什么会持续出现建立新学校的最迫切的需要。要推进教育机构的过量，国家只需把政府所有的高级位置和绝大多数的低级位置、大学入学资格尤其是最富影响的军人优待，与人文中学密切联系起来就可以了。这样一来，在一个推行普遍义务兵制和最无限制地开放官员职位的国家，所有这些必然会不自觉地把所有有天赋的人才都吸引到这个方向上来。在这里，人文中学首先被视为某种晋升之阶。每一个感到自己有从政冲动之人，都会被发现竞奔在人文中学的途中。在这里，有一个新的、无论如何没有先例的现象，即国家自命为文化的引路人，凡在它追求自己的目的之时，它都强迫它的每个臣民如果不手擎着普及的国家教育的火炬，就不可以出现在它的面前；强迫他们在摇曳不安的火光中重新把国家视为最高目的，作为其所有教育努力的奖赏。现在，这最后一点确实令他们有所疑虑，例如，它会使他们想起那种逐渐被理解的、曾由国家所促进并服务于国家目的的哲学倾向，也就是黑格尔哲学的倾向：是的，也许可以毫不夸张地说，在把所有的教育努力都隶属于国家目的方面，普鲁士成功地窃取了黑格尔哲学中具有实用价值的遗产，后者对国家的神化在这种隶属关系中达到了顶峰。"

"但是，"哲学家弟子问道，"在这样一种令人疑虑的哲学倾向中，国家可以追求什么样的目的？因为它确实追求某些国家目的，这可以从普鲁士的学校状况为其他国家所赞赏、深入思考、偶尔也被模仿中可以看出。这些国家在这里显然假定了某种在类似的方式上有利于国家的存续及其强大的东西，比如说，著名的、为人乐道的普遍兵役制。在普鲁士，几乎每个人都会不时地、骄傲地穿上军装，并且几乎每个人都通过人文中学获取了这套整体划一的国家文化。也是在这里，人们极度热情谈论古代的倾向，谈及国家只有在古代曾一度达到的绝对权力和神圣万能，谈及在古代，几乎每个年轻人都被通过教育和本能来督促他们把国家感受为人的存在的顶峰和最高目的。"

"这种对普鲁士和希腊国家的比较，"哲学家说，"诚然充满无限感情，但不能只是单方面的比较。因为希腊国家恰恰是尽可能地远离这种只把对国家本身直接有用的东西视为文化的功利考量，也绝不会希望去戕杀那些不能证明对自己迅速有用的冲动。恰恰由于这个原因，思想深刻的希腊人对其国家所持的强烈的崇奉和感激之情会让现代人感到几乎有失体统，因为希腊人认识到，没有他的舒困救急的国家机构的保护，任何文化的萌芽都不会得到发展；没有他的国家机构的细致和明智的呵护，其完全不可模仿的、对所有时代来说是无与伦比的文化，也不会如此兴盛繁荣。国家不是其文化的监管者、调节器和监护人，而是文化的强壮威武、准备并肩作战的同伴与同路人；它护送那些希腊高贵的、令人钦佩的、几乎是永恒超凡的朋友超越严酷的现实，并赢得其发自内心的感激。相反，如果现代国家今天也要求这样一种爱慕的感激之情时，它肯定会失败。因为它似乎知道自己是在用骑士式服务为最高的德意志文化和艺术效劳；因为在这方面，它的现在和它的过去一样可耻下流。作为证明，我们只需思考一下德国的大城市是怎样庆祝我们伟大的诗人和艺术家的纪念日，国家又是如何支持这些德意志大师的最高的艺术计划的。"

"因此，国家在以所有方式促进这里所谓的'教育'的倾向中，在其所促进的、隶属于这种国家倾向的文化中，肯定有其特定的环境。我的朋友，那种国家倾向与我所慢慢向你勾勒的真正的德意志精神以及源自这种精神的教育，处于一种有时公开、有时隐蔽的敌对关系之中。故而，这种对国家倾向有益并被国家积极促进的教育精神，这种受到其他国家所敬佩的学校体制孕育的教育精神，确实发端于从未触及过真正的德意志精神的领域。这种真正的德意志精神从德国宗教改革、德国音乐和德国哲学的最内在的核心如此辉煌美妙地向我们言说，但却像一个高贵的流放者，受到国家所提供的、过分发育的教育的冷漠对待和轻蔑嘲讽。它是一个异乡人，在孤独的悲伤中消逝。而在这边，那种伪文化却香火鼎盛，在'有教养的'教师和报刊撰稿人的聒噪中，它僭取了真正的德意志精神的名称、尊严，冒用'德意志'的名号去玩着卑鄙的把戏。为什么国家需要教育机构及教师的过剩？为什么需要这种范围广泛的国民教育和国民启蒙？这是因为真正的德意志精神遭受嫉恨；因为人们恐惧真正教育的精神本性；因为人们想借以迫使伟大的个体去自我放逐，以在大众之中种植和培育大众的非分的教育要求；因为人们想使大众相信他们只要遵循国家的指导（！），就可以轻易地自己找到道路，以逃避少数伟大导师的严格而严酷的训练。一种新现象！国家成为了教育教化的指导者！尽管如此，有一点令我感到安慰：这种德意志精神，人们如此反对并甚至用一个衣着华丽的代理牧师来加以顶替的德意志精神，则是勇敢而坚韧的。它将战斗着进入一个更为纯粹的时代，以自我救赎，并将如其所是的高贵，如其将是的凯旋。它自身对国家保持着一定程度的同情，如果后者为其紧急情况所迫而抓住那样一个伪文化作为其同盟者的话。因为人们哪里懂得统治人的任务是多么的困难，也就是说，要在极端自私、不公正、不讲道理、不正派、嫉妒、阴险狡诈、心胸狭隘和固执怪癖的绝大多数民众中保持法律、秩序、安静与和平；要持续地保护国家自身获取的少量财产不受贪婪的邻居和阴险的强盗的掠夺。处于这种境况之下，国家会抓住每一个同盟者，特别是当一个同盟者花言巧语自我推荐时，当这个同盟者如黑格尔哲学所述的那样，把国家颂扬为'绝对完善的伦理有机体'，①把每个人的教育任务说成找到自己最有利于国家的地方和位置时。如果国家毫不犹豫地拥抱这样一个自我推荐的同盟者，用充满信心的野蛮声音对它大声喊道：是的！你就是教育！你就是文化！那么，谁会对此感到大惊小怪呢！"

第四次演讲

尊敬的听众！之前，你们一直忠诚地跟随我的讲述，我们也一起共同忍受了哲学家及其弟子之间那场寂寞、僻远且不时带有谩骂的对话。现在，我希望你们就像游泳健将那样有兴趣经受住我们的下半泳程，同时我向你们许诺，还将有一些新的木偶

---

① 一般认为，这一思想体现在黑格尔的《法哲学》。

加入到我所经历的木偶剧之中。假如你们一直坚持在听,那么我接下来讲述的波浪将会轻松、迅速地把你们送达旅程的终点。换句话说,我们的讲述马上会有个转折,不过,我们最好还是先做一个简短的回顾,看看我们认为从这个如此跌宕起伏的对话中获得了哪些东西。

"坚守自己的岗位,"哲学家似乎对自己的弟子喊道,"因为你可以抱有希望。因为越来越清楚的是,我们根本没有真正的教育机构,但我们必须拥有它们。我们人文中学的最初建立是为了这一崇高的目的,但是,它们现在或是沦为一种令人忧虑的文化的温床,而这种文化怀着最大的仇恨驱赶一种建立在少数被精心拣选的心灵基础之上的贵族性的教育;或是堕落地去滋养一种枯燥、贫瘠的或无论如何远离教育教化的科学,其价值也许在于可以对那种令人忧虑的文化的诱惑闭目塞听。"哲学家特别让其弟子注意这样一个少见的现象:这样一种文化的核心必然会腐化堕落,如果国家相信自己可以控制这种文化,并通过它来达到自己的目的,如果国家还联合这种文化反对其他的敌对力量,反对哲学家所大胆称之为"真正的德意志精神"的精神。这种通过其最高贵的需要而与希腊世界联系起来的精神,在艰难的过去被证明是坚毅的,勇敢的,其目标是纯粹的,高尚的,它有能力凭借其艺术把现代人从现代的诅咒中解放出来。尽管它现在注定备受冷落,被从自己的遗产中放逐出去,但是,如果它从现代的沙漠中发出自己悠长的悲痛之声,就会使这个时代堆满杂物、装饰华丽的教育商队惊恐不已。哲学家认为,我们应该为时代带来惊恐,而不是惊异。他建议,不要从战场胆怯地逃跑,而是要进攻。他特别对其弟子强调,不要太过担心和太过焦灼地顾虑那类由于其更高的本能和倾向而对当代的野蛮喷涌其厌恶的个体。"让它灭亡:阿波罗神庙之神不愁找不到一个新的三角支架,一个新的女巫,只要神秘之汽仍从神庙深处冒出。"①

哲学家重新提高了声音说道:"请注意,我的朋友,请不要混淆了两类学习和教育。一个人为生存、为了生存斗争而进行了大量学习,但他作为个体为这个目的所学习的一切都与真正的教育教化毫无关系。只有在远高于这种困境、生存斗争和贫穷的大气云层,真正的教育教化才开始。这里的问题是,一个人在何种程度上看重他自己的自我②与其他人的自我,为他个体的生存斗争花费多少精力。有的人以斯多葛的方式限制自己的需求,便很快轻松地提升到一种忘却自我、似乎是抖落自我的境界,从而在一种无时间的、非个人的事物的星系中享受永恒的青春。有的人则将自我的范围和需要扩展得如此广阔,以如此不可思议的规模去建构自我的摩索拉斯陵墓③,似乎他能够战胜和征服可怕的庞大对手——时间。这样一种动机也体现了对不死不朽的追求:财富和权力,智慧,沉着,雄辩,气宇轩昂的容貌,举足轻重的名声,所有这一切在这里都变成了手段,个体贪得无厌的生命意识借以渴望新的生命,借以渴望一种终是虚幻的永恒。

---

① 德尔斐的阿波罗神庙的神谕之神,一般坐在一个冒汽的地裂上的一个三脚架上作自己的预言。尼采这里所说的"发现一个新的三角支架",也许是指不同神话中所提及的赫拉克勒斯(Hercules)偷盗三脚支架的事情。

② 关于这里的"自我"(Subjekt)的理解,可以参照《悲剧的诞生》中所说的"个体性原则"。

③ Mausoleum,古希腊哈利卡纳苏斯的摩索拉斯陵墓,世界七大奇观之一。

"但是,即使是在自我的这种最高形式中,即使是在这样一种如此扩展的、似乎是共同的个体的最高需要中,也与真正的教育教化没有任何关联。例如,如果从这个方面来寻求艺术,那么我们只能看到艺术的消遣效果和刺激效果,因此会看到这类人:他知道如何在最多数情况下激发低级的、堕落的艺术,而在最少情况下激发纯粹的、高尚的艺术。因为他所有的活动和努力在旁观者看来也许也显得卓越出众,但他仍从未摆脱其欲求着的、不倦的自我,那个无自我的、静观的澄明世界总是逃离他而去。因此,尽管他学习、旅行、收集,但他总是与真正的教育教化保持着永恒的距离,过着一种被它放逐的生活。因为真正的教育教化耻于被利欲熏心的个体所玷污,善于从把它视为达到自私利己的目的的手段之人那里溜走。因此,即使有人自以为牢牢地抓住了它,把它作为谋生的手段,用它来平息生计的困境,但它总会面带嘲讽的表情悄无声息地突然逃脱。①

"因此,我的朋友,请不要把这一真正的教育教化,这种纤足的、娇贵的天国仙女与那种实用的女佣混淆起来,后者即使也被称为'教育',也只是为个体生命窘境、收益和需要充作有智识的服务者和咨询者。但是,任何以一个职位或获取面包为其前景的教育,都不是我们所理解的迈向教化的、真正的教育②,而只是一种指导个体在生存斗争中采取何种手段去拯救和保护其自我的生存指南。当然,这样一种指南对绝大多数的年轻人来说都是

---

① 从这些表述可以看出,尼采仍然处于叔本华的影响之下。
② "迈向文化或教化的教育"(Erziehung zur Bildung),这一表述体现了教育(Erziehung)和教化(Bildung)之间的区分,即教化为教育的目的。

至关重要的,而且,生存斗争越是艰难,年轻人就必须学习越多,就必须越是紧张地调动和使用他的力量。

"但是,没有人会相信,这种激励人们并使之具有能力去进行这种生存斗争的机构,能够在任何严肃意义上被视为教育机构。它们是应付生计和生存危机的机构,只会许诺培养官员、商人、军官、批发商、农场主、医生或技术员。这种机构所奉行的原则和标准无论如何不同于建立一个真正的教育机构的原则和标准。前者所允许的、甚至尽可能所提供的东西,在后者那里则被视为亵圣般的不义与犯罪。

"我的朋友,我想举个例子。如果你想把一个年轻人引向真正的教育之道,那么请你注意不要干扰他与自然的那种质朴、忠诚的、类似人际之间的亲密关系:森林、岩石、暴风、猛禽、花朵、蝴蝶、草地、山坡都必定会用自己的语言向他诉说;在它们之中,他必定像是在无数相互投射的映照和镜像中,在变化着的景象的色彩缤纷的旋涡之中,重新认识自己。因此,他会无意识地在自然的伟大图景之中感受到万物的形而上的统一,同时他会在对自然的永恒的持久顽强和必然性的静观中平静自己的心灵。但是,到底有多少年轻人可以被允许在与自然的如此切近的、类似人际之间的亲密关系中成长啊!有多少人不得不过早地学习另一种真理:如何征服自然!这就不再有那种质朴的形而上学了。关于植物和动物的生理学、地质学和无机化学迫使年轻人用完全不同的视角看待自然。他们在这种被迫的视角中,不仅丧失了某种诗意的幻象,而且还丧失了对自然的本能性的、真正的和独特的视角,取而代之的则是对自然的精明算计和巧妙榨取。

因此，真正有教养之人被赋予了那些被迫进行生存斗争之人从不能想象的一种无价之宝，即一种对自己童年的静观本能保持不间断的忠诚的能力，从而能够借以达到一种安静、统一、和谐与一致。

"但是，我的朋友，你不要认为我会减少对我们的实科中学和市立学校①的赞美。我赞美这些机构，人们在这里学会有条理地计算，掌握现代语，研究地理知识，以自然科学的神奇发现武装自己。我也非常乐于承认，那些较好地完成我们时代的实科中学学习的学生完全有资格要求与人文中学的毕业生被同等地对待。这样的学生离全部自由地进入迄今为止只对人文中学毕业生开放的大学和政府部门的日子肯定不远了。注意，我这里说的是今日人文中学的毕业生！对此，我忍不住加上一句令人痛苦的话：如果实科中学和人文中学的当今的目标在整体上是如此一致，相互之间只是在程度上存在着如此些微的差异，以至于在国家的法庭拥有完全平等的权利，那么，我们仍然完全缺乏一种特定的教育机构：为了人的教化和文化的发展的真正的教育机构！我绝不是在谴责实科中学，因为它们至今为止一直在既幸运又诚实地追求其较低的但又是绝对必要的倾向；相比之下，人文中学在追求自己的倾向上则既不诚实得多，也不幸得多。因为人们在这里会感受到一种本能的羞耻感，会不自觉地认识到，整个机构已可耻地堕落了；毫无创造力的沉闷野蛮的现实，反对着

---

① 市立学校：德国18世纪出现的一种强调实用倾向而非大学预备教育的中等教育机构，类似实科中学。

善于精明辩护的教师们的教育大话。因此,还不存在真正的教育机构!在那些仍在伪装有真正的教育的地方,其人们要比教授实用学科、信奉所谓的'实在主义'的实科中学中的人们更加绝望、不满、憔悴和衰退!此外,请你们注意,我的朋友,教师圈中有些人是多么粗野无知,他们竟然对严格的哲学术语'实在的'和'实在主义'误解到这种地步,以至于会在其背后嗅出精神与材料的对立,并把'实在主义'解释为认识、塑造和掌控现实的哲学流派。

"在我看来,只有两种真正对立的教育机构:一种是为了真正的教育的机构,一种是为了生计的教育机构。我们目前所有的机构都属于第二种,但我只谈论第一种。"

大约两个小时过去了,哲学家及其弟子一直在谈论着如此触目惊心的问题。夜越来越深了。如果说哲学家的声音在黄昏时听起来像是穿越林苑的自然音乐,那么现在,在夜色完全漆黑之时,他的声音越来越激动,越来越激昂沉痛,像是变幻着的雷声,在远处的山谷嘶鸣和轰鸣,在树林和岩石之间回响和消逝。突然,他沉默了。他几乎是痛切地重复说道:"我们没有教育机构,我们没有教育机构!"这时有什么东西掉落下来,似乎是一个冷杉果球,直接掉落在哲学家面前,他的狗叫着,扑了过去。于是,沉默被打破了,哲学家抬起头,霎那间感觉到了黑夜,清凉而孤寂的黑夜。"我们这是在干什么!"他对其弟子说到:"已是深夜了。你知道我们在这里等谁。但他不来了。我们白白等待了这么久,让我们走吧。"

我尊敬的听众,现在,我必须向你们表述我和我的朋友从我们隐蔽的地方清晰且热切地偷听这场对话的感受。我曾向你们说过,在那个地点,在那个黄昏时刻,我们准备举行一个纪念活动,我们知道,它涉及的恰恰就是教育问题。按照我们年轻人的信念,我们所要纪念的活动在过去的岁月里给我们带来了丰硕而幸运的收获。因此,我们满怀感激地回忆起我们当初就是在这个地方想出了要建立那样一个小协会,就像我之前所提到的那样,目的是在一个很小的志同道合的小圈子里相互激发和监督我们的活跃的教育冲动。但是,当我们安静屏息地倾听或偷听那个哲学家的激烈话语时,我们感到突然有一束完全未曾预料的光投射到我们过去所有的岁月之上。就像一个粗心大意走在未知地带的旅行者,突然发现自己的双脚已经站在悬崖边上。并且,我们本想迎接这个巨大危险,而不是逃离它。就在这里,在这个对我们来说具有纪念意义的地方,我们听到了这样的警告:回去!一步也别朝前走!难道你不知道你的脚会把你们带到哪里,这条闪光的道路又会把你们诱向哪里吗?

现在,我们似乎认识到了这一点,因而这种洋溢着的感激之情如此不可抗拒地把我们引向了我们严肃的警告者和值得信任的埃克特[①],以至于我们两人同时跳起,去拥抱那位声言要离开的哲学家。哲学家此时正准备离开,甚至已经侧身。当我们迈着响亮的脚步声出其不意地跳向他时,他的狗也尖叫着扑向我

[①] 这里的警告者和值得信任的忠诚的埃克特,这里似乎是在指同一个人。"忠诚的埃克特"是一些英雄传说中的人物。在蒂克(Johann Ludwig Tieck,1773—1853)的小说《忠诚的埃克特和汤豪舍》中,埃克特既是一个警告者,又是一个值得信任的白发老者。这个故事也可能是瓦格纳歌剧《汤豪舍》的来源之一。

们,他和他的同伴以为遭受了强盗的袭击,而没有想到是一个最热烈的拥抱。哲学家显然已经忘记了我和我的朋友的存在。一句话,他迅速跑开了。当我们赶上他时,我们的拥抱完全失败了。我的朋友此时尖叫起来,因为狗咬住了他,哲学家的年轻同伴猛力扑向我,以至于我们两人都摔倒了。于是,出现了一场可怕的人狗混战。这个奇异的场景持续了一会儿,直到我的朋友开口模仿哲学家有力的声音和话语为止。我的朋友喊道:"以所有文化和伪文化的名义!你这蠢狗到底想从我们这得到什么!该死的,从我们这里,从我们的内脏里滚开,你这未得密传的狗,你这永远不会得到密传的狗,偷偷溜走吧,闭嘴吧,羞愧吧!"

这段话之后,整个场景明朗了一些,明朗到一个森林的漆黑之夜所能够明朗的程度。哲学家明白了怎么回事,大声说:"是你们!是我们的射手!真是吓坏我们了!是什么驱使你们在漆黑之夜像这样扑向我们?"

"是欣喜、感激和尊敬,"我们摇着哲学家的手急切地说,那条狗也会意地吠叫着。"不向您表达这一点,我们不想让您走。为了能向您说明这一切,您是否可以不马上离开。我们还有许多问题要向您请教,它们一直以来重压在我们心头!请再待会儿吧,之后我们陪您下山,我们熟悉这里的每一条路。甚至您所等待的客人也许还会来。您看看下面那边的莱茵河。那是什么东西在游动,它如此明亮,像是被许多火把包围?我会在火把中间找到您的朋友,我甚至预感,他将带着所有这些火把向您走来。"

我们就这样用我们的请求、承诺和奇妙的借口来纠缠这位令我们震惊的白发老人,直到那位弟子也劝说他与我们一起在这高山之巅,柔和的夜气之中再踱步游走一回儿。"涤除所有的知识烟雾",哲学家同伴又补充道。

"真为你们感到惭愧!"哲学家说,"一旦你们想引证什么,就只能引证《浮士德》。不过,不管你们是否引证,我还是准备向你们屈服,只要我们的年轻人能保持安静,而不是像刚才突然到来那样又突然跑开,因为他们像捉摸不定的磷火,一会儿在那儿,一会儿又不在那儿,让人感到惊奇。"

我的朋友立即继续引证:

亦畏亦敬,悉遵台命,

我希望我能成功制伏我轻浮的本性,

因为我平常走路只走锯齿形。[①]

哲学家深感惊奇,静静地站着。"你们让我吃惊,"他说,"我的磷火先生们,这里可不是什么沼泽!这个地方对你们又有什么益处?如此接近一个哲学家对你们又意味着什么?这里的空气清朗且凛冽,这里的土地干燥且坚硬。你们必须为你们惯于走锯齿形的本性寻求一块更加梦幻的地方。"

"我想,"哲学家的弟子插话说,"两位先生已经向我们说过,一个承诺把他们与此时此地联系起来。但在我看来,他们作为合唱队,确切地说是作为真正'理想的观众'[②],也属于我们今晚这个教育喜剧,因为他们没有打扰我们,我们还以为这地方就我们两个人呢。"

---

① 文中尼采的朋友不仅引用《浮士德》,而且还引用了磷火的言辞。
② 施莱格尔《关于戏剧艺术和文学的讲座》第五讲中把合唱视为理想的观众。尼采对于观点的讨论,可参见《悲剧的诞生》第七部分。

"是的，"哲学家说，"确实是这样，你们不应该拒绝这个赞扬，但在我看来，你们还有更值得称赞的地方……。"

我这时抓住哲学家的手，对他说道："如果有人听了您的这样一场对话而不变得严肃深思，甚至热血沸腾，那么他就像是腹贴地面、头埋污泥的爬行动物那样麻木迟钝。也许有些人会因为懊恼和自我埋怨而变得愤怒。但我们的印象却完全不同，只是我们不知道应该如何去描述它。这个时刻对我们来说是如此及时，我们的心情对此的准备又是如此充分，以至于我们就像个空瓶子一样坐在那儿。现在，我们似乎已经被这种新智慧所充满，却也因此不再知道如何帮助自己。如果有人问我，我明天想做什么，或，从现在开始，我会决定去做什么，那么我完全不知道如何回答。因为很明显，我们至今为止是以完全不同的，也就是错误的方式在生活，在教育自己。但是，我们应该做什么，才能跨越今天和明天之间的鸿沟？"

"是的，"我的朋友承认说，"我有类似感觉，也有类似的问题。但此外，我觉得自己似乎被您关于德国教育负有如此崇高、如此理想的任务的看法所吓倒，几乎要逃离它，似乎自己不配参与实现它的目的。我只看见最有天赋之人所组成的辉煌队列驰往这个目的，我可以想象在其旅程中，它将穿越怎样的深渊，超越怎样的诱惑。谁有这么勇敢去加入这个队列？"

此时，那个同伴也转向哲学家说道："如果我有类似的感觉，并当面向您表达出来，请不要生我的气。当与您谈话时，我感觉自己被提携超越了自己，为您的勇气、希望所鼓舞，直至忘记自己。然而，更加冷静的时刻很快到来，现实的、刺骨的寒风使我重新回到现实。我只会看到横亘在我们之间的鸿沟,就像在梦中一样,您自己把我摆渡了过去。您所谓的教育在我的周围无意义地晃悠,或沉重地压在我的心头。它是一副会把我压垮的铠甲,一把我挥舞不动的长剑。"

在与哲学家争论的过程中,我们三个突然意见一致起来,我们相互鼓励,相互激发。在这静谧之夜,在柔和的星光下,我们与哲学家在这个我们白天作为射击场的空地上来回缓慢走动,并逐渐对他提出了如下的共同想法:①

"您对于天才已谈了许多,谈到他们在世界穿行时的孤独艰难;似乎大自然永远只产生极端的对立:一方是麻木沉睡的、通过本能来繁衍的愚昧大众,另一方则是在更远、更高层面上命定要去成就永恒作品的伟大的、沉思着的少数个体。但是,您现在把这些少数个体称为精神金字塔的顶峰,那么,这就是说,从宽阔的、承受重负的地基到最高的自由顶峰之间必然存在着无数的中间阶层,而那句'自然从不飞跃'②的格言正好适用这儿。但现在的问题是,您所谓的教育是从何处开始的?被自下而上统治的领域与被自上而下统治的领域之间的分界的软方石③又在哪里?如果只从精神金字塔的顶峰来谈论真正的教育,那么为了这些具有最高天赋之人的不可推算的存在,应该如何建立

---

① 尼采的文本中,这一段与下一段并未分开。

② 拉丁语"natura non facit saltus",意思是"自然从不飞跃"。参见《作为教育者的叔本华》第五部分,科利版《尼采著作全集》第1卷,第380页第18行。尼采用德语重复了这一原则,但他只在表明一种资格或例外。参见《飘泊者及其影子》,第198节。

③ 软方石是一种可以自由切割但不易碎裂的石头。

教育机构,应该如何思考教育机构,以使之只对这些被拣选的少数人有利呢？相反,在我们看来,恰恰是这些人能够知道如何找到自己的道路,他们的力量表现在没有其他人所必需的教育拐杖,他们也能行走,因此可以不受干扰地穿越世界历史的压迫和碰撞,就像一个幽灵穿越盛大拥挤的集会。"

我们就这样论证着,没有太多的技巧,也不够系统。哲学家的年轻同伴则进一步说:"现在,请您自己想一想那些我们习惯引以为豪的、所有的伟大天才,那些我们习惯视为真正德意志精神纯正的、忠诚的领袖和指路人,那些我们用节日和雕塑来纪念他们,骄傲自信地把他们的作品推荐给国外的伟大的少数人,您所要求的那种教育在哪一点上是为他们而设,他们在何种程度上表现出他们的成长和成熟受到了其祖国的教育阳光的滋养？尽管如此,他们还是可能成为、实际上也确实成为我们今天所景仰之人；是的,他们的作品也许恰恰是在为这些高贵的天性的发展形式作辩护,恰恰是在为我们必须承认的、他们所生活的地区和时代缺乏这样一种教育作辩护。莱辛和温克尔曼从他们时代的德国教育中获取了什么益处？一无所获,或,至少与贝多芬、席勒和歌德以及我们伟大的艺术家和诗人所获取的一样少。永远只有后代才能弄清楚前代凭借什么样的上天礼物而成就其伟大的,这也许是一个自然规律。"

听到这里,白发哲学家怒不可遏,对着他的同伴喊道:"噢,你这无知羔羊！噢,你们这些毛头小子！多么笨拙、狭隘、畸形和扭曲的论证啊！唉,的确,我现在正在倾听我们当代教育的成果,我的耳边重又响起了轰鸣的、历史的'自明性',响起了响亮的、早熟老成的、无情的历史学家的理性！注意，你这未被玷污的自然啊：汝已老矣，几千年来，这星空悬于汝顶上，但汝从未听过如此有教养、但本质上是如此恶毒、却深受当代喜爱的话语！因此，我的日耳曼好人，你们为你们的诗人和艺术家而自豪吗？你们指着他们，并在外国面前自我夸耀吗？你们因为没有努力而拥有他们，便由此得出一个最令人喜爱的理论，即你们未来无须为他们的产生而去作什么努力？他们是自动产生的，是仙鹤送给你们的，我的未谙世事的孩子们，不是这样吗！谁还会再去谈论这些天才的助产婆呢！我的好人们，现在应该给予你们一个严肃的教诲：所有我们曾提到的光辉、高贵的伟大人物，都由于你们，由于你们的野蛮而过早地被窒息、损耗和戕杀，你们是为此而骄傲自豪吗？怎么，你们想到莱辛的时候没有感到羞耻吗？他在与你们的愚昧麻木、你们可笑的神祇和偶像、你们的剧院、学者和神学家的误解和罪恶的斗争中走向毁灭，从未振翅作过一次永恒的飞翔，而他本是为此目的而来到世间的。你们在纪念温克尔曼时又作何感想？为了不想看见你们的荒唐胡闹，他转而求助于耶稣会的帮助。他不光彩的信仰转变要归咎于你们，并将是你们永远不能消除的污点。你们提到席勒的名字不脸红吗？请看看他的肖像！难道那双轻蔑地注视着你们、炽热发光的眼睛，那死一般潮红的面颊，没有向你们诉说着什么吗？你们本来拥有一个如此美妙非凡的玩具，现在却被你们给打碎了。如果可能，你们还会从席勒的忧郁、匆忙和被追赶赴死的生命中取走歌德对他的友谊，从而会导致他的生命之光更快地熄灭。我们伟大的天才过去从未得到你们的帮助，而你们现在又想基于此提出将来也不为他们提供帮助的理论？但是,直到目前为止,对他们每一个人来说,你们就像歌德在《大钟歌·跋》所指称的那样,是'麻木世界的阻抗'[①];对于他们每一个人来说,你们都是冷漠麻木的愚人、心胸狭隘的嫉妒者和恶毒狡黠的自私者。尽管面对你们的冷漠和阻碍,他们还是创造了伟大的作品,但他们要对抗你们的进攻;由于你们,他们过早地死亡;由于你们,他们在未竟的事业中,在与你们斗争的战场中,变得迟钝、麻木、心力交瘁。[②]如果这种真正的德意志精神能聚集在一种强有力的、保护性的机构之下,那么谁能想象,这些英雄的男子汉们会取得什么样的成绩;但没有这样一种机构的帮助,德意志精神只能孤立无援、破碎不堪、堕落变质地苟行于世。所有这些男子汉都注定被毁灭了。为了逃脱你们在这方面的罪责,你们提出了'存在即合理'的疯狂信念。而且,还不仅仅是这些伟大的男子汉！在所有的精神领域,都可以发现对你们的控诉。就我所见的有天赋的诗人、哲学家、画家和雕塑家之中,而不仅仅是在那些有最高天赋者之中,到处都可以看到这种半生不熟、过度损耗、过早枯萎、精力耗损以及花朵尚未盛开之前就被烤焦或冻馁,也就是说,到处都可以察觉到'麻木世界的阻抗',即你们的罪责。这就是为什么我说我们缺少真正的教育机构,为什么那些自称为教育机构的机构又处于如此可悲的状况。谁若是乐于称我所谓的真正的教育机构是一种'理想',一种'理想的要求',甚至通过称赞

---

① 歌德:《大钟歌·跋》,第52行。
② 本段中从"怎么,你们想到莱辛……"一直到这里的"心力交瘁",几乎是《作为忏悔者和作家的大卫·施特劳斯》第四部分中一个段落的重复。

来敷衍我,使我满足于此,那他就应该获得这样的回应:现实的恰恰就是卑鄙的和可耻的;如果有人在严寒冰冻之际要求温暖,而他人却把这种要求称为'理想的要求'时,那么他必定会暴跳如雷。我们正在讨论的问题涉及的是易感知的、明晰的、至为紧迫的现实状况。任何感知到这一点的人都知道,这里存在一种像严寒和饥饿那样需要被关注的紧迫情况。但是,那些对此毫无感知之人,至少也有一种标准,以衡量我所谓的'教育'是在什么地方停止的,以确定我所谓的精神金字塔上被自上而下统治的领域和被自下而上统治的领域之间的分界线。"

哲学家的言语显得非常激烈。当他站在我们曾作为射击靶子的树桩附近说完上面这通发言后,我们请求他与我们再一起走走。一时间,我们都沉默不语,缓慢而深思地来回踱着。我们并未因为提出如此愚蠢的观点而感到太多羞愧,因为我们现在感到我们的个性获得了一定程度的复归。就在哲学家激烈的、不讨人喜欢的话语之后,我们感觉与他更近了,甚至感到了一种私人间的亲密关系。

因为人就是这样的可怜,以至于他要迅速拉近与一个陌生人的关系,莫过于让对方觉察一些自己的弱点和缺陷。我们的哲学家被激怒了,说粗话了,这就一定程度消除了我们一直以来对他的怯生生的敬重。对于那些对这种观察感到义愤之人来说,需要补充的是,这还经常会把遥远的敬重引向个体间的爱意和同情。而且,这种同情,在我们感到我们的个性有所恢复之后,逐渐变得越发强烈。我们为什么要在夜深人静之时还强迫这位白发老人在树木和岩石间同我们一起走来走去。既然他已经对我们的恳求让步,那我们为什么不找一个更加谦逊、更加温和的形式让自己接受教诲,为什么我们三个必须用这种笨拙的方式来表达我们的异议呢?

我们现在已经注意到,我们的异议是多么欠考虑,多么无准备,多么无经验,其中恰恰回响着这个时代的声音。但这种声音,特别是教育的声音,是这位老人本所不愿意听到的。此外,我们的异议并非完全出于理智的考虑。我们对哲学家发言的触动以及异议的原因,似乎在别的地方。其原因也许产生于我们本能性的焦虑,因为我们想知道我们自己能否在哲学家的精神金字塔中找到有利的位置。因此,我们也许汇集了所有我们以前借助自己的教育所养成的自负,不惜一切代价地去寻求反对哲学家的那种考察方式的理由,因为按照他的方式,我们对于教育教化的自以为是的要求会遭受彻底的拒绝。但是,人们不应该与像我们这样对论证的合理性有着如此个体性感受的人进行争论,或,就我们的案例而言,其道德规范应该是:这样的对手不应该参与争论,不应该提出异议。

我们在哲学家周围走动着,心怀羞愧、同情以及自责,也更加相信这个白发老人是正确的,我们那样对他是不公正的。我们对我们教育机构的少年梦想,现在离我们多么遥远,我们多么清晰地认识到了我们至今以来侥幸逃脱的危险,也就是说,没有完全把自己出卖给当代的教育机构,因为它在我们进入人文中学开始就大声向我们说着那些引诱的话语!那么,我们怎么就没有加入人文中学的崇奉者的公共合唱中呢?也许这仅仅是因为我们仍是真正的、纯洁的学生,因而仍能够从公众舆论的贪婪的猎取和催逼中,从汹涌不止的风吹浪打中逃脱,躲进我们自己建立的、小小的教育孤岛之中。① 即使这个孤岛也面临着被时代吞没的危险!

我们满脑子这些想法,正准备向他表达时,哲学家忽然转向我们,更加温和地说:"你们言行举止幼稚、轻率鲁莽,我并不感到惊奇。你们过去不太可能严肃地思考过你们从我这听说的这个问题,但不要着急,带上它,日夜加以思考。你们现在已站在十字路口,也知道这两条道路将通往何处。如果走上其中的一条道路,你们会受到时代的欢迎,亦将不缺乏花环和勋章,你们的前后左右站满了志同道合者,还有数目庞大的民众与你们同行。如果领导者一声高呼,其回声会在一队队的同行者中回荡。你们在这里的第一个义务就是以队列的形式战斗,第二个义务是消灭那些不愿意加入你们队列之人。但如果走上另一条道路,你们将很少有同行者,而且,道路更加艰难、曲折和险峻。你们在那里艰难跋涉,还会受到那些选取第一条道路之人的嘲笑,他们还会引诱你们投奔他们的阵营。但是,如果两条道路交叉,那么他们就会虐待你们,把你们排挤到一边去,或避开、害怕你们或孤立你们。"

"那么,现在的问题是,对于两条道路上如此不同的行者来说,教育机构又意味着什么呢?对于那些蜂拥至第一条道路追求其目标的数量巨大的民众来说,教育机构就是把其成员培养并纳入到其队列之中,并远离和清除所有使其成员追求更高和

---

① 这里指前文提及的小协会。

更远的目标的一切。当然,我不否认,他们善于用华丽的语言去描述和传播其目标。例如,他们会谈到'在坚定的、共同的国家信念和人文伦理信念的基础之上的自由人格的全面发展,或,把建立一个基于理性、教育和正义的、和平的人民主权国家视为其目标。'

"对行走在第二条道路上的、更为少数的人来说,教育机构有着完全不同的意义。他们把教育机构视为一个固定的保护组织,借以阻止他们被第一条道路之人淹没和冲散,阻止他们个体过早地疲惫,或不被分心、腐蚀和毁灭,保护他们不丧失其高贵、高尚的使命。这些个体必须完成其作品,这是他们共同的教育机构的意义和存在理由。而且,其作品必须清除其主观的、自我的痕迹,必须超越时代的、瞬时事物的影响,真正反映事物的永恒不变的本质。因此,所有参与这种机构之人,都应该共同协作,通过这种对主观和自我的涤除,来为天才的诞生及其作品的创作做准备。为数不少的人,甚至包括来自二流和三流天赋之人,注定要做这种辅助工作,而他们只有这样来服务于这种真正的教育机构,才能感到自己在履行自己的生命使命。但现在,由于时髦的现代文化的持续引诱,致使这些较低天赋之人被拖离了其真正轨道,疏离了其本能和本性。这些诱惑瞄准了他们的自私冲动,他们的软弱和虚荣。这个时代精神不停地在他们的耳边唠叨:'跟我来吧!在那里,你们是仆人、帮手、工具,在更高的天性面前黯然失色,你们特殊的天性从未得到舒心的自由展开,就像奴隶和木偶被绳索牵着,被链条锁着。但是,在我这儿,你们会像主人一样享受你们的自由人格,你们的天赋可以为自己闪耀，你们还可因此而自己走到我们队伍的前列，无数的追随者将陪伴着你们，公共舆论的掌声会比天才居高临下授予的称赞更让你们舒适得意。'甚至最为优秀的人现在也屈服于这些诱惑。从根本上来看，这里的决定因素几乎不是天赋的高低，也不是一个人是否听到那些引诱的声音，而是一种特定的伦理崇高的高度和程度，是英雄主义和牺牲的本能，最后，还是一种确定的、通过正确教学所引入的、已变成了习惯的对教育教化的需求。正如我曾经说过，这种教育首先就是对训育天才者的顺从和习惯。但是，现在人们称之为'教育机构'的机构对这样一种训育，这样一种习惯，一无所知。当然，我不怀疑，人文中学最初也是这样一种真正的教育机构，至少是其准备机构。我也不怀疑，它在美妙的、深邃的、令人激动的宗教改革时代也确实在正确的道路上迈出了大胆的一步；在其后诞生我们的席勒和歌德的时代，又重新出现了对曾被无耻压制的爱和封存的、真正的教育的需要。这就像柏拉图在《斐德若篇》中所说的那双翅膀的第一次震颤。按照柏拉图的理解，在灵魂与美的每一次接触中，这双翅膀就会带着灵魂飞向事物不变的、纯粹的、原型的王国。"

"我尊敬的、杰出的导师啊，"哲学家的弟子开始说道："在您引用了神圣的柏拉图及其理念世界之后，我不再相信您还生我的气，尽管我之前的说话真该挨您批评，真该惹您生气。只要您一说话，那对柏拉图的翅膀就在我内部震颤；只要您一暂停说话，我就像我的灵魂的战车的御者，艰难地驾驭着柏拉图向我们描述的那匹抗拒的、野性的、难以驯服的烈马。按照柏拉图的描述，它身体扭曲粗笨，脖子僵硬粗短，鼻子扁平，浑身漆黑，眼睛灰色、充满血色,耳朵多毛且听觉迟钝。它随时准备作奸犯科,难以用鞭子和棍棒来加以管束。因此,请您想一想,我远离您生活了这么久,您所说的所有那些诱惑都曾试图引诱我,也许并非没有一些效果,即使我自己也几乎没有察觉到。我现在比任何时候都更加强烈地认识到真正的教育机构的必要性,因为有了它,我们就有可能与少数拥有真正教化之人自由地生活在一起,接受他们的引导和指引。我现在感到,独行者是多么危险啊!正如我对您所说的,我幻想我可以通过逃离来避免直接接触那种时代精神,但发现了这种逃离本身就是一种幻想。而且,那种时代精神的大气会通过每一次的呼吸,从无数的血管深深地渗透到我们的身心之中,因此,没有一种独处能足够地孤独和遥远,从而使我们逃离时代精神的毒雾和黑云的追击。那种文化的形象会伪装成怀疑、收获、希望和美德,带着万千变化的面具,在我们头上盘旋,在我们周围蹑足潜行。甚至就在这里,就在您这样一个真正的教化隐士的近旁,我们仍被时代精神的魔法所引诱。那支行进在第二条道路上的小队伍该如何坚定而忠诚地看护和捍卫那种几乎可以被称为教派性的、真正的教育啊!他们又该如何相互加强和相互支持啊!在这里,任何失足该受如何严格的批评,又该受如何同情性的宽容啊!因此,亲爱的导师,在您如此严厉地批评我之后,也请您宽容我吧!"

"我的好人,你使用了我并不爱听的语言,"哲学家说,"并让我想起了宗教的秘密结社。我跟这没有关系。但你柏拉图之马的说法,让我很满意,因此,我打算原谅你。我愿意用我的马换取你的马。此外,夜已变凉,我已没有兴趣与你们继续在这儿走下去了。我所等待的朋友如果半夜三更还上山来见我,那他真够愚蠢的了,尽管他曾经答应准时赴约。我在这儿徒劳地等待我们约定的信号出现,我不知道到底是什么阻碍了他。他是个守时和做事精确的人。我们老一辈都是这样,你们年轻人现在可能觉得这有点过时和迂腐。但他这一次却置我于不顾。真是可气!现在,跟我来!该走了!"

——就在这时,新的情况出现了。——

第五次演讲

我尊敬的听众!我向你们讲述了我们哲学家在深夜的寂静中的、发人深省的谈话,如果你们也深有同感,那么当你们听到他最后宣布的那个令人气恼的决定时,你们的心情肯定会与我们当初听到时一样。你们还记得,他当时突然告诉我们,他想走了。他的朋友背离了当初的约定,此外,我们及其弟子在这僻远之地所说的话很少令他振奋,因此,他想尽快结束这场对他无益的深山滞留。这天对他来说算是浪费了,他会从记忆中抹去这一天,连同被抹去的还有与我们的相识。但我们还不愿离开。这时,一个新情况促使他站住了,他已经抬起的脚也迟疑地放回了地面。

这时,莱茵河方向的一道彩色光芒,连同一声迅速消失的噪音,吸引了我们的注意。紧接着,我们又听到从远处传来富有旋律的缓慢乐声,许多年轻人的喊叫声应和并加强了这乐声。"这是他的信号,"哲学家喊道,"我的朋友终究还是来了,我没有白等。这真是一次夜半之会。我们怎么让他知道我现在仍在这里呢？来！用你们的枪声告诉他！现在,展示一下你们射击技艺！那边向我们问候的乐声,有着严格的节奏,你们听到了吗？记住这个节奏,用你们爆炸的枪声以同样的节奏回应它！"

这个任务正合我们的趣味和才能。我们尽可能快地装好了子弹,相互协商好后,举枪对着灿烂的星空发射,尖锐的枪声在短暂回响之后逐渐消失在远方。第一枪,第二枪,第三枪,枪声有节奏地划破了静寂的夜空。"节奏错了！"这时哲学家喊道。因为我们的射击节奏突然中断了。就在第三枪之后,一颗流星飞快地划过,我们不由自主地朝着它滑落的方向开了第四枪和第五枪。

"节奏错了！"哲学家叫喊道,"谁让你们朝流星开枪！没有你们的射击它也会自行滑落。一个人在使用武器之前,必须知道他要做什么。"

此时,从莱茵河那边传来的、不断重复的旋律,加入了更多、更响的声音。"他们理解我们的意思了,"我的朋友笑着喊道,"这样一个发光的幽灵①恰在射程之内,谁能忍住不朝它射击呀？"

"等一下！"哲学家弟子打断了我朋友的说话,"向我们回复信号的那群人可能是谁！我估计其中的人声有20到24个,很有力的男声,这群人从哪里来问候我们？他们好像还没有离开莱茵河对岸。从我们之前坐的那个长凳那边,我们应该能够看见他

---

① 这里似乎是指那个坠落的流星。

们。我们赶快去那里！"

我们那时一直在那个地处较高位置的粗大树桩附近上下走动，因此，我们对莱茵河的视野被浓密黑暗的、高耸的树丛所遮蔽。相反，就像我之前对你们解释的那样，我们之前离开的、位置较低的休息之地对于莱茵河的视野，要比从这里位置较高的小平地的视野更好，也就是说，在那里，我们的视线可以穿过树梢，恰好可以看到莱茵河，看到处于莱茵河圆弧中心、被其环抱的诺嫩沃特岛。因此，我们赶紧走向那个休息地，但照顾到年迈的哲学家也没有走的太快。夜晚的树林尤为漆黑，难以辨识之前走过的路，我们只得保护着哲学家，深一脚浅一脚地摸索着往下走。

我们刚到达那个有长凳的地方，一大片模糊闪耀的火光就进入我们的视野。显然，这火光来自莱茵河对岸。"是火把！"我喊道，"完全可以确定，对岸是我波恩大学的同学，您的朋友肯定在他们中间。刚才是他们在唱歌，他们会陪伴您的朋友过来。您看！您听！他们正放下小舟。用不了半个小时，那个火把队伍就会来到我们上面这儿。"

听到这，哲学家向后退了一步。"您说什么？"他突然喊道，"你的波恩朋友，大学生？我的朋友怎么能跟大学生一道来呢？"

他这个几乎是愤怒的问题也激怒了我们。"您凭什么反感大学生？"我们反驳道，但他没有回答我们。过了一会儿，哲学家才开始说话，语气缓慢且充满抱怨，但不是直接对着我们，而似乎是对着远方的某人在说话："这么说，我的朋友，即使是在半夜，即使在这孤寂的山上，我们也不能独处。你竟然要把一帮捣乱的大学生带到我这来。你十分清楚,对于这类天之骄子,我避之唯恐不及。我真不理解你,我远方的朋友。在长时间分别之后,我们特意选择这样一个僻远的角落,这样一个不寻常的时分重逢,总归是要谈论点什么。我们为什么需要一群见证者的合唱,而且是这类见证者呢!今天把我们召唤在一起的绝不是一种多愁善感的柔情的需要。因为我们俩很早就学会了高贵的遗世独处。我们决定在此相会,并不是为了我们自己,不是为了回顾和维持对彼此的柔情,也不是为了展示感人至深的友谊,而是因为在一个值得纪念的时刻,我曾突然遇到在这里庄严独坐的你,因而今天我们就像菲默法庭的骑士①,想在这里进行最为严肃的相互咨商。可以让那些理解我们的人来旁听,但为什么你要把一帮肯定不理解我们的人带来!我真不理解你,我远方的朋友!"

我们认为打断一位老人如此不满的牢骚话语是不太礼貌的。当他伤感地沉默时,我们仍不敢告诉他,他如此不信任大学生令我们多么恼火。

最后,那位年轻弟子转向哲学家,说道:"我的导师,您的话使我想起,在我认识您之前,您曾经执教于若干大学,关于您那时与学生交往以及您的教学方法的流言,至今仍有所传布。从您刚才谈及大学生时的弃绝的语气来看,有人会猜测您有某些特殊的不快经历;但我个人宁可相信,您在大学所看到和经历的与其他人的所看和经历的并无不同,所不同的是,您对它们的评判

---

① 菲默法庭:一种难以确知其源起但可以追溯到查理曼大帝时期的一种特殊法庭。这个法庭一般在露天举行,其审判由一种秘密组织举行,其所给予的唯一的惩罚就是死刑,并且是立即执行。菲默法庭在1811年被威斯特法伦特国王废止。

比别人更加严格,也更加公正。因为从与您的交往中我认识到,最值得关注的、最富教益的和最富决定性的经验和经历,就是日常的经验和经历。但恰恰是摆在所有眼睛之前的巨大谜团,只有极为少数的人才把它视为谜团;这些问题就像是躺在马路中央,无数路人的脚从上面踩过但从未被注意,等待着少数真正的哲学家把它们细心地拾起,并从此作为智慧的宝石而光芒灿烂。尊敬的导师,在您的朋友到达这里之前还有些时间,也许您能给我们说说您对大学的一些认识和经验,从而完成我们不经意间要求您的对我们教育机构的全面考察。此外,也请您允许我们提醒您,在您今晚早些时候的谈话中,您曾经向我们作过这种许诺。从人文中学出发,您宣称它具有一种异乎寻常的意义:所有其他教育机构必须按照它所表述的教育目的来衡量自己;如果其倾向是错误的,那么所有其他机构也跟着错误。今天,即使是大学也不能再声称自己具有这样的重要性,即运动的中心。就大学今天的形式而言,至少按照一个重要的方面来看,它不过是对人文中学倾向的扩展。您在讲到这里时曾许诺我们您稍后将详加解释。① 我想,我们的大学生朋友可以证实这一点,他们可能偷听到我们当时的谈话。"

"这个我们可以作证,"我回应道。哲学家转向我们,说道:"好,如果你们真的认真听了,那么,请你们按照我所说的全部内容,向我描述一下你们所理解的今日人文中学的倾向。此外,你们仍离这个教育领域足够近,因而能够根据你们的经验和感受

---

① 参见前文第30个注释。

来评判我的思想。"

我的朋友以他一贯风格迅速而机敏地回答说:"直到现在,我们一直认为,人文中学的唯一目的就是为其学生将来读大学做准备。但是,这种准备应该使我们足够的独立自主,从而能够胜任一个大学生的特别自由的学术生活。①因为在我看来,在今日的个体生活中,没有一个领域像大学生活领域那样,有那么多的事情被留给个人去决定和处置。个体必须在若干年内,能够在一个广泛的、完全给予他的平台上自我指导,因此,人文中学必须尽力使学生独立自主。"

我接着我朋友的话继续我们的论证。"在我看来,"我说道,"甚至您对人文中学所做的、肯定是正确的所有批判,都不过是使如此年轻的学生达到某种自立或至少相信这种独立自主的手段。德语作文的教学应该服务于这种独立自主。个体必须及早欣赏并实现自己的观点和意图,以能够摆脱拐杖,独立行走。因此,要及早地教导他去创作,要更早地督促他去进行尖锐的评判和批判。拉丁语和希腊语的学习即使不足以点燃学生对遥远的古代世界的崇奉之情,但这些学科所运用的方法,却足以唤醒科学意识、对认识的严格的因果关系的兴趣以及对发现和发明的欲望。要了解这一点,只需想象一下,有多少年轻人在人文中学用其年轻之手捕获到某种不同版本的新奇异文,从而受到科学魅力的持久诱惑!人文中学的学生必须学习和收集大量的不同

---

① 需要指出的是,当时德国的大学生几乎很少受到限制,拥有极大的自由。显然,尼采并不认可这种自由,因为在他看来,这会导致智力的荒废。

信息，并因此有可能逐渐产生一种独立自主的动力。伴随着这种动力，他就会在大学以类似的方式独立地学习和收集。简言之，我们相信，人文中学的目的就是为学生将来独立自主地继续学习和生活做准备，并使之习惯于此，就像他们首先必须在人文中学的规则的逼迫下学会这样生活和学习一样。"

哲学家听后放声大笑，尽管笑得不那么温和。他说："你们自己正好向我展示了这种独立自主的样本。但正是这种独立自主让我感到害怕，使我在接近当代大学生时总是感到不舒服。是的，我的好人，你们已经长好了，成熟了，大自然把你们放在模子里加以铸造，然后又打碎了模子，你们的教师肯定会深感得意。你们的判断是多么自由、确定和独立！你们的见解多么新奇，多么新鲜！你们端坐在法庭之上——所有时代的所有文化都将从那溜走。你们的科学意识已被点燃，从你们身上迸出了火花——人们要当心，当心被你们烧死！若是进一步看看你们的教授，我会看到同样的自立，只是独立自主的程度更大，也更加迷人。从来没有一个时代拥有如此多的最令人崇敬的独立自主，人们从来没有如此强烈地痛恨一切的奴性，当然也包括教育、教化和文化的奴性。

"不过，请允许我用教化的尺度来衡量一下你们的这种独立自主，考察一下只作为教育机构的你们的大学。如果一个外国人想了解我们大学的教育情况，他首先会着重问：'大学生是怎样与大学联系起来的？'我们会回答，'作为听众，通过耳朵。'他会很吃惊。他会再次问：'只通过耳朵？'我们会再次回答：'只通过耳朵！'对于教学，大学生是在听。但如果他说，他看，他社交,他从事艺术,简言之,如果他生活,他是独立的,也就是说,不依赖教育机构。而且,大学生在听课时还常常会记录。这是他依赖于大学的脐带的时刻。他可以选择听什么,也无须相信他所听到的;当他不想听时,可以堵住耳朵。这就是'讲授教学法'。①

"但教师是对那些倾听的学生讲话。而他怎么想、怎么做,都与学生的感知之间存在着巨大的鸿沟。教授讲课时,常常是朗读。一般情况下,他希望有尽可能多这样的听众。在不得已的情况下,他也不满足于少数听众,而且,从不满足于只有一个听众。一个朗读的嘴,数量众多的耳朵,以及与耳朵相比减半的手——这就是大学这个学术机构的外观。这就是运转着的大学教育机器。此外,嘴的主人与许多耳朵的主人之间是分离的,独立的。这种双重的独立性被热情地崇奉为'学术自由'。而且,为了进一步提高这种自由,一方大致可以说其欲说,另一方大致可以听其欲听。只是在这两个群体背后的不远处站着神情专注的、监视着的国家。国家不时地提醒这两拨人,自己才是这套奇特的听说程序的目标、目的和全部。

"我们只被允许把这种奇特的现象视为一种教育机构,并告诉询问大学教育情况的外国人说,在我们大学称之为教育的东西,就是从嘴到耳;就像前面所说的那样,所有为了教化的教育不过是'讲授教学'。但是,既然一方面听和听什么都留给学术上无偏见的、精神自由的学生来自主决定,另一方面他也可以否

---

① "Akroamatisch"意思是"只与听有关",在古希腊,这个词与口头秘传传统有关。

定其全部所听的可信性和权威,那么,所有为了教化的教育,在其严格的意义上又落到了学生自己身上。这种在人文中学被视为追求目标的独立自主,现在被无比自豪地打扮成'迈向教化的学术上的自我教育',并以其无比华丽的羽毛而炫耀于世。

"年轻人拥有足够的智慧和教化从而能够自己引导自己行走了,多么幸福的时代!我们这个时代无与伦比的人文中学竟然成功地培植出了独立自主,但其他时代的人们却认为必须培养依赖、纪律和服从,必须打击所有形式的自以为是的独立妄想!我的好人,对我为什么喜欢从教化的角度出发而把今天的大学视为人文中学的扩展,你们搞清楚了吗?人文中学所传递的教育作为某种完整的和完成的东西,带着其苛刻的要求通过了大学之门:由人文中学提出苛求,由人文中学颁布律令,由人文中学进行裁判。因此,你们不要受这些受过人文中学教育的大学生的欺骗。就他相信自己吸收了教育之惠而言,他永远不过是受到其教师之手所塑造的人文中学的学生。因此,自从与他的教师的学术分离之后,自从他离开人文中学之后,他就被完全剥夺了所有的继续的被指导和迈向真正教化的引导,为的是从现在开始独立自主地生活,成为自由之人。

"自由!检验这个自由吧,你们这些人性的观察者!这种自由的大厦是建立在今日人文中学的细碎的沙土之上,风暴一吹,就会倾斜飘摇。你们仔细看看这个自由的大学生,这个迈向独立自主的教育的使者:预测一下他的本能是什么,从他的需要来探讨他!如果你们懂得从三个循序的标准来考察他,那么你们就会知道他的教育到底如何。也就是,首先从他对哲学的需要,然后从对艺术的本能,最后从作为所有文化的活的绝对命令的古希腊罗马文化,来考察他的教育。

"人是如此被最严肃的、最困难的问题所包围,以至于只要他以恰当的方式引导去注意这些问题,他就会及时地产生一种永恒的哲学惊异,而且,唯有在这种惊异的基础之上,就像是在沃土之上,才会生长出深刻而高贵的教化。最常把他引向这些问题的是他自己的经验。特别是在其风暴激荡的青少年时代,他的几乎每一不寻常的个人事件都反映在一种双重的光辉之中:一方面作为日常生活的例证,另一方面作为一种永远令人惊奇的、因而值得阐释的问题的例证。在这样的年龄,人会看到自己的经验被一种形而上学的彩虹围绕着。他这时最需要一双引导他的手,因为他突然地、几乎是本能地相信人的存在的模糊性和多义性,并丧失了迄今为止对所持信念的坚定支持。

"这种符合自然的最高需要的状态,自然会被视为当代所崇奉的独立性的最恶劣的敌人。按照今天的时代精神,受过教育的年轻人应该培养这种独立性。因此,所有已进入时代的不言自明的怀抱之中的人,都会不遗余力地压制青少年这类合乎自然的哲学冲动,试图使之扭曲、瘫痪、转向或枯萎。其最爱使用的方法就是所谓的'历史教化'。①一个最近在世界上恶名远播的

---

① 这里的"历史教化"(historische Bildung),亦可翻译成为"历史教育",是指对一切学科都采取历史的方法,强调其历史性的素养和探究能力。尼采在1874年发表的《论历史对于生命的利弊》亦即《不合时宜的考察》第二部中,对这个问题有更为详细的批判。

哲学体系①居然还找出了这种使哲学自我毁灭的公式。现在,凡是对事物进行历史考察的地方,我们都可以看到这样一种变'非理性'为'理性'、颠倒黑白的天真幼稚的鲁莽。人们经常倾向于拙劣地模仿黑格尔的那个命题,喜欢问:不合理的才是现实的吗?唉,今天,恰恰是不理性的才似乎是'真实的',也就是,起作用的。这种用现实来阐释历史的方式,被认为是真正的'历史教化'。我们年轻人的哲学冲动就这样蜕变为了历史教化,我们大学的奇特的哲学课似乎在密谋加强和肯定年轻人在历史教化方面的学术倾向。

"因此,一种对永恒发生的问题的深刻阐释逐渐被一种历史的、甚至是古典语文学的考量和质疑所代替,如,这个或那个哲学家思考过什么或没有思考过什么;这篇或那篇文字是否合理地归于某人;这篇或那篇异文是否应该受到优先重视。现在,在我们大学的哲学讨论课上,我们的大学生被鼓励像这样中立地探讨哲学。这就是为什么长期以来我习惯把今天的哲学视为古典语文学的单纯分支,也习惯于根据他们是否为好的古典语文学者来评价他们的代表人物。因此,哲学本身无疑已被逐出大学。这就是我们对大学的教育价值的第一个问题的回答。

"大学与艺术处于什么关系,我们完全可以毫无愧色地加以否认,因为它们之间根本没有关系。我们在大学里根本找不到一丝艺术思考、艺术学习、艺术追求和艺术比较的痕迹。这里也没有人认真地思考过大学在促进民族最重要的艺术规划方面的角

---

① 这里指黑格尔的哲学体系,尤其指其"存在的就是合理的"的论述。

色和作为。我这里考虑的根本不是大学里是否偶然有某教师感到自己有艺术才能,是否设置审美方面的文学史教席,而是大学作为整体不能给予大学生们严格的艺术训练和训育,在这方面对他们完全放任自流,毫无作为。我们从中可以看出一种对大学自封为最高的教育机构的狂妄要求的断然驳斥。

"我们大学生的学术'独立'就这样在没有哲学、没有艺术的条件下生存,那么,他怎么可能又有与古希腊、古罗马为伍的需要呢?现在,没有人再需要去伪装尊崇古希腊和古罗马,此外,古希腊和古罗马也端坐在难以企及的孤独和崇高的疏离之中。因此,我们当代大学绝不再关注这样一种几乎完全灭绝的古代世界的教育倾向,而是建立起自己的古典语文学教席,以培养新的、排他性的古典语文学者,后者成为教师后又在人文中学去培养学生类似的、古典语文学的准备性。这样一种恶性循环对古典语文学者和人文中学的学生都没有好处,但更主要的是对大学傲慢地自诩为教育机构的又一次方面的控诉。撤除对古希腊、哲学和艺术的需要,没有这些梯子,你们怎么向上攀爬到真正的教育教化之巅呢?因为如果你们没有这些帮助的梯子就试图去向上攀求真正的教育,那么,请允许我告诉你们,你们的学术和博学与其说是给你们插上双翅,引导你们上升,还不如说是压在你们肩上的沉重负担。

"如果你们,你们这些诚实的人,现在能够诚实地立足于我所探讨的三个循序的精神阶段,那么你们就会认识到,与希腊人相比,现在的大学生对于哲学是不适合的、没有准备的;没有真正的艺术本能;是自命自由的野蛮人。不过,你们不会因此厌恶地避之唯恐不及,尽管也许会不愿与之太近接触。因为他成为今天这个样子,他是无辜的,不应受到责备。正如你们所认识的那样,他是那些应该受到责备之人的无声却可怕的控诉者。

"如果你们必须理解这个有罪的无辜者对自己所说的秘密语言,那么,你们也就学会了理解那个向外炫耀的独立自主的内在本质。在这些高贵的、天赋优良的年轻人中,无人能远离和摆脱那个使人疲惫、困惑和衰弱的、永无喘息之机的教育要求。在这样一个时代,他似乎是充斥着官员和仆人的现实中的唯一的自由人,但他为其伟大的自由幻象付出了层出不穷的烦恼和怀疑。他感到自己没有能力引导自己,没有能力帮助自己,于是便绝望地埋头于日常生活和劳作的世界里,以避开这样的感觉。因此,他为最琐碎、最平庸的事务所包围着,四肢疲惫无力。突然,他再次振作起来,仍感受到其内部那股使他向上的力量并未衰退。高傲和高贵的决心在其心中形成和生长。他担心自己过早地沉入到狭小的专业领域,因而试图抓住急流沿途中的任何支撑之物,从而避免不被卷走。但一切徒然!这些支撑物避开了,他没有抓住它们,只抓住了易折的芦苇。在低落而无所慰藉的情绪中,他看见自己的计划烟消云散了。他的状况没有尊严,令人可怖。他不断奔竞于过于紧张的事务和抑郁虚弱的状态之间。他疲倦了,懒惰了,害怕工作,惧怕一切伟大的事物,他恨他自己。他内视自己,分析、分解自己的能力,他认为他看见了贫乏的、混乱的空虚。于是,他再次从想象的自我认识的高度跌落到一种讥讽性的怀疑之中。他解除了他的奋斗的重要性,感到自己会乐于从事任何有用的工作,而不管这个工作是如何卑贱。他现在是在匆忙不停的行动中寻求他的慰藉,把自己在其中隐藏起来。因此,他的茫然失措以及缺乏引导他迈向教化的领导者,驱使着他从一种生活方式奔走到另一种生活方式。但是,怀疑、振奋、生存困境、希望、绝望等把他抛来抛去的一切,都证明了其顶上指导其航船的所有星辰均已坠落。

"这就是那个著名的、独立自主的图景,那个反映在具有最高的、真正的教育需要的灵魂里的学术自由的图景。当然,这里所考察的不是与之对立的粗糙的、无所用心的灵魂,这种灵魂深以你们那种野蛮意义上的自由为乐。此类低级灵魂的低级享乐及其过早的狭隘的专业局限表明,这种独立性及学术自由对于他们恰恰是合适的。对此,我们无须多言。但是,他们的享乐无法抵偿一个拥有高贵灵魂的年轻人所遭受的苦痛:他有一种文化倾向但缺乏引导,最终在不满和烦闷中解除诸种绳索约束,放荡不羁,追求自由,并开始蔑视自己,但他是个没有罪责的无辜者。因为我们可以去追问,是谁让他背负不可承受的、独自站立的重负?他在这样一个年龄,听从伟大导师的引导,最为热切地追随大师的脚印,是其最自然、最切近的需要,那么是谁在激励他寻求独立自主呢?

"认真思考一下这种强力压制如此高贵的教育需要所必然引起的后果,真是令人恐怖。谁若近处用尖锐的目光审视那些我所深恶痛绝的当代伪文化的最危险的促进者和支持者,他便会发现他们大多是这种堕落的、被毁灭的教化寻求者,其内在的绝望促使他们对真正的文化持有最富敌意的恼怒,因为在他们绝望的时刻,没有人指导他们如何获得文化和教化。我们再次发现,那些作为新闻记者和报刊写手之人在类似的绝望中,并不是最有敌意和最低劣的;是的,现在某些过于雕琢的文学种类的精神,似乎恰恰带有堕落大学生的特性。例如,还有其他方式来理解那一度闻名的'青年德意志'[①]与其今天被繁盛模仿的堕落的后继者之间的关系吗!这里我们会发现一种似乎是变得野蛮的教育需要。这种需要变得难以制伏、最后竟爆发为一种呐喊:我就是文化!在那里,这一被逐出这些机构的、现在却以统治者自居的文化,徘徊在德国人文中学和大学的门前,但它已毫无这些机构的博学和学术,以至于如小说家古茨科夫被理解为人文中学时髦的文学青年的最好样板。

"这样一种堕落的教化寻求是桩严重的事件。令人恐怖的是,我们观察到我们整个学术界和新闻界都打着这种堕落的标记。如果这些堕落的学者不倦地关注,甚至参与新闻界对民众的引诱和败坏,我们还有什么别的方式来公正对待我们的学者吗!也就是说,我们只能认为,学者的全部学术对于学者的意义,类似于小说的创作对于小说家的意义:对自我的逃避;对教化冲动的禁欲性的灭除;对个体的绝望的毁灭。从我们堕落的文学艺术中,从我们学者的、极度膨胀的图书写作狂中,流出的是同样的叹息:哎,我们能够忘记自我!但这办不到。堆积如山的印

[①] 青年德意志:一般被认为是存在于1830年到1850的一个联系密切、组织良好甚至带有阴谋的创作运动,但实际情况可能并非如此。其代表人物有古茨科夫(Karl Gutzkow)、海涅(Heinrich Heine)和温巴尔格(Ludolf Wienbarg)等,他们反对政治专制和宗教愚昧,倡导政治自由、政治改革、宗教宽容、妇女解放和政教分离,等等。其中有些人更为激进,更具有革命性,因而在1835年,这个运动受到政府镇压,许多人的作品受到禁止。

刷品也无法窒息的记忆,仍会不时地重复着说:'一个堕落的教化追求者!为教化而生,却被教育成非教化!无助的野蛮人,时代的奴隶,为瞬时的锁链所缚者,饥渴者,永恒的饥渴者!'

"哦,这些悲惨的、负有责任的无辜者!因为他们缺乏一种必须为他们每一个人提供帮助的东西,即一种真正的教育机构,从而能够为他们提供目标、导师、方法、榜样和同志,而且,在这种机构内部,真正的德意志精神的那种使人有力、令人振奋的气息就会灌注到他们身上。因此,没有这种机构的支持,他们就会枯萎在荒野之中,并堕落为那个根本上与他们内在结盟的精神的敌人;他们累积罪行,使其罪行高于任何前代;他们玷污洁净,亵渎神圣,崇奉虚假。你们借此就可以清楚我们大学的教育力量,你们也可以严肃自问:你们通过大学来促进什么?促进德意志的博学、德意志创造精神、高贵的德意志认识冲动、德意志的勤奋和自我牺牲以及诸如此类其他民族所嫉妒的美好辉煌的事物;是的,如果那个真正的德意志精神就像孕育着希望和祝福的、闪着电光的乌云一样,在你们所有人顶上飘荡,那么,你们就是在促进这些世界上最美好、最辉煌的事物。但是,你们惧怕这种精神,因此,另一种沉重而压抑的阴霾聚集在你们大学的上空,在此情形之下,你们中一些高贵的年轻人艰难地和近乎窒息般地呼吸着,最优秀的人则走向了毁灭。

"为了驱散这种阴霾,把人们的视野引向德意志精神的云端,本世纪曾经有过一种悲怆的、富有教益的严肃尝试。我们在大学的历史上找不到第二次类似的尝试。谁若是想令人印象深刻地展示我们现在所必须做的事情,那么他将不会找到一个更好的例子。我指的是过去的早期'兄弟会'[1]。

"年轻人从战场中带回了这个出乎意料的、最珍贵的战利品,即祖国的自由。头顶着这个花环的他们,还自负地想到了某种更为高贵的事物。他一回到大学就感到呼吸沉重,感到大学教育上空的气息沉闷、压抑且腐朽。[2]他突然瞪大眼睛惊异地看到,在所有种类的学术的伪装之下隐藏着的是非德意志的野蛮;他突然发现他的同学缺乏导师引导,被放任耽于令人厌恶的年轻人的享乐和沉醉之中。他深为愤怒。他带着类似席勒当初在他的学生面前慷慨朗读《强盗》[3]剧作时可能有的、最高傲的义愤表情,起而反抗;而且,如果席勒用一幅狮子图像和'向暴君开战'的箴言作为他这部剧作的扉页内容,那么他的那些青年追随者本身就是那准备跃起战斗的狮子,而一切'暴君'真的会开始发抖。是的,对于那些胆怯、肤浅的目光而言,这些义愤的年轻人无异于席勒剧作中的强盗:他们的怒吼对于恐惧的耳朵而

---

[1] 兄弟会(Burschenschaft)是一个源于抵抗拿破仑的解放战争的学生运动。第一个兄弟会建立于1815年的耶拿,类似的学生组织很快就在其他大学成立。兄弟会反对反动的政府政策,争取德国统一。在其一个成员刺杀考茨布(August von Kotzebue)之后,兄弟会在1819年受到禁止。结果,兄弟会变成一个秘密组织,并更加激进,甚至1832年进攻法兰克福警察总部。但19世纪下半期,兄弟会的性质有所变化,日益变成一个带有民族主义和反犹性质的社会团体。

[2] 这里的表述类似席勒《强盗》中卡尔的一些发言,参见《强盗》第二场第一幕。

[3] 《强盗》是席勒的第一个剧作,最初出版于1781年。尼采所提的版本是1782年的修订的第二版,也就是通常所指的"狮子版本"。这个版本的"向暴君开战"的箴言上有个凶猛的狮子图像。

言，无异于斯巴达和罗马变成了女修道院。①对这些愤而反抗的年轻人的恐惧，要比那些'强盗'不止一次在宫廷里所引起的恐惧更加普遍，更加深远，以至于按照歌德的说法，一位德国王侯将会表达这样的观点：'如果他是上帝，并且预见到了这些强盗的出现，那么他就不会去创造这个世界了。'②

"如此令人费解的强烈恐惧从哪里产生的呢？因为这些愤而反抗的年轻人在其同学中最勇敢、最有天赋也最纯洁；他们仪容举止大气爽朗，高贵单纯；最为神圣的律令把他们相互联系起来，以寻求更加严格、更加虔敬的卓越。那么，人们恐惧他们什么呢？这种恐惧在何种程度上是自欺、伪装抑或对正义的真正认识，也许永远搞不清楚，但在对他们的恐惧中，在对他们的荒唐无耻的迫害中，有一种强烈的本能在说话。这种本能对'兄弟会'的刻骨仇恨源于两种原因：首先是因为这个组织本身，因为这个组织第一次尝试建立一种真正的教育机构；其次在于这个教育机构的精神，那种严肃、沉着、坚毅和勇敢的、富有男子汉气概的德意志精神。它源自宗教改革以来被健康保存下来的矿工之子路德的精神。

"现在请思考一下'兄弟会'的命运。如果我问你们：连德国的王侯们也似乎在他们对德意志精神的仇恨中理解了它，那么，当时的德意志大学理解它了吗？德意志大学勇敢而坚定地

---

① 在《强盗》第一场，第二幕，卡尔在讲话中认可这些不满的年轻人的领导，并承诺："我将把德国变成一个共和国，使罗马和斯巴达看起来像修道院。"

② 参见歌德：《与爱克曼的谈话》，周三，1827年1月17日，但歌德并不认同趣闻中王子的观点。

用它双臂翼护其最高贵的儿子,并说出'你们必须先杀死我,然后才可以去碰我的孩子'这样的话吗?我期待你们的回答。你们可以借助你们的回答来判断德意志大学是否为真正的德意志教育机构。

"那时的大学生就已预见到,一个真正的教育机构必须扎根多深,也就是必须多深地扎根于一种纯粹伦理力量的内在革新与振作之中。而且,为了学生的荣誉和名声,这一点必须永远向他们不断重复。他在战场也许学会了他在'学术自由'领域内绝对学不到的东西:人需要伟大的引导者;一切教育都开始于顺从。在战场上的胜利欢呼之时,在对其解放了的祖国的深思之时,他发誓要做德意志人。德意志人!现在,他学会了理解他的塔西佗[①];现在,他理解了康德的绝对命令;现在,他开始痴迷和陶醉于冯·韦伯的《琴与剑》[②]的旋律。哲学、艺术甚至古代世界的大门突然向他打开。在一次最值得纪念的流血行动中,也就是,在对考茨布[③]的谋杀中,他用其深刻的本能和狂热的短视为其独一无二的席勒报了仇。席勒在与这个麻木的世界的对抗中被过早地吞噬。席勒本来可以做他的引路人、导师和组织者,而

---

① 塔西佗出现在日耳曼精神的名单上,比较难以理解。也许是因为他的《日耳曼尼亚志》。

② 冯·韦伯(Karl Maria von Weber, 1786—1826):作曲家和指挥家。其爱国主义的套曲《琴与剑》(die Leier-und Schwertweise)基于一系列关于战争英雄科尔纳(Carl Theodor Körner)的诗歌。科尔纳是个诗人和战士,死于对抗拿破仑的解放战争。

③ 考茨布(Kotzebue, 1761—1819):通俗作家,创作了230多部戏剧,被兄弟会的激进成员桑德(Karl Ludwig Sand)刺杀于办公室之中。参见《善恶的彼岸》,第244节。

现在只能对席勒满怀悲愤地加以悼念了。

"这就是那些充满预感的大学生的厄运：他们找不到他们需要的引路人和导师。他们自己逐渐变得不确定，意见不一，相互不满；不幸的轻率之举，很快就暴露了他们中间缺乏能够运筹全局的天才。那个不可思议的谋杀除了显示了一种可怕的力量之外，也显示了缺乏引路人的巨大危险。他们如此毫无引导，必将因此而毁灭。

"我的朋友们，我这里想作些重复！所有的教育开始于人们现在欢呼为学术自由的相反的东西，开始于顺从、服从、纪律、臣属和奴役般的服务精神。就像伟大的引导者需要被引导者一样，被引导者也需要引导者：这里主导的是一种相互倾慕的精神等级秩序，也就是一种前定和谐①。这一万物带着其自然的重心所奋力趋向的永恒秩序，恰恰受到了与之背道而驰、但现在却端坐在当代宝座之上的伪文化的干扰和毁灭。它要么企图把引导者贬低为它的仆役，要么使之备受折磨；当被引导者寻求他们被前定的引导者时，它就伏击他们，用其麻醉剂的烟雾来引诱和抑制他们寻求着的本能。但尽管如此，如果命定相遇的双方，也就是引导者和被引导者经过艰苦斗争，带着累累伤痕相聚之时，他们内心会燃起深刻的喜悦之情，就像一个永恒奏响着的竖琴的回

---

① 前定和谐：莱布尼茨的一个重要哲学观念，他有时自称其哲学体系为"前定和谐系统"。莱布尼茨认为，不同物质如身心之间表面上相互影响，但实际上并非如此，而是从一开始就各自遵循自身的规律，但又自然地相互保持这一种前定的和谐，犹如一个乐队的每一乐师各自演奏作曲家事先为之谱就的旋律，而全乐队就奏出和谐的交响曲。

声。那种喜悦之情，我只能借助比喻让你们来领悟。

"你们是否曾在某次音乐排练中，留心观察过通常构成德国乐团的那些奇怪、干瘦的好人？我们看到的是任性的'形式'女神的无常变化！看到的是怎样的鼻子和耳朵，怎样笨拙或干瘦的肢体动作！这里请你们想象一下，假设你们是聋子，从未想到声音和音乐的存在，并且把乐队演奏过程视为纯粹造型艺术来欣赏，那么，由于没有声音的理想化效果的干扰，你们就会看不够这一出中世纪的、粗俗木刻手法的滑稽剧，你们就会看到这出对智人的无害滑稽模仿。

"现在，请想象你们的音乐感重新回归了，你们的耳朵重新打开了，请想象在乐队的高处有一位可敬的、打节拍的指挥以毫无精神和沉闷的方式在行使着自己的责任：刚才那无声的滑稽一幕不复存在了；你们在倾听——但是，沉闷无聊的精神似乎从那位可敬的指挥那里流向他的整个乐队。现在，你们只能看到昏睡倦怠和软弱无力；现在，你们只能听到不准的节奏、平庸的旋律和陈腐的感受。这个乐队在你们看来，就是一帮冷漠阴郁或完全令人讨厌恶心的乌合之众。

"但是，请你们插上想象的翅膀大胆设想，终于有一个天才，一个真正的天才来到乐队中间——你们会立即注意到某种难以置信的东西。这个天才似乎以其闪电般的精神变化，进入到所有这些机械的、没有精神的、半兽的肉体之中，似乎在他们所有人中只有一只魔法之眼向外张望。但现在你们在倾听，在观看——但你们再也听不够了！如果你们现在去观察这个或豪迈激昂或低回倾诉的乐队，如果你们注意到每个肌肉迅速灵活的绷紧和

每个姿势的节律的必然,那么你们也会同情性地感受到什么是 752
引导者和被引导者之间的前定和谐,感受到在精神的等级中,每
个事物如何迫使我们去建立这样类似的组织。不过,我的比喻是
为了让你们领悟到我所理解的真正的教育机构是什么,领悟到
为什么我在当代,甚至在当代大学中,根本没有再发现这样一个
真正的教育机构。"

五部未撰著作的五个序言

书名①：

1. 论真理的激情
2. 论我们教育机构的未来
3. 希腊城邦
4. 论叔本华哲学与一种德国文化的关系
5. 荷马的竞赛

---

① 这里所列的第二和第四篇书名与正文所用书名有些差异。

以诚挚的敬仰
献给柯西玛·瓦格纳女士

并作为对口头和信中问题的回答,
怀着愉快的心情
写于1872年圣诞节。

1. 论真理的激情

序　言

　　荣誉果真只是用来满足吾人虚荣①的最可口的点心吗？——作为欲望，它可是与最罕见之人、进而与他们最罕见的时刻相关联的。那是一个突然启明（Erleuchtungen）的时刻，在那一刻，人以命令的姿态摊开双手，仿佛是要创造一个世界，从自身创造光芒，向四周喷涌而去。这时，一种使人幸福的确信浸透着他，他确信，那如此将他提升至渺远之境并让他陶醉其中的东西，即这样一种感·受·的高度，不该无闻于后世；在这种面向所有后来者的极罕见之启明的永恒必然性中，他看到了其荣誉的必然性；未来所有世代的人类都需要他，并且，那个启明的时刻既然是其最本己之本质的精华和典范，他于是相信自己作为这样一个时刻中人而得以不朽了，所有其他的东西，则被他作为渣滓、腐化、虚浮和动物性，或者作为累赘而抛弃、而任其逝去。

　　每当我们看到消逝和毁灭，都会怏怏不乐，并且时时惊叹，仿佛我们因此而体验到了某种根本不可能的东西。一棵倾倒的大树令我们不快，一座倒塌的山峰折磨着我们的心怀。每个除夕都让我们感到存在与流变的神秘矛盾。然而，最深地伤害了

---

① 原文Eigenliebe的字面义为"自爱"。

德行之士的,却是最高的世界圆满时刻看似没有后裔与承继,仿佛一束短暂的光线那般消逝了踪迹。他的要求毋宁是:那为了让"人"的概念更美地得到传播而曾经存在过一次的东西,也必得永远存在。伟大的时刻构成一条锁链,仿佛山脉,把千万年的人类连成一体,过去某一时代的最伟大之物对我而言依然伟大,荣誉渴求者所抱的信念得以实现,这正是文化的基本理念。

伟大之物应当永存,这个要求引起了可怕的文化战争;因为一切尚且存活的他者都在喊着:不!惯常、渺小、平庸之物,布满了世界的各个角落,仿佛我们所有人都注定了要去呼吸的沉重的地上空气,烟雾腾腾地围着伟大之物,一头扎入伟大者通往不朽的必经之路,行阻碍、抑制、扼杀、模糊、欺骗之事。这条道路穿过人类的大脑!穿过可怜而短命的存在者的大脑,这些存在者被交付给狭隘的需求,总是遇上相同的困境,并在一小段时间费力地抵抗腐败。他们想要活着,以某种方式活着——无论如何。谁想要冒险在他们当中进行那艰难的火炬赛跑呢?伟大者唯有通过这赛跑才能继续存在。可总还是有些人醒悟过来,鉴于那伟大者而感欢欣,仿佛人类生活是一桩美妙的事情,仿佛知道这一点必得被视为这悲苦生物最甜美的果实:即知道,曾经有人骄傲而淡泊地度过这一生,另一些人带着沉思,还有一些人则心怀悲悯,然而所有这些人都留下了一种学说:那以最美好的方式度过此生的人并不以生命为重。当平庸者如此沮丧而严肃地看待这段存在的时候,那些人却懂得在他们通往不朽的旅行中向这段存在投以一片奥林匹斯的笑声,或者至少报以一声崇高的嘲讽；他们常常带着反讽（Ironie）走进坟墓——因为，什么是他们身上可供埋葬的呢？

这些荣誉寻求者当中最勇敢的、相信他们的徽章可系于星辰之上的骑士，得在哲学家当中寻找。他并不想让自己的影响及于"公众"、激动众人、获得时人雷鸣般的掌声；孤独地穿过街道属于他的本质。他们的天赋是最罕见的，从某种意义上来说，也是自然当中最不自然的一种，而这甚至还表现在他对于同类天赋的排斥与敌意。他们那自给自足的围墙得是金刚石做成的，这样他们才不致遭到毁坏，因为包括人和自然在内的一切都是与他们相反对的。他们通往不朽的旅程比任何其他人都要更加艰难、更受阻碍，然而恰恰无人能比哲学家更加确信他能达到目的，因为除了站在所有时代大展的翅翼之上，他们根本就不知道还能站在哪儿；因为对当下和眼前之物的藐视是哲学思考的题中之意。他拥有真理；无论时代的车轮滚向何方，它都不能逃出真理的掌心。

知道这样一种人曾经生活过，是重要的。我们可以举智慧的赫拉克利特为例，他的骄傲绝非人们随随便便所能想象。就其本质而言，每一种求知欲本身看来都是没有得到满足也是无法得到满足的；因此，若不是借着历史的教诲，无人能够相信如此这般王者的自尊，相信如此这般无限的确信，即相信自己是真理唯一的和幸福的追求者。这样一种人活在他们自己的太阳系中；得在这里面寻找他们。毕达哥拉斯、恩培多克勒这样的人也以一种超人的估量，乃至宗教性的敬畏来对待自己，然而同情的纽带——系于对灵魂转世和一切生命的统一的巨大确信——重又将他们引向其他人、引向他们的救赎中去了。以弗所的阿忒弥斯庙宇中的那位隐者①被孤独所充满,对于这种孤独感,我们却只有在极为荒芜的荒郊野岭中才能于惊讶之际对之有所感受。他身上没有喷涌出极强大的同情感,也没有想要帮扶和拯救的欲望:他仿佛一个没有大气层的星球。他的眼睛向内发出熊熊的火焰,向外却是死寂而冰冷的,仿佛只是装装样子而已。妄念和谬误的波浪围绕着他,直接向他那骄傲的堡垒袭来;他怀着厌恶转身而去。可即便内心有感受力的人也要避开这样一幅悲剧性的面孔;这样一个人要是置身一个偏僻的圣地,在诸神的神像群中,在冰冷而伟大的建筑物一旁,看起来或许更可理解。作为人群中的一个人,赫拉克利特是不可思议的;并且当人们看到,他在注意观察吵闹的孩子们的游戏的时候,他一定是在考虑一个任何一位有死者在这种时刻都绝未考虑过的东西——伟大的世界婴孩宙斯的游戏和一种世界毁灭与世界诞生的永恒嬉戏。人类对他而言没什么用处,对他的知识也没有用;一切能够向人们询问、之前的其他智者都费心去询问的东西,对于他来说都是无关紧要的。"我所寻找和探索的是我自己",人们用他所说的这句话来说明对于一则神谕的探索:仿佛他是那句德尔斐格言"认识你自己"的真正践履者和完成者,此外别无他人。

可他从这则神谕中所听到的东西被他视为不朽的和永远值得诠释的智慧,如同女巫的先知言辞那样不朽。这智慧

---

① 即赫拉克利特。

对于极遥远的人类也足够了：尽管他们只会像解释神谕格言那样解释它，仿佛他，仿佛德尔斐神自己，"并不言说，也不隐藏"。仿佛这是他"不带笑容、装饰和油香"，而是用"带泡沫的嘴唇"宣示出来的，它必定要渗透到未来的几千年中去。因为世界永远需要真理，因此它永远需要赫拉克利特，尽管他并不需要世界。他的荣誉与他有何相干！"不断向前流逝着的有死者们的荣誉！"正如他以嘲讽的口气所呼喊的那样。这种东西属于歌者和诗人，也属于他之前以"智慧"闻名的那些人——让这些人吞下其虚荣心的最可口的点心吧，对于他来说，这是些过于粗鄙的菜肴。他的荣誉和人类，而不是和他有关；他的自爱①是对真理的爱——正是这个真理告诉他，人类的不朽需要他，而非他需要赫拉克利特这个人的不朽。

真理！一位神灵狂热的妄念！真理与人类何干！

并且什么是赫拉克利特的"真理"！

并且它往哪儿去了？一个消散了的梦，和其他梦境一起从人类的脸上被拭去了！——它并不是第一个！

对于我们用骄傲的隐喻称为"世界历史"、"真理"和"荣誉"的东西，一位冷酷的精灵（Dämon）或许首先只会说上这样一段话：

"宇宙闪亮地倾洒，化作无数个太阳系，在其中某个偏僻的角落，曾经有过一个星球，聪明的动物在上面发明了认识。那是

---

① 尼采在这里更侧重的是Eigenliebe的字面义，故译为"自爱"，而非"虚荣"。

世界历史最为高傲也最具欺骗性的瞬间：可也只是一瞬。在自然呼了几口气之后，那星球便冻僵了，聪明的动物也得死去。其实也恰得其时：因为无论他们是否已经认识了很多，是否曾经自鸣得意，最后他们都会恼怒地发现他们所有的认识都是错误的。他们在真理的死亡中死去并且诅咒。这就是这种发明了认识并陷入绝望的动物的样子。"

如果人类也只是一种认识的动物，那么这也将是他的命运，真理，那注定了永远会沦为非真理的真理，将会把他带向绝望和毁灭。可人类只适于信仰可达到的真理，信仰满怀信心地向他走来的幻象。他在事实上难道不是靠着不断的受骗而活着吗？自然难道没有把最大多数，甚至最切近之物向他隐瞒吗？比如他自己的身体，他对之只有一种欺骗性的"意识"。自然把他锁闭在这种意识之中，而后把钥匙给扔了。哦，哲学家的好奇心是多么有害呀！他想要有朝一日透过一道裂隙从意识禁室（Bewußtsein-Zimmer）向外、向下看：然后他或许会预感到，人类是如何因为无知而无所谓地位于贪婪、不知餍足、可恶和凶残无情之上，仿佛骑在虎背上耽于梦幻。

"让他耽于梦幻吧"，艺术如是呼喊。"快把他喊醒"，哲学家怀着真理的激情如是呼喊。可在他以为能够唤醒沉睡者之际，他自己却陷入了一个更深、更有魔力的梦境——他也许会梦见"理念"或是不朽。艺术比知识更有力量，因为它意愿生命，而后者所能达到的最后目标只是——毁灭。——

2.关于我们教育机构之未来的思考

序　言

我对之有所期待的读者须有三种品格。他得是平静的,能够不急不躁地阅读。他不能总是把他自己和他的"教育"夹杂进来。最后,他不能在结尾处期待某种类似结果的东西,期待新的表格。我不承诺为高级文科中学和其他的中学提供表格和新的学习计划,我倒是佩服那些有着超强精力的人,从经验的深度直到真正的文化问题的高度,然后重又下降至最索然寡味的规则和极其精微细密的表格,他们能够走完这整条道路;如果能够的话,我毋宁满足于气喘吁吁地登上一座可观的山峰,在那上面享受更为自由的目光,所以在这本书中我是绝不能让那些表格爱好者得到满足的。尽管我看到了一个时代的到来,在这个时代中,严肃的人们服务于一个完全更新、净化了的教育,并且通力协作重又成为了日常教养——即通往那种教育（Bildung）①的教养（Erziehung）——的立法者;他们此后很可能还需要制作表格;然而这时代还多么遥远啊！在这期间还有什么不会发生呢？也许在这期间,高级文科中学被废除了,甚至大学也可能被废除了,或者至少会有一种对于前述教育机构的全面改造,以至于它的古老表格在后人眼中就

---

① 此处Bildung在其他语境中也译为教化。

仿佛是木桩建筑时代的遗物罢了。

这本书是为平静的读者而写的,为那些还没有被我们这个滚动时代中令人头晕目眩的匆忙所吞噬的人而写的,这些人在屈身时代轮下之时也还没有为此而感到一种偶像崇拜的欢娱,因而是为了那些还没有按照对时间的节约或耽误来衡量每一种事物的价值的人。也就是说——为了少数人。而这些人"仍然还有时间",他们集中一天中最丰硕、最有力量的时刻来沉思我们的教育的未来,并且可以不用为此而感羞愧,他们可以相信自己以一种有益的、值得的方式——即在对未来世代的沉思[meditatio generis futuri]中——度过了一天。这样一个人还没有忘记在阅读的时候去思考,他还知道在字里行间去阅读的秘密,他甚至是如此地挥霍时光,以至于还要去深思读过的东西——或许是在他将书从手中放下许久之后。并且不是为了去写一篇评论或者再写一本书,而只是为了深思!轻率的挥霍者啊!你是我的读者,因为你能有足够的平静,来和作者一起走上一条漫长的道路,这道路的目标,他其实并未看见,而只能信仰,这样后来者——或许会是遥远的一代人——才能用双眼看见,我们盲目地并且只是出于本能地将双手伸向了何方。如果读者相反地认为,需要的只是一次快速的跳跃、一个愉快的举动,如果他以为能够通过国家所引入的一个新的"组织"来达到所有本质性的东西,那么他就既没有理解作者,也没有理解问题的实质。

最后要谈的是对读者的第三项也是最重要的一项要求,即他绝不能像现代人那样不断地将他自己和他的"教育"作为某种准绳夹杂进来,仿佛他因此而具备了一切事物的判准。我们祝愿他有足够的教养来低微甚至鄙视地虑及他的教育。然后他大概才能以至为坚定的信念接受笔者的引导,笔者也恰恰只是出于无知和对无知的认识而可以冒险向他说话。他所要揭示的首先无非只是对于我们当下的野蛮状态的独特之处的强烈感受,无非是对于我们眼中的十九世纪的野蛮状态与其他野蛮状态的区别的强烈感受。现在他手捧着这本书来寻找那些为一种类似的感受所充溢的人。让我找到你们吧,你们这些罕见的人,我相信你们是存在的!你们无私的人啊,为德意志精神之败坏的痛苦而痛苦的人!你们这些沉思者,你们的双眼无法从一个表面向另一个表面匆忙地窥望!你们这些高尚的人,亚里士多德赞颂你们,因为你们犹疑无为地度过一生,不为功名伟业所累!我向你们发出呼喊。这一次请你们别再蛰居于你们孤独和怀疑的洞穴之中了。想一想,这本书是要成为你们的令官的。当你们有朝一日穿上自己的盔甲亲自出现在战场的时候,谁还会想要回望那曾经呼唤他的令官呢?——

3.希腊城邦[①]

序　言

我们现代人在两个概念上胜过希腊人,对于一个完全奴隶化并因此而对"奴隶"这个字眼恼羞成怒的世界来说,这两个

[①] 城邦(Staat)一般译为"国家",只当文中特指古代希腊"国家"的时候,才译为"希腊城邦"。

概念仿佛是种慰藉：我们谈论"人的尊严"和"劳动的尊严"。为了将一种不幸的生活不幸地永恒化，我们费尽心机；这可怕的困境逼迫人们竭力劳动，而被"意志"诱惑的人，或者更正确地说，人类理智，还要时不时地把劳动颂扬为某种庄严体面之事。可是，为使劳动具有被尊敬的权利，首先就有必要让生存（Dasein）本身——于生存而言，劳动毕竟只是一种令人痛苦的手段——具有更多一点尊严和价值，多于它迄今为止在严肃的哲学和宗教那里所具有的尊严和价值。在所有千百万人的劳动困迫（Arbeitsnoth）中，除了不顾一切的生存欲望之外，我们还能找到什么呢？正是通过这同一种全能的欲望，已然枯萎的植物把它们的根须扎入无土的岩石！

只有一些人能够从这种骇人的生存斗争中脱身，他们随后立刻又让自己被高贵的艺术文化幻觉所占据，而且只是为了不至于走向实践的悲观主义，自然厌恶悲观主义，将其视为真正的不自然（Unnatur）。与希腊世界相比，现代世界所创造的大多只是病态怪诞之物。在现代世界中，个体的人是用许多片段杂乱拼凑而成的，正如贺拉斯的诗学开场白中那个奇妙的生物一样，在同一个人身上，常常同时显示出生存斗争当中的贪婪和对于艺术的渴求：这种不自然的融合使得前一种欲望不得不在艺术需求面前为自己辩护、贴金。人们因此而相信"人的尊严"和"劳动的尊严"。

希腊人无需这种概念幻觉，他们以惊人的坦诚说到，劳动是一种耻辱——并且还要加上一种更为隐匿、更少被道及却无处不在的智慧：就连人类事物也是一种可耻而又可悲的虚无，是一场"幻梦"。劳动是一种耻辱,因为生存本身没有价值:可恰恰当这种生存在艺术幻象的诱人装点之下熠熠生辉并看起来确有一种价值的时候,劳动是一种耻辱,这句话却仍旧成立——并且在一种感受之中,即感到为了赤裸裸的继续生活下去而斗争的人不可能成为艺术家。在现代,不是渴求艺术的人,而是奴隶,规定了一般的观念:为了能够生活,作为奴隶,他必定会按照自己的天性为其所有的关系贴上惑人的标签。像人的尊严、劳动的尊严这样的幻象,是向自己隐匿自身的奴隶制度的可怜产物。不幸的时代啊,奴隶需要这样的概念!不幸的时代啊,奴隶被激励去思索自身和自身以外的事物!不幸的诱惑者们,他们用知识树上的果实毁灭了奴隶的无辜状态!而今,这奴隶必须用这些易被识破的谎言来维系他日复一日的生活,比如所谓的"人人平等"、"人的基本权利"、人之为人的基本权利,或者劳动的尊严,每个有深刻眼光的人都能识破这些谎言。他甚至被禁止去理解,在哪个程度上、在何种高度上大概才能谈及"尊严",意即当个体完全超出自身之外,并且不再为了服务于他的个体生存而必须生育和劳动的时候,才能谈及"尊严"。

可即便这个高度上的"劳动",也让希腊人时而感到它看起来像是耻辱。普鲁塔赫(Plutarch)曾怀着古希腊的天性说道,没有哪位出身高贵的年轻人,在比萨(Pisa)看见宙斯的时候,会想让自己成为一位菲迪亚斯(Phidias)[①],或

[①] 古希腊著名雕塑家(约公元前490—前430年):奥林匹亚的宙斯神像是他的作品。

者在阿尔戈斯（Argos）看见赫拉的时候，会让自己成为一位波利克莱图斯（Polyklet）①；同样，他也不会希望成为阿纳克里翁（Anakreon）、菲利塔（Philetas）或阿尔基洛科斯（Archilochus）②，即便他也非常喜欢他们的诗歌。对于希腊人而言，艺术创造像任何庸俗的手工劳作一样，都落在了劳动这个不光彩的概念之下。当艺术冲动的强迫力量在他身上发作的时候，他就必须要创造，并且得承受那种劳动之困迫。希腊人的这种想法，仿佛一位父亲虽赞赏孩子的美丽和天赋，对于生育的行为却有一种羞愧之反感。对于美的充满快乐的赞叹并未让他忽略它的生成（Werden）——像自然中的一切生成一样，在他看来，它是一种强大的困迫、一种对生存的渴求。尽管在生育过程中，人服务于一个高于其个体保存的目标，人们还是把这个过程感受为可耻的、需要隐藏的：这同一种感受也笼罩着伟大艺术作品的产生，尽管它开创了一种更高的生存形式，就像前一种行为开创了一代新人一样。因此，只要人还只是一种广大的意志现象的工具，这种意志现象比他自己在个体之单独形态中所能是的样子要无限的广大，那么羞耻看来就会出现了。

现在我们拥有了一个普遍的概念，在这个概念之下，希腊人关于劳动和奴隶的感受得到了整理。两者都被他们看作一种必要的耻辱，人们为之而感羞耻，在其中既感到耻辱，又感到必要。在这种羞耻感中，隐藏着一种无意识的认识，即认识到真正的目

---

① 古希腊著名雕塑家和艺术理论家，大约于公元前480年生于阿尔戈斯，卒于公元前5世纪末。

② 三者皆为希腊抒情诗人。

标需要那些条件,可也认识到,在那种需要中有着斯芬克斯天性可怕的、猛兽一般的因素,这斯芬克斯在艺术家自由的文化生活的颂赞中,如此美妙地向前挺出少女的身姿。教化——首先是真实的艺术需求——立于一种可怕的基础之上;而这基础可从渐渐生起的羞耻感中见出。为了给艺术发展提供一个深广富饶的地基,无量众生必须服务于少数人,必须超出他们个体需要的程度之外,奴隶般地承受生活之困迫。通过他们的牺牲,通过他们更多的劳动,那些特权阶级才能逃脱生存斗争,从而去创造并满足一个新的需求世界。

因此,我们必须学会赞同这个听似残酷的真理,即奴隶制是文化的本质要素:诚然,对于生存的绝对价值,这个真理并未留下任何怀疑。它是那只秃鹫,撕咬着普罗米修斯式的文化敦促者的心肝。艰辛度日之人还要过得更加悲惨,这样,一小部分奥林匹斯之人才能创造出艺术世界的作品。那些共产主义者和社会主义者们,连同他们更加苍白的后裔,即每个时代"自由主义者们"的苍白种族,反对艺术、同时也反对古典时代之时,所接近的愤怒之源即在于此。如果文化事实上位于一个民族的心愿之列,如果在此没有不可摆脱的权力起着支配作用、成为个体的法则和藩篱,那么对文化的藐视、对精神贫乏的颂赞、像捣毁圣像一样毁灭艺术权利,就不只是一场被压迫的大众对寄生虫般的个人的反抗:而是拆毁了文化之墙的同情之呼喊;对正义、对同等痛苦的欲求淹没了所有其他的观念。事实上,一种过度的同情有时会在短时间内一下子冲破了文化生活的所有堤坝;同情之爱与和平的彩虹伴随着基督教的第一次大放异彩而出现,在这彩虹之下生出了基督教最美的果实:《约翰福音》。然而,也有例证表明,强大的宗教会在很长一段时间内固着于既定的文化等级,并用无情的镰刀割掉任何还想猛然滋长之物。也就是说,切莫忘记这一点:我们在每一种文化的本质中所找到的同一种残酷,也存在于每一个强力宗教的本质之中,进而言之,普遍地存在于权力的天性之中,权力总是恶的;于是,当一种文化因为向着自由或至少是向着正义的呼喊而摧毁了宗教权利耸入云天的堡垒之时,我们也能很好地理解。在这种可怕的事物情势中想要生存,即必须生存之物,在其本质中是原始痛苦和原始矛盾的摹本,也就是说,在我们的眼中,在这"尘世器官"中,必须被视为对于生存不知餍足的贪欲和在时间这种形式中永恒的自我矛盾,即必须被视为生成。每个瞬间都吞噬了前一个瞬间,每次诞生都是无数个存在物的死亡,生育、生命和谋杀是同一回事。因此,我们可以把壮丽的文化比作沾满鲜血的胜利者,他将失败者作为奴隶缚于战车之上,与他的凯旋车队同行:奴隶们被一种慈悲的力量蒙住了双眼,即便车轮几乎将其碾碎,也还在高呼"劳动的尊严""人的尊严"!文化,这丰腴的克娄巴特拉,不断地将最宝贵的珍珠扔向她那金黄色的杯子:这些珍珠是对奴隶和奴隶悲苦境况的同情之泪。现代人的娇弱化导致了眼下严重的社会困境,这种娇弱化却也并非出于对那种悲苦的真正的和深刻的怜悯;如果说希腊人有可能亡于他们的奴隶制,那么远为肯定的是,我们将亡于缺少奴隶制:无论是原始基督教还是日耳曼部族,都从未将奴隶制视为有失体统的,更不用说要抛弃它了。中世纪农奴的观念多么崇高地影响了我们,他们内心里对于高等人强健而又温柔的权利和伦理关系,他们那狭隘生存的深思熟虑的围篱——多么崇高——又多么该受谴责!

谁要是能够不无伤感地思索社会的构型,谁要是学会了将社会理解为那些被豁免了劳役的文化人(Kulturmenschen)持续而痛苦的诞生(所有其他人都必须耗尽精力来服务于这些人),那他也就不再会被现代人在国家的起源和意义之上所广布的虚假光环所欺骗了。即,对于我们来说,国家若不是一种工具,使得之前所描述的社会进程得以启动并保证它无障碍地运行,那还能有何意义呢?无论每个个体的社会冲动已然多么强烈,只有国家的铁爪才能将大众这样强行排列,而后才必定会产生那种社会化学分层及其新的金字塔构造。可是这种突如其来的国家权力(它的目标超越了个体的见识及其利己主义)是从哪儿冒出来的呢?奴隶,这种盲目的文化鼹鼠,是怎么产生的呢?希腊人在国际法上的天性向我们透露了答案,即便充满了文明和人道,这种天性也没有停止响亮地喊出这样的话语:"战败者,连同妻儿、财物和血液,都归属于胜利者。暴力(Gewalt)赋予最初的权利(Recht),没有任何一项权利在其根基中不是僭越、篡夺和暴行。"

在此,我们重又见到,自然为了形成社会,带着何种无情的固执锻造着残酷的国家工具——即那拥有钢铁之手的征服者,这征服者无非是上述本能的客体化。在此类征服者难以解释的强大和力量之中,观察者感受到,它们只是一种目的的手段,这种目的在它们当中显现却向它们隐藏了自身。仿佛有一种带有魔力的意志从中发出,较软弱的力量如谜一般迅速地与其相连,强力如雪崩一般骤然兴起,这时它们在那创造性内核的魔力之下奇迹般地发生了变化,变成了一种迄今未曾有过的亲合性。

如果我们现在看到,被统治者很快就多么少地关注国家的可怕起源,以至于历史就那种突如其来的、暴力血腥的,并且至少在一个点上无法解释的篡夺之发生给予我们的教导,在根本上就比其他任何事件给予的教导都要糟糕:如果心灵在面对形成中的国家的魔力之时,毋宁不由自主地膨胀起来,在计算理智只能够看到一种力量增长的地方感到了一种无形的深刻意图:如果现在甚至国家都被强烈地看作个人献身与义务的目标和巅峰:所有这一切道出了国家巨大的必然性,自然通过社会实现了它在外观(Scheine)、在天才之镜中的解脱(Erlösung),没有国家这就无法实现。怎样的知识不能克服对于国家的强烈兴趣!倒是可以设想,一个人洞察了国家的起源,从此以后只在远离国家之处寻求他的解救;何处不能看到他的产生纪念碑:荒弃的土地、毁坏的城市、野蛮化的人和折磨人的民族仇恨!国家有着可耻的出身,它对于大多数人而言是持续不断的辛劳之源,在经常重现的阶段中,是吞噬人类的火焰——尽管如此,它也是让我们忘记自己的声音,是激发无数真正的英雄行为的战斗号角,对于盲目而自私的大众来说,它或许是最高的、最值得尊敬的对象,他们也只有在国家生活的非凡时刻才会在脸上现出少有的伟大神情!

然而,鉴于希腊人独一无二的艺术穹顶(Sönnenhöhe),我们必定已经先验地将希腊人构想为"政治人本身"了;而且事实上,像希腊人这样如此可怕地释放政治冲动、如此无条件地牺牲所有其他利益来服务于此种国家本能,这在历史上也是绝无仅有的——人们充其量只能以譬喻的方式并出于类似的理由,将同样的称呼加于文艺复兴时期的意大利人。在希腊人身上,这种冲动是如此过度地充溢,以至于他总要重新开始向自己咆哮,张嘴咬向自己的骨肉。这城邦之间、党派之间血腥的嫉恨,这小型战争中的谋杀欲,踩在被击毙的敌人尸首之上的老虎般的胜利,简言之,那特洛伊的战争和恐怖场景持续不断地重现,荷马充满快乐地沉醉于这番景象,作为真正的希腊人立于我们面前——希腊城邦这种朴素的野蛮,其意义指向何方？在执掌永恒正义的审判席面前他该从何为自己辩护？城邦骄傲而平静地向审判席走去：手上牵着希腊社会这位绝代佳人。他为了这位海伦（Helena）而发动那些战争——哪位胡子花白的法官有资格谴责他呢？——

在此,我们预感到了这种在国家和艺术、政治欲望和艺术创造、战场和艺术作品之间极为隐秘的关联,我们因此而理解了国家：像前面所说的那样,国家只是强迫社会进程的铁爪：要是没有国家,那么,在自然的bellum omnium contra omnes［一切人反对一切人的战争］中,社会根本就不可能超过家庭的范围,以更大的规模扎下根来。现在,在四处都建立了国家之后,那种bellum omnium contra omnes［一切人反对一切人的战争］的冲动时而积聚成为民族之间可怕的战争阴云,并仿佛要像闪电一样爆发,爆发得更少却也更加强烈。而在停战时期,社会获得了时间,在bellum［战争］向内涌聚的影响之下,到处萌芽生绿,从而让闪亮的天才之花趁着不多的温暖时光尽快地开放。

基于希腊人的政治世界,我不想隐藏自己的看法,即在何种当代现象中,我看到了危险的、对于艺术和社会而言同样令人担忧的政治领域的萎缩。如果有人可以一出生就位于人民和国家天性(Volks-und Staateninstinkte)之外,并且只当他们看到国家有助于他们自己的利益的时候,才让国家具有效力:那么,这种人必定会把巨大政治共同体之间尽可能的和平共处设想为国家最终的目的,在这种共同体中,他们可以获得所有人的同意,无限制地追逐自己的愿望。基于头脑中的这种观念,他们会要求政治尽可能地为这些愿望提供保障,另一方面,无法想象他们会违背自己的意愿,比如被一种无意识的天性所引导,而献身于国家目标(Staatstendenz),这是无法想象的,因为他们缺的正是这种天性。所有其他的国家公民都不解自然通过他们的国家天性要达到什么目的,并盲目地跟从这种天性;只有那些位于这种天性之外的人才知道,他们想要从国家得到什么并且国家应该为他们提供什么。因此,这种人恰恰会无可避免地对国家施以巨大的影响,因为他们可以把国家视为一种手段,而所有其他人都臣服于那种无意识的国家目的的权力之下,连他们自己都只是国家目标的手段。而后,为了通过国家手段来实现他们的自私目标的最高要求,首先必须将国家从那种极其反复无常的战争痉挛中完全解放出来,从而让他们可以理性地使用它;他们由此而尽可能有意识地追求一种状态,在其中战争是不可能的。为此,首先要将政治上的特殊欲望尽可能地剪除、弱化,并且通过建立巨大的、分量相当的国家组织及其相互间的保障来使得一种侵略战争绝少成功的可能性,进而使得一般意义上的战争的可能性降至最低：正如他们在另一方面试图从个别掌权者手中夺取关于战争与和平问题的决定权，从而让他们得以唤起大众或其代表人的利己主义一样：为此，他们又必须渐渐消解民众的君主意识。他们通过极其普遍地传播自由-乐观的世界观来实现这个目标，这种世界观的根源在于法国人的启蒙和革命教义，也就是说，在于一种完全非日耳曼的、真正罗曼风格的、平庸而且非形而上学的哲学。我不得不在眼下占支配地位的民族化运动中、在普选权同时的蔓延中首先看到战争恐惧症的影响，甚至在这些运动的背后瞥见那真正的恐惧者，即那些真正国际化的、没有国籍的金钱隐士，这些人天生缺少国家本能，因此学会了将政治作为交易所的手段、将国家和社会作为他们自己发财致富的工具来滥用。针对这种令人担忧的从国家目标（Staatstendenz）向金钱目标（Geldtendenz）的偏移，唯一的对症之药就是战争，除了战争还是战争：在战争的风起云涌之中，人们至少可以清楚地看到，国家并非作为自利个人的保护机构而奠基于对战争恶魔的恐惧之上，而是在祖国和君王之爱中从自身孕育了一种伦理热情，这种热情指向一种远为高远的使命。革命观念被用来服务于一种自利的、无国家的金钱贵族制，如果我把这称为当代政治的危险特征，如果我把自由乐观主义（liberaler Optimismus）惊人的蔓延同时看作落入怪手的现代金钱经济（Geldwirthschaft）的结果，并且把所有糟糕的社会状况、连同各种艺术势在必然的堕落，都看作是从那个根源中萌芽的或者是和它一同成长起来的：那么诸君定要原谅我时时去奏响战争的凯歌。他的银弓发出令人胆战的声响：他像黑夜一样突然降临,他却是阿波罗,是真正的为国家祝圣、净身的神灵。正如《伊利亚特》开头所说的那样,他首先把箭射向骡子和狗。而后射向人类自身,四处都有柴堆驾着尸体,熊熊燃烧。甚至可以说,战争之于国家,正如奴隶之于社会一样是必要的:谁还想着他能够摆脱这些知识,如果他真诚地探问,希腊艺术的完满之境为何无人可及?

谁要是基于至此为止所描述的国家的本质来观察战争及其身着制服的可能性,即战士阶层,他必定会洞察到,战争和战士阶层为我们展示了一副国家的摹本,甚或原型。我们在此看到,作为战争倾向最普遍的影响,混乱的大众被小心翼翼地区分开来,分入军事等级中去,一种"战争社会"的构造像金字塔一般地从中形成,立于一个最宽阔的、奴隶般的最低阶层之上。整个运动的无意识的目标把每个个体强行纳入其枷锁之下,并且还使异质天性的特征仿佛发生了化学变化,直到它们与那个目标相亲合为止。在更高的等级中,已然能够更多地感受到,在这个内在过程中根本上所发生的事情是什么,即军事天才的孕育——我们学会了将其认作开国元勋。在某些国家,比如在斯巴达的来库古①宪法(Lykurgische Verfassung)中,我们能够清楚地看到那个根本的国家观念的痕迹,即孕育军事天才。现在,让我们来想一想原始军事国家最有生机、最为活跃的状态,想想它真正的"工作",并在眼前浮现全部的战争技艺,于是我们就无法不通过这些问题来修正我们无孔不入的"人的尊严"和"劳动

---

① 传说中斯巴达的立法者。

的尊严"的概念：以消灭"富有尊严的"人为目标的工作究竟是否也属于工作？尊严概念是否也适用于以这种"富有尊严的工作"为己任的人？或者，难道这些互相极为矛盾的概念没有在国家的这些战争任务中彼此扬弃？我甚至会想，好战的人或许是军事天才的一个手段，并且他们的工作也只是这同一种天才的手段而已；他不是作为纯粹的人和非天才，而是作为天才的手段（他也能够把自己的毁灭作为实现战争艺术的手段来喜爱），才获得了一点点尊严，即因为他是天才的手段而被尊敬。这里在一个个别事例中所展示的东西，却也适用于最广泛的意义：每个人及其全部的行为，只有当他有意或无意地作为天才的工具，才有些尊严；从中立即可以得出这样的道德结论："人本身"、纯粹的人，既不具有尊严，也不具有权力和义务：只有作为完全被决定的、为无意识的目标而服务的存在者，人才能为他的生存而辩解。

根据这些观察，柏拉图的理想国（*vollkommne Staat*）肯定比其崇拜者中的暖血动物所以为的还要伟大，更不用提那种含笑的优越姿态了，我们的"历史"学者懂得用这种姿态来拒绝这样一颗古代世界的果实。国家的真正目标是奥林匹斯山上的生存、是天才不断的孕育和准备，与之相比，所有其他的东西都只是工具、手段和条件，柏拉图凭借一种诗性直觉发现了这一点并且作了粗略的描绘。透过彼时国家生活颓唐已极的神首柱，柏拉图在其内里发现了此时仍然具有神性的东西。他相信，人们能够从中取出神像，而且狂暴的、被野蛮扭曲的外表并不属于国家的本质：其政治激情的全部炙热和庄严都投入到了这种信念和愿望中去——这火焰将他灼烧。至于柏拉图没有在他的理想国中将普遍意义上的天才,而只是将智慧和知识的天才置于顶端,艺术天才却被他完全排除在他的国家之外,这是苏格拉底的艺术评判的生硬结果,柏拉图在与自身的斗争中将之变成了他自己的评判。这个缺陷主要是外在的并且几乎是偶然的,它不应阻止我们在柏拉图式国家的整体构造中,分辨出那巨大的象形文字,其中包含着一种深刻的、永远都值得体会的关乎国家与天才之相互关系的<u>秘密学说</u>:我们在这篇前言中已经说出了在我们看来这个秘密文字中所蕴含的东西。——

4. 叔本华哲学与一种德国文化的关系

序　言

在心爱而卑鄙的德国,现在教化是如此的废弛,对一切伟大之物的忌妒是如此无耻地盛行,追求"幸福"的竞赛所发出的普遍骚动是如此的震耳欲聋,以至于一个人必得具有一种坚定的信念,几乎是在credo quia absurdum est［唯其荒谬,所以信仰］的意义上的信念,才能够在这里还希冀一种文化的产生,并首先为这种形成中的文化而工作——教导大众,而非像报刊一样去"迎合大众"。那心中对人民(Volk)怀有不朽忧思的人,必得用力把自己从如今大行其道之物向他们奔涌而来所造成的印象中解放出来,并且让人以为他们仿佛将这些东西都看作是无关紧要的。他们看起来必得是这种样子,因为他们想要思考,因为一种令人作呕的景象和一种杂乱无章的噪音——这种噪音很可能甚至还掺有战争荣誉的号角——扰乱了他的思想,然而最重要的还是因为他们愿意信仰德国精神(das Deutsche),并且可能会随着这种信仰而失去他们的力量。当这些信仰者极力从远处、从高处往下向他们的希望之乡望去的时候,不要责怪他们!他们害怕听到友好的外国人透露出这样的经验,即当他现在与德国人一同生活的时候,必得惊讶,德国人的生活与那些伟大的个人、作品和行动是多么的不相称啊,他友好地学会了将这些伟大之物作为真正的德国精神来尊崇。在德国人不能登峰造极的地方,他就会给人留下比中等水平更差的印象。即便在著名的德国科学中,一些最为有用的持家美德和家庭美德,诸如忠诚、自制、勤劳、谦卑、整洁等,看起来已经获得了自由的发展并且仿佛入了化境,然而,德国科学却绝不是此类美德的结果;切近地来看,在德国,那趋向无限认识的动机,看起来与其说是像一种力量的过剩,不如说是像一种匮乏、缺陷和疏漏,几乎是一种贫乏的、无形式的、无生气的生命的结果,甚至像是对于道德琐碎和毒辣的一种逃避,德国人平常即屈服于这种琐碎和毒辣之下,尽管在科学这样的事务中,它也会突然出现,甚至更加经常地爆发出来。在生活、认识和判断上,作为市民生活真正的能手,德国人长于浅见(Beschränktheit);当他们要担负一个人、让他超过他们升入崇高之境的时候,他们的举动就像铅锤一样的困难,并且他们像铅锤一样悬挂在真正的伟人之上,将其从苍穹拉向自己,拉向他们可怜的贫乏。这种市井习气(Philister-Gemütlichkeit)

或许只是一种真正的德意志美德——对于个别、细小、切近之物的一种内在的专注,并专注于个体的神秘——的蜕变,可是现在,这种发霉的美德却比最显见的恶习还要糟糕;特别是自从人们开始在文学上对这种品质进行自我颂扬并发自内心地喜欢它之后。现在,众所周知的如此富有教养的德国人中的"学者",和众所周知的如此没有教养的德国人中的"市井",公开握手了,并且相互达成了一项协议,规定了人们从此以后得怎样写作、作诗、作画、作曲,甚至哲思,乃至于统治,从而既不与前者的"教化"离得太远,也不与后者的"习气"靠得太近。现在,人们把这称为"当今的德国文化";我们既已知道,他的同乳兄弟,即德国市井,现已无耻地、仿佛带着失落的无辜,在全世界面前承认自己的身份,尚可追问的是,这种"学者"可识别的特征是什么。

现在的学者所受的首先是历史教育:他通过历史意识在崇高者面前拯救自己;市井庸人则通过他的"习气"来达到这一点。不再是历史所激起的热情——如歌德还能以为的那样——而恰恰是所有热情的熄灭如今成了这些nil admirari〔无可惊异之物〕的惊异者们的目标;可对于这些人我们必须喊道:"你们是所有世纪的小丑!历史只会告诉你们那些你们所配得的!世界在任何时代都充满了零星琐碎和微不足道之物:你们的历史热情所揭示的正是这些,而且恰恰只是这些。你们能够成千上万地冲向一个时代,狼吞虎咽一番——而后又向之前一样饥渴,并且你们能够对你们这种忍饥挨饿的健康方式大加赞颂。Illam ipsam quam iactant sanitatem non firmitate sed ieiunio consequuntur. Dial. de orator. c. 25. [他们所夸耀的那种健康,并不是基于真正的力量,而是基于节欲。(塔西佗,《关于演说家的对话》,第25段)。]①历史无法向你们说出任何本质性的要素,而是带着嘲讽隐匿地站在你们身后,它给予一个人一个国家行动,另一个人一份公使馆报告,还有一个人一个年份或是一个语源或是一个实用的蛛网。你们真的以为能够像加减乘除那样计算历史,并且以为你们那平庸的理智和你们的算术教育足够应付这种计算?当你们听到别人就众所周知的时代说出了你们前所未闻并且永远无法理解的事物的时候,你们会是多么的恼怒啊!"

现在,如果在这种自称为历史性的、对于真正教化的热忱之外,在敌视、辱骂一切伟大之物的市井习气之外,再加上第三种野蛮而激动人心的协作——那些奔向"幸福"的赛跑者们的协作——,那么这在总体上就会产生一种如此纷乱的叫喊和如此扭曲肢体的骚动,以至于思想者得紧闭耳目逃往最孤独的荒野——在那里,他可以看见那些人永远无法看见的东西,他必会听见从自然的一切深渊和漫天繁星而来向他发出声音的东西。在此,他与那些向他浮现的大问题相攀谈,然而它们的声音听起来既是恼人而可怕的,又是非历史而永恒的。软弱者因其冷酷的气息而退避三舍,计算者穿行其间却没有感受到这些问题。而最糟糕的要数按照自己的方式严肃而费心地与之打交道的"学者"。对他而言,这个幽灵转变成了概念网络和空洞的声音图形。

---

① 塔西佗的原文应该是在第23段,而非尼采所标的第25段。

在把手伸向这些问题的时候,他误以为自己拥有哲学,在寻找它们的时候,他围绕着所谓的哲学史爬上爬下——当他最终收集、堆积起了这种抽象概念和陈旧框架的一整片云雾之后——但愿一位真正的思想者能够在途中遇见他——并且吹散了云雾。身为学者,却要致力于哲学,这真是令人绝望的阴差阳错啊!尽管他时常以为,哲学与眼下自诩为"德国文化"的东西之间不可能的联接变得可能了;某一个雌雄双性的造物在这两个领域之间打情骂俏、眉来眼去,造成了彼此两方面的幻觉。然而,如果不愿让自己被迷惑的话,德国人有朝一日会接受一个建议。他们首先应当就他们现在称为"教化"的所有东西自问一下:这真的是所期望的德国文化吗?对于德国精神而言是如此的严肃和有创造性、如此的具有救赎之效,对于德国美德而言是如此的具有净化之功,以至于它在这个世纪唯一的哲学家,阿图尔·叔本华也必得信奉它吗?

这儿是你们的哲学家——现在去寻找属于他的文化吧!当你们能够预感到,这对于与这样一位哲学家相适应的文化意味着什么,那么现在你们在这种预感中就已经对所有你们的教化和你们自己——下了断语!

5. 荷马的竞赛

序　言

当人们谈论人道(Humanität)的时候,在根柢上实有这样一种观念,即这是人与自然相分离、使人从自然中突显出来的要素。然而这样一种分离在实际上却是不存在的:"自然的"特性和所谓真正"人性的"(menschlich)特性是无可区分地生长在一起的。在其最高等、最高贵的力量中,人完全是自然,并且承负着自然极其可怕的双重特征。他那可怕的、被视为非人的能力甚或是富饶的地基,只有从这里才能长出激动、行动和功业中所有的人道。

所以,作为古代最为人道的人,希腊人身上具有一种残酷的特征,具有老虎般的毁灭欲:这种特征在夸大至荒诞可笑的希腊人的镜像中,在亚历山大大帝中,也是清晰可辨的,如果我们带着柔弱的现代人道概念走向希腊的全部历史和神话,是必定会感到畏惧的。当亚历山大让人把加沙(Gaza)勇敢的守卫巴蒂斯(Batis)的双足穿透,并将他活活地捆上他的战车,从而在其士兵的嘲笑声中将他来回拖曳:这是那在夜间通过类似的来回拖曳来虐待赫克托尔(Hektor)的尸体的阿喀琉斯(Achilles)惹人厌恶的漫画;可即便阿喀琉斯的拖曳也让我们感到伤害和残忍。我们在这当中瞥见了仇恨的深渊。我们也带着同一种感受来面对两个希腊党派血腥的和不知餍足的互相厮杀,比如在科西拉革命(korkyräischen Revolution)中。当胜利者在一个城市的战役中根据战争的权利处决了所有的男性公民,并将所有的妇女和孩子卖作奴隶,我们在这样一项权利的批准中看到,希腊人将其仇恨的完全释放看作严肃的必然性;在这种时刻,集中而膨胀的感受得到了缓解:老虎蹿上前来,它那可怕的眼睛闪烁着一种放荡的残忍。希腊的雕塑家们为何总是必得在不计其数的重复中一再地描绘战争和战斗？描绘伸展开来的身体，这些身体被仇恨或者被胜利的傲慢张满了渴望，描绘蜷曲成团的伤者和奄奄一息的垂死者？在伊利亚特的战争图景中，为何整个希腊世界都在欢呼雀跃？我担心，我们不能足够"希腊地"理解这一点，担心一旦我们希腊地理解了这一点，我们会为之而感战栗。

位于荷马世界这个所有希腊因素的母腹背后的是什么？在这个世界中，我们已被不寻常的艺术确定性、被线条的宁静和纯洁提升至单纯材料的融合之外：它的颜色因一种艺术幻觉而显得更加明亮、柔和与温暖，它的人物在这种多彩而温暖的光亮中显得更好、更令人喜爱了——然而，如果我们不再让荷马的手来引导和保护我们，而是往回踏入荷马之前的世界，我们会望向何方呢？只会看入黑夜和恐惧，看到一种习惯了恐怖之物的幻想。这令人厌恶的、可怕的神谱传说所反映的是怎样一种尘世的生存啊：支配着这样一种生命的只是黑夜之子，是争吵、爱欲、欺骗、老年和死亡。设想一下比赫西俄德诗歌中沉重的空气还要稠密阴暗的气息，并且没有任何一点从德尔斐和许多诸神府第涌向希腊的那种柔化和净化：且让我们把这种彼奥提亚的（böotische）空气同伊特拉斯坎人（Etrusker）①阴暗的淫欲相混合；而后，这样一种现实将向我们逼取一个神话世界，乌拉诺斯、克洛诺斯、宙斯和泰坦斗争在其中必定会显得像是一种缓和；在这种压抑的氛围中，战斗是解脱和拯救，胜利之残酷是生命呼声的顶峰。并且正如希腊的权利概念事实上是从谋杀和赎

---

① 古代意大利西北部古老民族，也译为埃特鲁斯坎人或伊特鲁里亚人。

谋杀之罪发展起来的,高贵的文化也是从谋杀的赎罪祭坛上取得了它的第一顶胜利花环。那个血腥的时代留下了一道深深泛入希腊历史的波纹。俄尔浦斯、穆塞乌斯(Musäus)及其祭祀的声名显示了,不断地注视着一个战斗和残忍的世界会导致怎样的结果——会导致对生存(Dasein)的厌恶,导致将这种生存视为一场有待救赎的惩罚,相信生存和负罪的存在是同一的。然而这个结论恰恰不是特属于希腊的:在这一点上希腊与印度、与整个东方相遇了。"一种战斗和胜利的生命想要什么?"希腊天才还为这个问题准备了另一个答案,并且在希腊历史的全部范围中给出了这个答案。

要理解这个答案,我们得立足于这样一个出发点,即希腊天才给予那曾经以如此可怕的方式存在的欲望以承认并且视其为合理的:而在俄尔浦斯的转向中包含着这样一种观念,即以这样一种欲望为根柢的生命是不值得活的。战斗和胜利的快乐被认可了:没有什么比从这儿发源的个别伦理概念——如纷争(Eris)和忌妒——的色彩更使希腊世界区别于我们的世界了。

当旅行家保萨尼亚斯(Pausanias)[①]在他的穿越希腊之旅中拜访赫利孔山(Helikon)[②]的时候,他见到了希腊人的第一首教谕诗、赫西俄德的《工作与时日》的古本,书写在铅板上,被岁月和天气极严重地毁坏了。不过他还是辨认出,与通常的本子不同的是,它开头没有那一小段对宙斯的赞颂,而是一上来就宣布

[①] 公元2世纪的希腊地理学家和旅行家,著有《希腊志》。
[②] 传说中缪斯女神的居所。

"地上有两位纷争女神"。这是最值得注意的希腊思想之一,并且仿佛镌刻在希腊伦理的门径之上,值得后来者铭记。"一位纷争(Eris),只要人们能够理解她,就会对她加以称赞,正如另一位要加以谴责一样;因为这两位女神有着截然不同的性情。一位推动恶劣的战争和争执,多么残忍!没有哪位有死者想要吃她的苦头,而是遵照不朽者的决议,在困迫之枷锁中对这给人沉重压力的纷争女神表示尊敬。这一位更加年长,是黑夜所生;另一位则被高高在上的宙斯置于大地之根和人类之中,要好得多。即便笨拙的人也被她激励着去劳动;她让缺少财产的人以富人为榜样,于是他就急忙以相同的方式播种、栽培,把家里布置妥当;邻居与奋力致富的邻居相竞赛。这位纷争女神有益于人类。陶工憎恨陶工,木匠憎恨木匠,乞丐忌妒乞丐,歌手忌妒歌手。"

最后两行谈及 odium figulinum[陶工的憎恨]的诗句在我们的学者看来是不可理解的。根据他们的判断,"憎恨"和"忌妒"这样的谓语只与那恶劣的纷争女神的本性相合;于是他们毫不费劲地就把这两行判定为伪作或者偶然的误植。然而,在此必定是另一种非希腊的伦理在促使他们这样做:因为就这段诗句与有益的纷争女神的关系,亚里士多德就没有感到任何突兀。并且关于憎恨和忌妒,和我们观点不同的,不只是亚里士多德,而是整个古代希腊世界,他们都持有赫西俄德的看法,将一位纷争女神称为恶的,即那位把人类引向互相敌视、互相毁灭的战斗的纷争女神,然后又将另一位纷争女神赞颂为善的,她作为猜忌、憎恨和忌妒激发人们去行为,但不是去进行毁灭的战斗,而是去进行竞赛。希腊人是好忌妒的,并且不把这种性格感受为缺陷,而是感受为一位慈善的神灵的影响:在伦理判断上,我们和希腊人隔着怎样的鸿沟啊!因为他是好忌妒的,每当有了过多的荣誉、财富、光环和幸福,他也就感到一位神灵的忌妒之眼在盯着他看,并且他是害怕这种忌妒的;在这种情况下,他会警告自己,人类的运气总是易逝的,他害怕自己的幸福,他屈从于神性的忌妒,将最好的东西献为祭品。这个观念并未使他远离他的诸神:相反诸神的意义由此而得到了规定,即人绝不能冒险与神灵竞赛,即便他的灵魂中充满了对任何一个其他活着的存在者的忌妒。在塔缪利斯(Thamyris)[1]和缪斯、马西亚斯(Marsyas)[2]和阿波罗的争斗中,在尼俄柏(Niobe)[3]的动人命运中,表现了人与神,这两种绝不能够相互斗争的力量的可怕对立。

可一个希腊人越是伟大和崇高,虚荣心的火焰就越是明亮地从他那儿迸发出来,折磨着每一个跟他走在同一条道路上的人。亚里士多德曾以伟大的风格开列过一张这种敌意竞赛的清单:其中最引人注意的例子是,甚至一个死者还能让一个活着的人激起折磨人的忌妒。亚里士多德说的是科洛丰的色诺芬尼与荷马的关系。如果我们没有设想这种攻击的根本是一种巨大的欲望,比如后来的柏拉图也是这样,即想要让自己取代被推翻的诗人的位置并且继承他的荣誉,那么我们就不能按其强度来理

---

[1] 色雷斯的歌者,因超凡的歌技而敢于向缪斯女神挑战,并因此而受到了惩罚,成了盲人并丧失了歌唱技艺。

[2] 善吹笛子,他向阿波罗挑战,要用他的长笛和阿波罗的七弦琴一比高下,输给了阿波罗并被活生生地剥皮杀死。

[3] 底比斯的王后,生有七儿七女,自以为胜过只生有一儿一女的勒托并阻止民众崇拜她,因此而得罪了勒托,儿女分别遭到阿波罗和阿忒弥斯的射杀。

解这种对于民族的诗艺英雄的攻击。每一个伟大的希腊人都传递着竞赛的火炬；每一种伟大的美德都点燃着一种新的伟大。当少年地米斯托克利（Themistokles）①因为惦记着米太雅德（Miltiades）②的桂冠而无法入睡的时候，他那很早就被唤起的欲望要在与亚里斯泰德（Aristides）③进行长久的竞赛之后，才激发为他那唯一值得注意的、纯然本能的政治行动的天才，如修昔底德向我们描绘的那样。当伯利克里的一个著名的反对者被问到，城里最好的摔跤选手是他还是伯利克里，他的回答是，"即便我把他摔倒在地，他也会否认自己被摔倒了，他达到了目的并且说服了那些看到他被摔倒的人。"这一问一答是多么的典型啊。

如果想要在其朴素的表达中真正不加掩饰地看到那种感受，即感到只要城邦的福祉应当存续，竞赛就是必要的，那只要想一想贝壳放逐法的原初含义：比如像以弗所人放逐赫尔默多（Hermodor）时所表现的那样。"在我们当中没有人可以是最好的；如果某人是的话，那就让他在别处，和别人在一起。"可为什么没有人可以是最好的呢？因为那样的话，竞赛就终结了，希腊城邦永远的生命根基就会受到损害。后来，贝壳放逐法获得了与竞赛的另一种关系：如果一位竞赛中的大政治家或者党派首领在白热化的斗争中被驱使去使用有害的和毁坏性的手段，并且

---

① 马拉松战役后登上政治舞台，极力主张发展海军，领导希腊海军赢得萨拉米海战。
② 曾领导希腊人赢得马拉松战役。
③ 雅典的陆战专家，与极力主张发展海军的地米斯托克利对立，但在萨拉米海战中两人并肩作战。

有发动政变的嫌疑,如果这种危险是显而易见的了,人们就会使用它。然而这个特殊安排的原初意义并不是充当阀门,而是作为一种激励手段:人们摒弃了杰出的个人,这样诸种力量的竞赛游戏又觉醒了:这是一种与现代意义上的天才的"排他性"相反对的观念,但它的预设是,在一种事物的自然秩序中,总是存在着许多天才,他们互相激发行为,就像他们也互相持守尺度的界限一样。这是希腊竞赛观念的核心:它憎恨独裁,害怕独裁的危险,作为针对天才的预防措施,它想要——第二个天才。

每一种天赋都得在斗争中展开,希腊的公民教育如是要求:而现代的教育者们最怕的就是所谓的虚荣心的激发。人们把自私①作为"恶本身"来担心——耶稣会士除外,他们在这一方面和古人所见相同,因此大概是我们时代最有现实影响的教育者了。他们看来以为只有自私,即个体性因素,才是最有力量的动因,至于品格的"善恶"则在本质上取决于个体所追求的目标。而对于古人来说,竞赛教育的目标就是整体的福利,即城邦社会的福利。比如,每一个雅典人可以在竞赛中如此地发展他自己,直到给雅典带来最大的益处和最小的损害。它并不像大多数的现代虚荣那样发展至没有测度也无可测度的境地:当年轻人去比赛跑步、投掷或者歌唱的时候,他想着的是母邦的福利;他想要通过自己为母邦增添荣誉;他将裁判尊敬地为他戴上的花环献给他的城邦的诸神。每个希腊人从童年开始就在心中感到一

---

① 德语中"自私"(Selbstsucht)的字面义为"寻求自身",而"虚荣心"(Ehrgeiz)的字面义为"对荣誉的渴求"。注意这一点有助于理解尼采对这两个词的重估。

种热切的愿望，想要在城邦间的竞赛中成为获得其城邦福祉的一个工具：他的自私由此而被激发，也由此而被约束和限制。因此在古代世界中，个人是更为自由的，因为他们的目标更加切近更能达到。相反，现代人处处都遇着无限性，就像埃利亚人芝诺所比喻的捷足的阿喀琉斯：无限性阻碍着他，他甚至超不过一只乌龟。

正如有待教育的青年在相互的竞赛中受教育一样，他们的教育者也在相互竞赛。作为伟大的音乐大师，品达和西蒙尼德怀疑而忌妒地齐肩并进；作为古代世界的高等教师，智术师在竞赛中与其他的智术师相遇；甚至通过戏剧而进行的最普遍的教诲，也要以音乐和戏剧艺术家之间可怕的搏斗的形式给予民众。多么奇怪啊！"艺术家也憎恨艺术家！"而现代人最怕艺术家身上具有个人的斗争欲望，希腊人却只在个人斗争中才认识艺术家。在现代人嗅到艺术作品弱点的地方，希腊人却要寻找其最高力量的源泉！比如柏拉图对话中特别有艺术意味的东西，大多是他与他那时代的演说家、智术师和戏剧家的艺术进行一种竞赛的结果，他发明这些东西是为了最后能够说："看哪，我那些伟大的竞争者们能够做的我也能做；我甚至能够比他们做得更好。没有哪位普罗泰哥拉像我一样创作了那么美的神话，没有哪位戏剧家创作了像《会饮》那样鲜活而吸引人的整体，没有哪位演说家写下了我在《高尔吉亚》中所描写的那样一场言说——现在我一起拒绝所有这些并谴责所有的模仿艺术！只有竞赛让我变成诗人、智术师和演说家！"如果我们追问竞赛和艺术作品构思的关系，会有什么问题向我们显现出来！——

反之，如果我们把竞赛从希腊生活中拿走，那么我们立刻就会看到那个前荷马的深渊，一种残忍的仇恨与毁灭欲的野蛮状态。可惜的是，当一个伟大的人通过一次无限光辉的行为而突然地脱离了竞赛，并且按照他自己的和他本国人的判断，hors de concours［丧失了竞赛能力］，这种现象就会如此经常地出现。这几乎毫无例外的是一种可怕的影响；当人们常常从这种影响得出结论，说希腊人不能承受荣誉和幸福的时候：人们应该更准确地说，希腊人不能够承受没有继续竞赛的荣誉、终结了竞赛的幸福。没有比米太雅德最后的命运更清楚的例子了。马拉松无可比拟的成功将他置于一个孤独的高峰，抬高到远远地超出了每一个共同战斗的人：他感到心中产生了一种对一个与他向来有仇的帕洛斯公民的卑微而强烈的报复欲。为了满足这种强烈的欲望，他滥用了名声、国家财富和公民荣誉，并失去了自己的荣誉。在感到失败之后，他产生了使用卑鄙手腕的念头。他和农神女祭司提墨（Timo）建立了一种秘密的、不信神的联系，在夜里走进了不许任何人进去的圣殿。当他翻过围墙，越来越靠近女神的圣地，突然有一种可怕的惊慌失措的恐惧向他袭来：他感到自己几乎崩溃了，并且无意识地被驱赶了回来，当他要翻回墙外的时候，他摔瘫在地并且受了重伤。围攻者被驱散，人民审判在等着他，一次可耻的死亡在一个光辉的英雄生涯上打下了自己的烙印，让它变得永世黑暗。在马拉松战役之后，天界的忌妒攫住了他。当它看到一个人没有任何竞赛的、没有对手的处于孤独的荣誉高峰的时候，神性的嫉妒就产生了。现在，他只有诸神在身旁——所以他就有诸神来反对自己。而这诱使他行僭越之事，他也因此而毁灭。

我们且看,和米太雅德的灭亡一样,当它①通过功绩和幸运从赛道达至胜利女神的庙宇,最高贵的希腊城邦也灭亡了。雅典毁灭了联盟者的独立性并且严厉地惩罚被征服者的反抗,斯巴达在伊哥斯波塔米(Aegospotamoi)战役之后以更严厉和残忍的方式在希腊占据着优势,它们也像米太亚德一样,因为行僭越之事而导向了毁灭,这证明了,一旦没有忌妒、猜忌和竞赛的虚荣,希腊城邦就会像希腊人一样蜕化。它将变得罪恶和残忍,变得充满复仇的欲望和不信神,简言之,他将变成"前荷马的"——然后只需要一次惊慌失措的恐惧就可以将它打倒、击溃。斯巴达和雅典把自己交给了波斯,像地米斯托克利和阿尔契比亚德所做的那样;在放弃了最高贵的希腊根本观念(即竞赛精神)之后,他们背叛了希腊精神:而后亚历山大,这位希腊历史粗糙化的复制品和缩略语,发明了全世界的希腊人(Allerwelts-Hellenen)和所谓的"希腊化时代"(Hellenismus)。

完成于1872年12月29日

---

① 指希腊城邦。

致《新王国》周刊编者的新年贺词

在一篇文辞僵硬并且从任何角度来看都引人忧虑的"致德国知识界的新年贺词"中,阿尔弗雷德·多福(Alfred Dove)先生遭遇了不幸,他最后真的可耻地滑倒了,并在摔倒之际勃然大怒,说了这番话:

"现在,我们得说,在过去的一年中,也有人重又发出了有效的劝告:著名物理学家措纳(Zöllner)在一本就总体印象来说无疑很出色的书中将天文学、知识论和伦理学说融于一处,并出于极纯粹的热情向他的同行发表了一场极其严肃的劝请忏悔的布道,劝他们转向自身、返回其习俗之古老的单纯中去。更尖锐乃至于极其辛辣的是慕尼黑的医生普西曼(Puschmann),他在前不久试图在理论上证明和剖析理查德·瓦格纳的自大狂,对一位在世者进行一种人性的审判,这显然是太过大胆了,可我们仍然能说,他所举出的是最为有罪的一位。这两本书尽管包含了一些有害的愤慨,可就其警示的力量来说,无疑是值得推举的;它们绝不会毫无有用的影响。"

这双最无资格的双手将措纳这个高贵的名字纳入了一个如此令人厌恶的共同体,我们首先要对此表达我们最为郑重的惋惜。而后剩下的就只有惊讶、不断的惊讶了。怎么?多福编辑,或者至少他所虑及的那个读者圈子,难道不是一个怪胎,一个惊人的怪物吗?没有任何另外一位编辑敢于如此自由,如此热情地坦白他对普西曼的爱好,即便最可疑、最败坏的编辑也不会这样,因为他们显然相信这样做是会违反礼节的。那么,多福先生怀着他那"自由的"热情屈身俯就的是怎样一群人呢?是《新王国》的读者们:在这个《新王国》的四壁之内,当编辑和读者聚在一处,他们看起来是陶醉于这种自由的——,在别处,他们所能引起的就只有愤慨和厌恶了。即便真正的丑闻制造者保罗·林道(Paul Lindau),也只能间接地让人猜度到一种或许相似的渴望,如此来将这个经受住了考验的"丑闻-普西曼"(Skandal-Puschmann)纳入他的丑闻共造者的名单之下。即便在这件事上仍然可以说,这里存在着一种需要,并以此来洗清罪责。"当代"需要普西曼——这桩丑闻的制造有它的需要;请原谅需要!可是,像阿尔弗雷德·多福那样不带需要地把手伸向普西曼,公开地和普西曼握手——如果不是究竟必要的话,这竟是可能的吗?哪位"灵魂医生"能够就此给出诊断?或者还是出于一种必要?那些读者或许向易受影响的阿尔弗雷德·多福施加了某种压力?——提出这些问题可绝非是在玩弄修辞术,在这些问题得到回答之前,让我们先来恭喜慕尼黑的"精神病专家",因为他有了阿尔弗雷德·多福这位新同志,这位同志在那篇新年贺词中同样活似神医和专家。愿他们共同成长、共同繁荣,普西曼和多福,多福和普西曼,par nobile fratrum [神圣的兄弟同盟]!特别地祝愿他们,像我们俩都许下的新年愿望那样,互帮互助,就最有效的秘密武器尽快地达成一致、取得亲密的共

797 识，这秘密武器就是通过听似科学的市场叫卖来让自己（或者他们所印的纸张）变得名声大噪。可以肯定的是，受到如此庄严礼遇的普西曼精神不会被徒然唤起；从此以后，他将协助阿尔弗雷德·多福先生完成这项艰难的任务，即用精神病学的方式来满足《新王国》读者们做作的趣味癖。

弗里德里希·尼采　教授　博士

希腊悲剧时代的哲学

对于离我们较远的人们,我们只需了解他们的目的,就可以从整体上对他们加以褒贬。而对于离我们较近的人们,我们则根据他们用以实现自己目的的手段,对其做出评判:我们往往责难他们的目的,却因为他们实现自己意愿的手段和方式而热爱他们。只有对于它们的创立者而言,哲学体系才是完全正确的。对于所有后来的哲学家来说,这些体系往往是一个巨大的错误,而在智力更为低下的人看来,则是真理和谬误的混合体。但归根结底,这些体系是一个错误,因而,可以弃之不用。所以,很多人对每一个哲学家都要进行非难,因为哲学家的目的不同于他们自己的目的;哲学家是远离他们的人。与此相反,谁喜欢伟人,谁也就会喜欢这些体系,即使它们也是完全错误的:它们毕竟有某种确定无疑之处,有一种个人的情调和色彩。人们可以利用这种情调和色彩获得哲学家的肖像,正如人们可以从一个地方的植物推断出其土壤状况一样。不管怎样,这种生活方式以及这种看待人类事物的方式曾经存在过,因而是可能的:"体系"就是这块土壤上的植物,或者至少该体系的一部分是如此,——。

我要简要地讲述那些哲学家的历史:我会仅仅从每一个体系中抽出这样一点,它构成历史必须加以保护的个性的一部分,

802 并且属于不可反驳、不可争辩之列。这是一个开端,旨在通过比较重新获得和复制那些天性,使希腊天性的复调音乐终有一天能够重新响起。它的任务在于阐明我们必须始终加以珍爱和崇敬的东西,也是任何后来的知识都不能从我们这里剥夺的东西:这就是伟人。

803 这种讲述古希腊哲学家历史的尝试,因其篇幅短小而有别于类似的尝试。之所以能做到这一点,是因为这里所谈到的只是每个哲学家的很少一部分学说,就是说,它是有所取舍的。但是,选出的这些学说,却能最鲜明地体现一个哲学家的个性。相比之下,如果像平常的手册所惯用的那样,悉数列举流传下来的一切可能的原理,则必然会使一个哲学家的个性归于沉寂。这样的叙述会变得极为乏味:因为正是那些个性的东西才使我们对那些被驳倒的体系感兴趣,也只有这样的东西永远不能被驳倒。通过三件轶事,便可给出一个人的肖像。我试图从每个体系中抽出三件轶事,对于余下的,则只能忍痛割爱了。

804

一

哲学不乏反对者。对于他们的反对之声,人们最好还是听一听,特别是当他们劝告德国人的病态头脑远离形而上学,劝告他们像歌德那样通过自然得以净化、像理查德·瓦格纳那样通过音乐得以康复的时候。民族的医生拒绝哲学。所以,谁想为哲学做辩护,谁就必须表明健康的民族为什么需要哲学并且已经运用了哲学。如果他能够表明这一点，也许病人自身会获得这样一种富有成效的见识：为什么恰恰对他们来说哲学是有害的。诚然，有很好的例证表明：即使全然没有哲学，或者只是有限地、几乎是游戏般地运用哲学，健康也可以存在，巅峰时期的罗马人就是这样在没有哲学的情况下生活的。但是，一个民族患了病，而哲学使这个民族恢复了失去的健康，这样的例子到哪儿去找呢？如果说哲学曾经显露出帮助、拯救和辩解的功能，那么，这种情况也是出现在健康人身上，而对于病人来说，哲学则总是使其病得更重。如果一个民族已经涣散分化，与其成员处于一种松散的紧张关系之中，那么，哲学绝不会使这些成员与整体重新紧密地联系在一起。如果一个人打算画地为牢，为自己筑起自给自足的篱笆，那么，哲学总是会使其愈加孤立，并通过孤立导致他的毁灭。如果不具有完全的合理性，哲学便是危险的：只有一个民族（但也不是每一个民族）的健康，才会赋予哲学这种合理性。

现在，让我们看一看那个最有说服力的例证，从而了解在一个民族那里被称为健康的是什么。作为真正健康的人，希腊人以下述方式为哲学本身做了永久的辩护：他们做了哲学运思，而且比任何其他民族做得都多。他们未能适时终止这种运思，因为即使到了垂垂暮年，他们的行为举止仍然像是哲学的狂热追求者，尽管他们所理解的哲学仅仅成了关于基督教教条的虔诚的细节考证和神圣的无谓争辩。由于未能适时终止这种运思，他们便极大地削减了自己对野蛮的后代的贡献，因为作为顽冥不化的青年人，这后代必然会陷于那人工编织的罗网之中。

相比之下，希腊人懂得适时开始，并且比任何其他民族更清楚地提出了这样一种理论,即人们必须在什么时候开始哲学运思。就是说,不像有些从痛苦中推演出哲学的人所臆想的那样,有愁苦才有哲学运思;相反,这种运思是从幸福中,从一种成熟的成年期,从骁勇善战的成年的喜悦中开始的。希腊人在这样的时刻开始哲学运思,对我们了解希腊人本身,了解哲学是什么,哲学应当是什么有很多启发。如果那时的希腊人像当今有学问的庸人所想象的那样,是冷静早熟的实践家和乐天派,或者像没学问的空想家所幻想的那样,生活在感官的享乐之中,人们绝不会在他们那里找到哲学的源头。他们充其量是一个顷刻流入沙滩或者蒸发为云雾的小溪,决不会是那翻腾着骄傲浪花的宽广的大河。我们所了解的希腊哲学就是这样一条大河。

虽然人们已经一再指出这样一点:希腊人可能从东方异邦发现和学到了多少东西,以及他们可能从那里接受了多少种东西,但是,如果人们把来自东方的所谓老师和来自希腊的可能的学生放在一起,例如,把琐罗亚斯德①和赫拉克利特放在一切,把印度人和爱利亚学派放在一起,把埃及人和恩培多克勒放在一起,甚至把阿那克萨哥拉和犹太人放在一起,把毕达哥拉斯和中国人放在一起,那无疑会出现一个非常壮观的场面。这样一个个地摆放,说明不了多少问题。但只要人们不要我们承受下述结论,上述全部思想则尚可忍受:希腊哲学只是舶来品,并不是在本土自然生长出来的;甚至作为异己之物,哲学与其说推动了希腊人的

---

① 琐罗亚斯德(Zoroaster):波斯预言家,拜火教的创始人。

进步,不如说导致了希腊人的毁灭。没有比奢谈希腊人的本土文化更愚蠢的了。确切地说,他们吸收了其他民族的活生生的文化。唯有他们走得如此之远,原因在于他们懂得在其他民族止步的地方,继续前行。他们那富有成效的学习本领令人敬佩。所以,我们应当和他们一样,向我们的邻邦学习,而且,是为了生活,不是为了增长知识;我们应当以学到的一切东西为支撑,从而比邻邦跳得更高。追问哲学的开端完全是无关紧要的,因为无论何处,开始阶段都是粗糙的、未成形的、空洞的和丑陋的。任何事物都只有到较高阶段才会引起人们的注意。谁要是因为埃及哲学和波斯哲学可能更为"源始"并且无疑更为古老,就致力于对它们的研究,从而忽略希腊哲学,那么,他的做法就和下面这些人同样轻率:他们不能心安理得地面对那么美好深奥的希腊神话,直到他们把这些神话追溯到其物理细节,追溯到太阳、闪电、雷雨和云雾,仿佛这样才算追溯到了神话的开端;例如,他们错误地认为,与希腊人的多神教相比,他们在虔诚的印欧语系的人对于一个苍穹的顶礼膜拜中重新发现了一种更纯净的宗教。通往开端的路毫无例外会通向野蛮。谁要致力于对希腊人的研究,谁就应当始终坚持这样一点:在任何时代,过度的求知欲本身和对知识的敌视一样,都会导致野蛮;希腊人通过对生命的关切,通过一种理想的生命需求,遏制了他们原本贪婪的求知欲,因为他们要马上体验他们所学到的东西。希腊人还是作为文化人并且带着文化目标从事哲学的,所以,他们没有出于任何一种土著人的自负重新创造哲学和科学的各种元素,而是马上着手对这些接收的元素加以充实、加强、提高和提炼,从而在一种更高的意义上、在一个更纯的领域内成为了创造者。就是说，他们创造了"典型的哲学家头脑"，整个后世再也没有创造出任何本质性的东西。

谈到由泰利斯、阿那克西曼德、赫拉克利特、巴门尼德、阿那克萨哥拉、恩培多克勒、德谟克利特和苏格拉底这样的古希腊大师组成的惊人理想化的哲学家群体，任何一个民族都会感到惭愧。所有这些人都是一个整体，是用一块石头雕成的。在他们的思想和他们的性格之间，存在着严格的必然性。他们没有任何惯例，因为那时还没有哲学家和学者身份。作为当时唯一以知识为生的个人，他们都生活在巨大的孤独之中。他们都具有先人的道德力，并且据此超过了所有后来者。他们用这种道德力去发现他们自己的形式，并通过变形使其日臻完善，达到至纯至大。因为没有任何模式可以帮助他们，从而减轻他们的困难。所以，他们共同构成了一个叔本华所说的与学者共和国相对的天才共和国：一个巨人穿越空寂的时间间隔，向另一个巨人呼唤，任凭在他们脚下爬行的侏儒发出恶作剧般的鼓噪，从容地继续着崇高的精神对话。

我所面临的任务，是就这种崇高的精神对话，讲一讲我们近代的重听症或许可以听到、可以理解的东西。毫无疑问，这样的东西微乎其微。依我看，从泰利斯到苏格拉底这些古代贤哲，在这种对话中谈到了在我们看来构成典型的希腊精神的一切，尽管是以最普通的方式加以谈论的。和他们的性格一样，他们的对话也显示了希腊天才的大致轮廓，而全部希腊历史就是这个轮廓的模糊的翻版，是其朦胧的因而是不清的摹本。如果我们对希腊民族的全部生活做出正确的解释，我们所看到的将始终是反复出现的同一幅肖像，这就是从其最高的天才身上发出的绚丽色彩。同样,希腊大地上最初的哲学体验,即对七贤的认可,是希腊人肖像上一个清晰可见、令人难忘的线条。其他民族有圣徒,希腊人则出贤哲。人们正确地指出,一个民族的性格,与其说表现在这个民族的伟人身上,不如说表现在这个民族认定和尊崇这些伟人的方式上。在其他的时代,哲学家是最敌对环境中的一个偶然的、孤独的漫游者,不是悄无声息地潜行,就是握紧拳头去挣扎。只有在希腊人那里,哲学家才不是偶然的。当他面对世俗化的巨大危险和诱惑,于公元前第六、第五世纪出现的时候,当他仿佛从特洛佛尼乌洞①走向希腊殖民地的享乐、贪婪、奢华和肉欲的时候,我们可以猜想,他是作为一个高贵的警示者出现的,其目的与在那些世纪悲剧为之诞生的目的是一样的,奥尔弗斯教②的神秘仪式在其所用的奇形怪状的象形文字中加以表现的,也是同样的目的。一般说来,这些哲学家对生命和此在(Dasein)所做的判断,在内涵上要比一个现代判断丰富得多,因为他们所面对的是一个丰富完满的生命;因为和我们有所不同,在他们那里,思想家的情感还没有被下述冲突搞得无所适

---

① 特洛佛尼乌洞(Die Hoehle des Trophonius):位于波伊俄提亚(Boeotia)的勒巴狄亚(Lebadaea),因特洛佛尼乌而得名。在希腊神话中,特洛佛尼乌是著名的建筑师,德尔菲的阿波罗神庙即由他所建。相传他和自己的兄弟阿伽墨得斯(Agamedes)为波伊俄提亚国王建造了一个珍宝库房,二人在进入库房行窃时,阿伽墨得斯落入了国王设下的陷阱。为了不露马脚,特洛佛尼乌割下了兄弟的头颅,自己潜入地洞中,永久地消失了。人们认为特洛佛尼乌死后变成了神,有了预言的能力,他所在的地洞也因此成为可以发布神谕的场所。在《曙光》的前言中,尼采自比特洛佛尼乌,意指自己在道德偏见的地下所做的工作。

② 奥尔弗斯教:公元前7—6世纪出现于古希腊的秘传宗教派别,信奉灵魂轮回,实行禁欲主义,对希腊哲学产生过重要影响。

从：一方面是对生命的自由、美和伟大的渴望，一方面是对真理的追求，而这种真理仅仅追问：生命的价值到底何在？所以，关于哲学家在一个现实的、具有统一风格的文化中所要完成的任务，我们没有资格从我们的状况和体验中妄加猜测，因为我们没有这样的文化。相反，只有一种像希腊文化那样的文化，才能回答哲学家的任务是什么的问题，如我所说，只有这样的文化才能从总体上为哲学进行辩护，因为只有这样的文化才能知道并且证明：哲学家为什么以及如何不是一个偶然随意的、居无定所的漫游者。有一种铁一样的必然性，把哲学家与一种真正的文化联系在一起。但是，如果没有这样的文化，情形会如何呢？此时的哲学家就成了一颗难以捉摸、从而令人惊恐的彗星。如果运气好的话，他也会作为文化太阳系中的一颗主星而发光。所以，希腊人为哲学家做了辩护，因为只有在他们那里他才不是一颗彗星。

二

在做了这番考察之后，如果我把柏拉图以前的哲学家作为一个密切相关的群体加以讨论，并且准备在这本著作中专就这些哲学家进行论述，应当很容易被人们所接受。柏拉图开启了某种全新的东西。或者，人们可以同样正确地说，与从泰利斯到苏格拉底的那个天才共和国相比，柏拉图以来的哲学家缺少了某种本质性的东西。谁要是以忌妒之心表达他对那些古代大师的看法，他可以把他们称为片面的人，而把以柏拉图为首的他们的追随者称为多面的人。把后者理解为哲学的混合性格，而把前者理解为纯粹类型，也许更加准确和公正。柏拉图本人是第一个卓越的混合性格，无论是在他的哲学中，还是在他的个性中，这一点都得到了体现。在他的理念论中，混合了苏格拉底、毕达哥拉斯和赫拉克利特的元素，所以，它不是一个典型的、纯粹的现象。作为人，柏拉图也混合了这几个人的特征：帝王式孤傲知足的赫拉克利特、抑郁而富于同情心的立法者毕达哥拉斯和洞悉人类心灵的辩证法家苏格拉底。所有后来的哲学家都是这样的混合性格。在他们表现出某种片面性东西的时候，它也不是一个类型，而是一幅漫画，犬儒学派就是一个例子。但更为重要的是，他们是宗派的创立者，而且，他们所创立的所有宗派都与希腊文化及其迄今为止风格的统一性相对立。他们以自己的方式寻求一种拯救，但只是为了个别人，或者最多为了关系密切的朋友和门徒。古代哲学家们的活动则致力于一种整体上的治疗和净化，虽然他们并没有意识到这一点。希腊文化的强大进程不应受到阻挡，前进道路上的可怕危险必须加以清除，哲学家保卫和守候着自己的家园。而柏拉图以后，哲学家则处于流放状态，并且密谋反对自己的祖国。——关于那些古代哲学大师，留给我们的材料少得可怜，所有完整性的东西都已遗失，这真是一种不幸。由于这种遗失，我们本能地按照错误的尺度衡量他们。柏拉图和亚里士多德从不缺乏评价者和记录者，这个纯粹偶然的事实使我们厚此薄彼，即更看重这些后来者，反而忽略了他们的前辈。有人认为，书自有其天命，一种书的命运（fatum libellorum）。但是，如果它认为最好把赫拉克利特、恩培多克勒的美妙诗篇以及德谟克利特——古代人把他与柏拉图相提并论,甚至认为他在天赋上比柏拉图胜出一筹——的著作从我们这里收回,作为替代,又把斯多噶派、伊壁鸠鲁主义者和西塞罗塞进我们手中,那么,这种命运一定是极为恶毒的。也许,我们失去了希腊思想及其文字表达的最精彩部分,这是一种天命。谁要是记得埃里金纳[①]和帕斯卡的不幸,谁要是想一想,甚至就在这个光明的世纪,叔本华《作为意志和表象的世界》第一版也不得不变成一堆废纸,谁就不会对这种天命感到惊讶了。如果有人想为这些事情假定一种奇异的宿命力量,他可以这样做,并且像歌德那样说:"任何人都不要对卑鄙下流之事进行抱怨,因为人们向你诉说的,也正是它的威力。"奇怪的是,它的力量竟超过了真理的力量。人类难得写出一本好书,其中以大胆的自由唱响真理的战歌,唱响哲学的英雄主义之歌。然而,这本书是流芳百世,还是腐烂发霉、变为泥土,其命运取决于各种微小的偶然事件,取决于一时的头脑发昏,取决于迷信的痉挛和反感,甚至取决于懒于动笔的手指,以及蛀虫和雨天。然而,与其悲叹,不如听一听哈曼[②]的下述搪塞、安慰之语,他是向因著作遗失而悲叹的学者说出这番话的,"对于一个用扁豆穿针眼的艺术家来说,为了练习所要达到的熟练性,一堆扁豆还不够吗?对于在古代著作的使用方面不

[①] 埃里金纳(John Scotus Erigena, 815—877):中世纪爱尔兰基督教神学家和哲学家,主要著作有《论神的预定》和《自然的区分》等。

[②] 约翰·格奥尔格·哈曼(Johann Georg Hamann, 1730—1788):德国哲学家、思想家,出生于哥尼斯堡,是康德的好友,有"北方术士"之称,也是狂飙运动的先驱。

比那个使用扁豆的艺术家强多少的学者们,人们可以提出同样的问题。"就我们的情况而言,还应补充说,我们并不需要比已经留传下来的文字、轶事和年代更多的东西;甚至我们只需要少得多的材料,就能确定这样一种一般理论:希腊人为哲学做了辩护。——当哲学由真理的天才本身在大街上和市场上宣告出来的时候,一个饱受所谓义务教育之苦却没有文化并且在其生活中没有风格统一性的时代,将不会懂得如何正确地处理哲学。在这样一个时代,哲学毋宁说始终是孤独的散步者博学的独白,是个别人的偶然战利品,是不许别人入内的密室,或者是学术老人与孩童之间无害的闲聊。似乎没有人敢于亲身实践哲学的准则,没有人用那纯粹男人式的忠诚过一种哲学式的生活,而一旦一个古人向斯多噶派宣誓效忠,这种忠诚就会强迫他像斯多噶派分子那样去行动,无论他在什么地方,无论他想干什么。全部现代哲学研究都是政治性的、警察式的,被政府、教会、学院、习俗、时尚和人的胆怯限制在学术的外表,停留于对"但愿"的叹息,或者对"曾经"的认识。这样的哲学没有任何正当性,所以,只要具有起码的勇气和责任感,现代人就应当丢弃它,用类似于柏拉图的言语放逐它:柏拉图用这样的言语把悲剧诗人从他的理想国中驱逐出去。当然,哲学会奋起反驳,就像那些悲剧诗人奋起反驳柏拉图一样。如果什么时候人们强迫其说话,它也许会说:"可怜的民族!如果我必须像一个四处游荡的女巫那样,经过乔装打扮藏匿在你那里,仿佛我是一个女囚,而你们却是我的法官,这是我的错吗?看一看我的姊妹即艺术吧!她的状况和我类似,我们都被错误地推到了野蛮人中间,不再知道如何得救。不错,我们缺乏充分的合理性。但是,主持正义的法官也会对你们进行审判,并且会对你们说:必须先有一种文化,然后,你们才能懂得哲学想要做什么,它能够做什么。"——

三

希腊哲学仿佛始于一个愚蠢的想法,即始于这样一个命题:水是一切事物的本原和诞生地。真有必要冷静而严肃地对待这个命题吗?是的,理由有三:第一,因为这个命题表达了关于事物本原的一些看法;第二,因为在做这种表达时,这个命题没有使用图像和寓言;第三,因为这个命题包含了"一切是一"的思想,尽管只是以萌芽的形式。上述第一个理由使得泰利斯仍然混迹于信徒和迷信的人中间;而第二个理由则使他脱离了这伙人,向我们表明他是一个自然科学家;由于第三个理由泰利斯被认为是第一个希腊哲学家。——如果他说的是:大地由水变化而来,那么,我们得到的只是一个科学假说,一个尽管错误却难以反驳的科学假说。但他超越了科学的层次。在通过水的假说表达这种统一性表象的过程中,泰利斯并没有克服当时物理认识水平较低的状况,而至多是跳过了这种状况。泰利斯对于水——更确切地说是潮湿——的产生和变化所做的有限而杂乱的经验观察,很难得出这种非凡的概括,甚至很难产生进行这种概括的冲动。促成这种概括的,是一种源于神秘直观的形而上学信念。在所有哲学家身上,在他们为更好地表达这种信念所做的不懈努力中,我们都能看到这样的信念:这就是"一切是一"的命题。

　　值得注意的是,这样一种信念是多么强有力地对待全部经验的:就在泰利斯身上,人们可以看到,当其试图为着自己的诱人目标跨越经验的樊篱时,一切时代的哲学是如何做的。它要先行跳过那些并不牢固的支撑,希望和想象加快了它的步伐。计算性理智则气喘吁吁,笨拙地跟在后面,寻求更好的支撑,以便自己也能达到那更为机灵的伙伴已经达到的诱人目标。人们相信看到了两个漫游者站在一块荒凉的石头上,四周是一片奔腾向前的溪流。一个人利用石头敏捷地纵身跃过溪流,纵然他身后的石头也陡然陷落。另一个人则一直不知所措地站在那里,他必须首先为自己建造地基,以便承受他那谨慎而沉重的脚步。在这样的地基未能建造的时候,任何神灵不能帮他跃过急流。那么,什么东西使得哲学思想这样快地达到自己的目标?它与计算的和权衡的思想之间的差别,也许仅仅在于它能更快地跨越较大的空间?不!因为使其实现跨越的是一种陌生的、非逻辑的力量即想象。借助于想象,它欢快地在暂时被视为安全地带的可能性之间进行跨越。有时,它自己在飞跃的过程中也会抓住这些安全地带。一种天才的预感会向它指明这些安全地带的所在,它老远就能猜到这些可证实的安全地带的确切位置。在对相似性的瞬间捕捉和把握方面,想象的力量尤其强大。此后,反思拿来它的尺子和模型,试图用一致性取代相似性,用因果性取代同时景观。但是,甚至在这些程序根本不可能的时候,甚至在泰利斯那里,不可证明的哲学思考仍然具有一种价值。当逻辑和经验的僵硬要达到"一切是水"的命题时,即使

814

所有的支撑都已断裂,即使科学的大厦已经坍塌,总还会有一种剩余物,而一种推动性力量以及未来繁荣的希望就存在于这种剩余物中。

我的意思当然不是说,在一种有限的和弱化的意义上,或者作为一种譬喻,泰利斯的思想可能依然保持为一种"真理"。譬如,人们设想一位站在瀑布面前的造型艺术家,他在迎面喷涌而来的形状中,看到的是水的艺术造型游戏,其中有人和动物的身体、面具、植物、岩石、仙女、怪兽,总之,有所有现存的类型,所以,对他来说,"一切是水"的命题似乎得到了证实。毋宁说,泰利斯思想的价值恰恰在于它无论如何不是神话的和譬喻性的,在认识到这种思想不可证实之后,同样如此。泰利斯明显不同于当时的其他希腊人,后者只相信人和神的实在,把整个自然视为神-人的外壳、面具和变形,因而是一切实在论者的对立面。对他们来说,人是事物的真理和核心,其他的一切只是幻象和骗人的游戏。正因如此,把概念作为概念来理解,会使他们感到不可思议的困难。与把最人格化的东西也升华为抽象概念的革新者相反,他们总是把最抽象的东西重新归于一种人格。但泰利斯却说:"事物的实在不是人,而是水。"至少就其相信水而言,他已经开始相信自然了。作为数学家和天文学家,他反感一切神话的和譬喻性的东西。尽管还没有明确地达到"一切是一"这样的纯粹抽象,从而还停留于物理表述的层面,但在当时的希腊人中,他已经是一个令人惊愕的例外了。或许最出色的奥尔弗斯教徒具有把握抽象概念、不借助于形象进行思考的能力,而且其程度还要在泰利斯之上。但是,他们只能以譬喻的方式表达那些抽象概念。锡罗斯的费雷居德①在年代和若干物理观念上与泰利斯相近,但他却用结合了神话和譬喻的一种中间方式表达那些抽象概念,比如,他大胆地把大地比作一棵展开翅膀悬在空中的带翼的橡树,宙斯在制服了克洛诺斯②之后,为这棵橡树披上了一件尊贵的锦袍,并亲手在上面绣上了土地、水和河流。与这种几乎不能加以证实的、朦胧的譬喻性哲学思考不同,泰利斯是一个创造性大师,他开始不借助虚构的寓言直视自然的深处。如果说在此过程中他曾经利用科学以及可以证明的东西,但他很快就实现了跳越,这也是哲学头脑的一个典型特征。从词源上说,表示"贤哲"的那个希腊词,可以追溯到sapio(我品尝)、sapiens(尝味道的人)和sisyphos(味觉最为敏锐的人)。所以,按照这个民族的信念,一种敏锐的觉察力和识别力,一种非凡的辨别力,构成了哲学家的特有艺术。如果人们把能在其个人事务上获利的人称为聪明人,那么,哲人并不聪明。亚里士多德正确地指出,"人们会把泰利斯和阿那克萨哥拉所了解的东西称为不寻常的、令人惊异的、微秒的、神圣的,然而却是无用的,因为他们并不关心人类的利益。"哲学通过选出和析出不寻常的、令人惊异的、微妙的和神圣的东西,而与科学划清了界线,正如它通过强调无用性而和聪明划清了界线一样。科学没有这种筛选,没有这种敏锐的味觉,在不惜一切代价认识一切事物的盲目欲

---

① 锡罗斯的费雷居德(Pherekydes aus Syros,584—530):古希腊神话作者、哲学家,哲学宇宙演化论的先驱。

② 克洛诺斯(Kronos):泰坦神之一,他推翻了天父乌拉诺斯(Ouranos),后来又被自己的儿子宙斯(Zeus)所推翻。

望的驱使下,投入到一切可以认识的东西之中。与此相反,哲学思想则总是致力于那些最值得认识的事物,致力于伟大和最重要的知识。由于无论在道德领域还是在审美领域,"伟大"的概念都是不断变化的,所以,哲学就从为"伟大"立法开始,就是说,哲学与一种命名活动紧密相连。"这是伟大的",哲学如是说,从而使人类超越了其难以驾驭的盲目的求知欲。它通过伟大这个概念抑制了这种欲望,特别是它认为对于事物本质和核心的最伟大知识是可以达到的,并且已经达到。当泰利斯说"一切是水"的时候,人类就走出了个别科学蠕虫式的盲目触摸和爬来爬去,预感到了事物的最终答案,并通过这种预感克服了低级认识水平的一般限制。哲学家试图让世界的总调在自己身上回响,然后,再通过概念把这个总调呈现出来。当他像造型艺术家那样沉思、像宗教家那样怜悯、像科学家那样窥探目的和因果性时,当他感觉自己膨胀为宏观宇宙时,他仍然保持谨慎,冷静地把自己视为世界的镜子。这是戏剧艺术家所具有的那种谨慎,他把自己化入别人的身体,从别人的身体中说话,又知道把这种变化向外投射,投射到他所写的诗行中。哲学家与辩证思维的关系,相当于这里所说的诗人与诗的关系。为了记录和保持他的着魔状态,哲学家采取了辩证思维。对于剧作家来说,语词和诗行只是用一种陌生的语言结结巴巴地说出了他所体验和看到的东西。同样,用辩证法和科学反思来表达任何一种深刻的哲学直观,尽管这是传达哲学洞见的唯一手段,但却是一个极为贫乏的手段,甚至从根本上说,是向一个不同领域和不同语言的譬喻式的、完全不准确的翻译。因此,泰利斯看到的是存在者的统一性,当他要传达这种统一性时,他却说起了水!

四

通过泰利斯的肖像,哲学家的一般类型还只是从浓雾中开始显现,而对其伟大的后继者的肖像,我们则要清楚得多。作为古代第一个哲学作家,来自米利都的阿那克西曼德是这样写作的,而且,只要其身上的淳朴和天真还没有被令人诧异的要求夺走,任何一个典型的哲学家都会这样写作:以恢宏的碑文字体,句句见证着一种新的体悟,表达出对于崇高沉思的留恋。思想及其形式是通往那最高智慧之路上的里程碑。阿那克西曼德曾经这样简洁而透彻地说道:"按照必然性,事物从何处产生,就必然在何处毁灭。因为它们必须依时间的秩序支付罚金,为其不义接受审判。"这是一个真正悲观主义者谜一般的箴言,是雕刻在希腊哲学界碑上的神谕般的碑文。对此,我们应如何解读呢?

我们知道,我们这个时代仅有的一位严肃的道学先生①在其《哲学小品集》第2卷第327页提出过一个类似的看法:"评价任何一个人的正确尺度是:他本来就是一个根本不应实存的本质(Wesen),毋宁说,他通过各种各样的苦难以至于死亡为他的此在做出补偿。对于这样一个存在物,人们能够期待什么呢?我们不都是被判了死刑的罪人吗?我们先是通过生命、继而通过

---

① 指叔本华。

死亡为我们的出生做出补偿。"（P.Ⅱ.22.）谁要是从我们人类一般命运的面貌中读出了这一学说，认识到每一个人生的不幸的基本状况，即没有一个人生经得住近距离的仔细观察，——虽然我们这个已经习惯于传记流行病的时代似乎并不这样看，而是庄严地思考人的尊严——，谁要是像叔本华那样在"印度高空"上听到过此在道德价值的圣言，谁就会不可避免地制造一种至高的人格化的隐喻，从人生的有限性中得出那种忧郁的学说，并经过改头换面把这一学说应用于此在的一般特征。阿那克西曼德把一切生成视为从永恒存在的一种违法的解放，视为一种必须用毁灭加以补偿的不义，这也许是不合逻辑的，但无论如何是合乎人性的，也合乎前面所说的哲学跳越的风格。已经存在的一切，都会复归于毁灭，无论我们想到的是人，还是水、热、冷。无论何处，只要在特定属性被知觉的地方，我们都可以根据一种特殊的经验证明预言这些属性的毁灭。所以，一种具有特定属性并且由这些属性所构成的本质，决不可能是事物的本源和准则。阿那克西曼德得出结论说，真正的存在者不可能具有任何特定属性，否则，它就必然像所有其他事物一样产生和毁灭。为了使生成免于停顿，本原性存在（Urwesen）必须是不确定的。本原性存在的不朽性和永恒性，不像阿那克西曼德的注释者通常所假定的那样，在于一种无限性和不可穷尽性，而在于它缺乏那些可以导致毁灭的特定的质。正因如此，它也被称为"不定"。被如此命名的本原性存在超越了生成，从而担保了永恒性和自由的生成进程。但是，人们只能以否定的方式指称"不定"所体现的这种最终统一性，即一切事物的母腹，从现存的生成世界不可能为其找到任何称号。所以，可以认为它与康德的"物自身"具有同样的地位。

　　这到底是一种什么样的始基（Urstoff）？是气和水之间的一种中间物，还是气和火之间的中间物？谁要是就这样的问题与他人进行争论，谁就根本没有理解我们这位哲学家。同样的话也适用于这样一些人，他们一本正经地追问：阿那克西曼德是不是认为他的始基是所有现存质料的混合。与此相反，我们必须把目光投向最初引用过的那个短句，在那里我们可以得知，阿那克西曼德已经不再以纯物理的方式处理这个世界的来源问题了。当他在多种多样的现存事物中看到大量的不义时，他就——作为这样做的第一个希腊人——大胆地抓住了最为深刻的伦理问题的谜团。某种有权利存在的东西怎么能毁灭！无休止的生成和产生从何而来？大自然脸上那痛苦扭曲的神情从何而来？一切此在领域中永无终止的挽歌从何而来？阿那克西曼德从这个不义的世界，从这个狂妄地脱离了事物源始统一性的世界，逃避到一座形而上学城堡之中，从那里他举目环视，以便在反思性沉默之后，最终向所有存在提出这样的问题：你们的此在价值何在？如果它毫无价值，你们为何存在？我注意到，由于你们的过错，你们才滞留于这种实存（Existenz）之中。你们将不得不通过死亡为实存做出补偿。看啊，你们的大地已经干枯，海洋已经缩减和干涸，山上的海贝向你们表明：大海干涸的范围有多广。现在，火毁灭了你们的世界，它最终将化作蒸汽和烟雾。但这样一个短暂的世界又总是会重新建立起来。谁能使你们摆脱生成的灾难呢？

提出这些问题的人，其高高升起的思想不断地撕破经验的绳索，以便迅速升至九霄。这样一个人不可能欣然接受任何一种人生。我们愿意相信这样的传说：他身着特别令人敬畏的服装走来，言谈举止和生活习惯透出一种真正悲剧式的傲慢；他的生活践行着自己的学说，谈吐和着装一样庄严肃穆，举手投足间显示出这此在即是一场悲剧，是他生来作为英雄注定要参与的一场悲剧。无论如何，他是恩培多克勒的伟大楷模。他的同胞挑选他去统治一个海外殖民地，——他们也许会感到庆幸，因为这样做一方面可以表示对他的敬意，一方面又可以摆脱他。他的思想也迁移过去，建立了殖民地。在爱菲斯和爱利亚，人们无法摆脱他的思想。而当人们对是否停留在这种思想所处的位置犹豫不决时，他们发现，他们已经被它引到这样一个地方，即他们现在打算在没有它的情况下继续前行。

泰利斯表明了这样一种需要：对多样性的领域进行简化，将其归结为一种唯一现存的质即水的纯粹展开或变形。阿那克西曼德比泰利斯进了两步。他曾经这样自问："如果真的存在一种永恒的统一性，那么，多样性是如何可能的？"并且从这种多样性之充满矛盾的、自我耗尽、自我否定的特性中提取答案。对他来说，多样性的实存变成了一种道德现象。这种多样性是不正当的，因而不断通过毁灭做出补偿。但他继而又想到了这样一个问题："因为已经过去了永恒的时间，为什么已生成之物没有消失殆尽？这常新的生成之流从何而来？"他只知道用一些神秘的可能性回避这个问题：永恒生成的根源只能在于永恒存在之中，从存在向一种不义的生成下降的条件始终是一样的，于是，事物就呈现出这样一种状况,即个别存在物从"不定"的母腹中不断涌现,无穷无尽。阿那克西曼德停在了这里,就是说,他停在了深深的阴影之中。这阴影像巨大的幽灵笼罩在这种世界观上面。特定的事物如何能够通过下降从"不定"中产生,暂时的东西如何能够通过下降从永恒中产生,不义如何能够通过下降从正义中产生,人们越是想接近这个问题,阴影也就越大。

五

来自爱菲斯的赫拉克利特走进了笼罩着阿那克西曼德生成问题的神秘阴影之中,并且用一个神圣的霹雳照亮了它。他喊道:"我端详着生成,还没有人这样认真地注视过事物的这个永恒的浪击和节律。我看到了什么呢?规律性,可靠的准确性,始终如一的正确轨道,指向一切违法行为的厄里倪厄斯①,统治着整个世界的公正性,以及恶魔般无处不在的附属于这种公正性的自然力。我看到的不是对生成之物的惩罚,而是为生成所做的辩护。什么时候恶行和堕落会出现在牢不可破的形式和神圣可敬的法则中?哪里受不义的统治,哪里就有独裁、无序、紊乱和矛盾。而在法则,在宙斯的女儿狄克②单独统治的地方,就像这

---

① 厄里倪厄斯(Erinnyen):希腊神话中复仇三女神的统称,三位复仇女神分别是不安女神阿勒克图(Alecto)、嫉妒女神麦格拉(Megaera)和报仇女神提西福涅(Tisiphone)。

② 狄克(Dike):正义女神,时序或季节三女神之一,另外两位分别是和平女神伊瑞涅(Eirénè)和秩序女神欧诺弥亚(Eunomia)。

个世界这样,怎么会是过错、处罚和判决的领域,仿佛是所有该诅咒的东西的法场一般?"

从这种直观之中,赫拉克利特提出了两个相互关联的否定。只有同他的前辈的原则进行对比,我们才能看清楚这两个否定。他首先否定了阿那克西曼德对于丰富多彩的世界所做的二重划分,不再区分一个物理世界与一个形而上世界,一个确定性的领域与一个难以解释的不确定性领域。在走出这一步之后,他一发不可收拾,进而做出了更为大胆的否定:他从根本上否定了存在。因为他所剩下的这个世界,在永恒的不成文法则的庇护下,以有力的节拍上下涌动,在任何地方都没有显示出持存、不可毁灭性和急流中的防波堤。赫拉克利特比阿那克西曼德更为响亮地喊道:"除了生成之外,我什么也没看见。你们不要让自己受骗!如果你们认为在生成和消逝的海洋上看到了固定的陆地,这与你们短浅的目光有关,而与事物的本质无关。你们使用事物的名称,仿佛它们有一种僵硬的持留似的。但是,甚至你们第二次踏入的已经不是你们第一次踏入的那条水流了。"

作为他的帝王财富,赫拉克利特具有至高的直观表象的能力。对于通过概念和逻辑推理进行的其他表象,对于理性,他显得冷酷、麻木,甚至于敌对,而当他能够用凭直观获得的真理反对上述表象时,他似乎感到了一种快意。在诸如"一切事物始终在自身中包含对立面"这样的命题中,他就是这样做的,而且做得如此果断,以至于亚里士多德把理性法庭上最重的罪名加到了他的头上,即说他违反了矛盾律。但直观表象包括下述两个方面:首先是在一切经验中向我们迎面而来的丰富多彩的、不断变化着的当前世界，其次是使关于这个世界的任何经验成为可能的条件，即时间和空间。因为虽然时间和空间没有确定的内容，但它们可以不依赖任何一种经验、纯粹自在地在直观中被知觉到，被看到。当赫拉克利特摆脱一切经验，以这种方式考察时间时，他就获得了关于时间的最富启发意义的花押字（Monogramm），其全部要素均属于直观表象的领域。和他一样，叔本华也是以同样的方式认识时间的。例如，他一再宣称：在时间中，只有当一个瞬间吞噬了前一个瞬间即它的前辈，从而自己也同样迅速地再一次被吞噬时，这个瞬间才会存在；过去和将来空如一场梦，而现在则只是二者之间膨胀的、不持续的边界；和时间一样，空间及其在时空中同时存在的一切都只具有一种相对的此在，只是通过和为了另一个和它同类的东西，即另一个同样的存在物而存在。这是一个具有最直接的确定性而且人人可以通达的真理，正因如此，也是通过概念和理性难以达到的。但是，谁要是看到了这一真理，他也就必然马上得出赫拉克利特的结论，宣称现实性的全部本质只是活动，对于它来说，没有其他方式的存在。叔本华表达了同样的看法（《作为意志和表象的世界》，第一卷，第10页）："（物质）只是作为作用填充空间，填充时间。它对直接客体的作用是直观的先决条件，而在此直观中，唯有这一作用存在。每一个其他的物质客体作用于另一个物质客体的结果，只有当后者以不同的方式作用于直接客体时，才能被认识，这种结果只存在于这种作用中。因此，物质的全部本质就是原因与结果。它的存在就是它的作用。可见，在德语中，把一切物质的总括称为现实性（Wirklichkeit）是再恰当不过的，这个词远比实在（Realität）有特色。现实性作用的对象，还是物质。其全部存在和本质只在于合乎规律的变化——变化就是在物质的一个部分中产生另一个部分——之中，因而完全是相对的，它所依据的是一种只在其界线之内有效的关系，如同时间，如同空间。"

永恒的唯一的生成，只是不断作用和生成却并不存在的一切现实事物的完全变动不居，赫拉克利特所教导的这个学说是一种可怕的令人昏眩的表象，其影响近似于一个人在地震时的感觉，即丧失了对于牢固的大地的信任。把这种效果转化为它的对立面，转化为崇高和愉悦的惊异，这需要一种惊人的力量。赫拉克利特通过观察真实的生成和消逝过程做到了这一点，他在两极对立概念的形式中把握这个过程，即一种力量分化为两个不同质的、对立的、寻求重新统一的活动。一种质不断地与自身相分裂，分解为它的两个对立面，这两个对立面又不断地相互追求。虽然大众以为认识了某种固定的、完成的和不变的东西，实际上在每一个瞬间，明与暗、苦与甜都像两个角斗者一样彼此交织在一起，其中，时而这一个、时而那一个占有优势。按照赫拉克利特，蜂蜜同时既是苦的，又是甜的，世界本身是一个必须不断加以搅拌的混合罐。一切生成均产生于对立面的斗争。确定的、我们觉得持续的质，只是意味着斗争的一方暂时占了上风，但斗争并没有就此停止，较量会永远继续下去。一切都依照这种斗争而产生，正是这种斗争显示着永恒正义。这是一种奇异的、从至纯的希腊泉水产生出来的表象，它把斗争看作一个统一的、严格的、遵循永恒法则的正义的永久统治。只有一个希腊人才会把这种表象当作一种宇宙观的基础。它把赫西俄德笔下善良的厄里斯①转化为世界原则,把希腊个人和希腊国家所拥有的从竞技场和体育场、艺术比赛以及政治派别和城邦间的较量中得来的竞赛思想,转化为一种最普遍的思想,以至于现在宇宙的齿轮都在这种斗争中旋转。每一个希腊人都充满自信地投入斗争,仿佛唯有他是正确的,在每一个瞬间,一个无限确定的判决尺度决定着哪一方获胜。同样,各种质之间也按照不可违反的、为斗争所固有的法则和尺度彼此斗争。虽然人和动物的狭隘大脑相信事物的确定性和持久性,但事物自身绝无真正的实存,它们是对立性质的斗争中两剑相遇所发出的闪光和火花,是胜利的光辉。

叔本华也对一切生成所固有的斗争,对胜利的永恒交替做了如下描述(《作为意志和表象的世界》第一卷,第175页):"恒存的物质必然不断地更换形式,途径是:在因果性的引导下,机械的、物理的、化学的和有机的现象贪婪地竞相出现,彼此争夺着物质,因为每一种现象都想表现自己的理念。这种斗争遍布整个自然,甚至可以说,自然只有通过这种斗争才能存在。"接下来几页对这种斗争做了最为奇妙的说明,只不过叙述的基调始终不同于赫拉克利特,因为在叔本华看来,斗争表明了生命意志的自我分裂,是这种黑暗、抑郁的冲动的自耗,完全是一种可怕的、毫无喜悦可言的现象。这种斗争的战场和对象是物质:各种自然力试图彼此争夺物质,就像空间和时间一样,物质正是时间和空间借助因果性所实现的统一。

---

① 厄里斯(Eris):不和女神,宙斯和赫拉的女儿。

六

当赫拉克利特的想象力用喜悦的旁观者的眼光注视变动不居的宇宙即"现实性",看到在快乐的竞赛中无数对选手在严格的裁判的监督下搏斗时,一种更高的想法油然而生。他再也无法把正在搏斗的一对选手和裁判区分开:裁判自己好像在比赛,竞赛者好像也在进行裁判。不错,因为从根本上说他所知觉到的只是永远居支配地位的正义,所以,他敢于宣布:多样性的斗争本身就是纯粹的正义!而且,从总体上说,一就是多。因为所有那些质在本质上是什么?它们是不朽的神吗?它们是彼此分离的、始终自行活动的本质吗?如果我们所见的世界只知道生成和消逝,而根本不知道持留,也许那些质本应构成一个别样的形而上世界,虽然不是阿那克西曼德在多样性的漂浮面纱下所寻求的那个统一的世界,而是一个永恒的、本质上多元的世界?也许在兜了一个圈子之后,赫拉克利特又一次陷入了他曾强烈地加以否认的二重世界秩序,一个是由无数不朽的神灵和魔鬼——即多种实在——组成的奥林匹斯世界,一个是只能看到奥林匹斯竞赛的硝烟和刀光剑影——即单纯生成——的人类世界?阿那克西曼德恰恰就是从确定的质逃避到形而上学"不定"的母腹之中的。因为这些确定的质不断生成和消逝,他否认它们拥有任何真正的、本质性的此在。但这岂不是说,生成只不过是使永恒的质之间的斗争变得可见而已?也许在事物的本质中根本就没有生成,只有许多真正不生不灭的实在的同时并存。这岂不是说，我们之所以谈论生成，完全是由于人类知识本来就十分脆弱的缘故？

这是非赫拉克利特式的道路，也是错误的道路。他又一次呼喊："一即是多。"多种多样可知觉的质，既不像后来的阿那克萨哥拉所认为的那样是永恒的存在，也不像后来的巴门尼德所认为的那样是我们感官的幻觉，它们既不是凝固自主的存在，也不是人的头脑中稍纵即逝的假象。任何人都不能借助辩证的鉴别力或者通过计算猜到只预留给赫拉克利特的那第三种可能性，因为他在此所发明的，即使在神秘的奇迹和出人意料的宇宙隐喻范围内，也实属罕见。——世界是宙斯的游戏，或者用更为物理化的语言说，是火的自我游戏。只有在这个意义上，一才同时是多。——

为了首先解释采用火作为一种构成世界的力量，我要提醒人们注意阿那克西曼德以什么方式深化了用水作为事物本原的理论。尽管基本上相信泰利斯，并且强化和扩大了泰利斯的观察，但阿那克西曼德不能确信：在水之前和水之后，没有其他质的阶段。相反，在他看来，湿本身是由热和冷构成的，因此，热和冷应当是水的初期阶段，是更为源始的质。随着它们从"不定"的源始存在中分离出来，便开始了生成。作为物理学家，赫拉克利特秉承了阿那克西曼德的思想，但他对后者的热做出了重新解释，把它看作嘘气、热的呼吸和干燥的蒸气，简言之，看作火热的东西。现在，他就这个火所做的陈述，和泰利斯与阿那克西曼德就水所做的陈述是一样的：火通过无数次变化，首先是通过热、湿和硬这三种基本状态，走完生成之路。因为水一部分下降变成土，一部分上升变为火。或者像赫拉克利特仿佛更准确地表述的那样，从海上只升起纯净的蒸气，用以滋养天上的星辰之火；从地上只升起浑浊而模糊的蒸气，用以滋养潮湿。纯净的蒸气是从海到火的通道，而不纯净的蒸气则是从土到水的通道。火的两条变化之路就是这样不断运行的：上升和下降、前进和后退以及二者的同时并存。从火到水，从水到土，从土又回到水，从水再到火。如果说在若干最为重要的观念上——比如，火通过蒸气得以保持，又比如，从水中分离出来的，部分是土，部分是火——赫拉克利特是阿那克西曼德的追随者，那么，在下述看法上，他却是独立的，并且与阿那克西曼德相冲突：阿那克西曼德把冷与热相并列，以便让湿从此二者中产生出来，而赫拉克利特却把冷排斥在物理过程之外。当然，对赫拉克利特来说，这样做是必然的，因为如果一切都应当是火，那么，在火的一切可能的变化中，就不可能有它的绝对对立面。所以，他必将把人们称为冷的东西解释为热的等级，并且能够毫不费力地证明这一解释。但是，与对阿那克西曼德学说的背离相比，下述一致性要重要得多：和阿那克西曼德一样，他相信一种周期性循环的世界毁灭，相信另一个世界会不断地从焚毁一切的世界大火中重新产生。那个把世界推向世界大火、把世界分解为纯火的周期，被他以触目惊心的方式刻画为一种渴望和需要，而世界在火中的完全焚毁，则被他视为一种满足。我们还有一个问题，即对于那重新产生的创世冲动、对于那熄灭自身从而恢复多样性形式的冲动，他是如何理解和命名的。下述希腊格言似乎有助于我们思考这个问题："自满生罪恶（亵渎）"。事实上，人们有时也许会这样想：

赫拉克利特会不会是从亵渎中推论出向多样性的回归的。人们应当严肃地对待这个想法：在它的映照下，赫拉克利特的表情在我们眼前发生了变化，他那骄傲的眼光变得黯淡无神，布满皱纹的脸上显露出痛苦的克制和无助，仿佛现在我们懂得了为什么稍后的古代世界把他称为"哭泣的哲学家"了。现在，整个世界进程岂不成了一种亵渎行为？多样性岂不成了亵渎的结果？从纯到不纯的转化岂不成了不义的后果？现在，罪责岂不是被置于事物的核心，因而，虽然生成和个体的世界被免除了对这种罪责的责任，但同时又总是被重新判决要承担它的后果？

七

事实上，亵渎这个危险的字眼是每个赫拉克利特主义者的试金石。在此，他可以表明，他是理解了还是误解了他的导师。在这个世界上，有罪责、不义、矛盾和痛苦吗？

赫拉克利特喊道，有！但只适用于孤立地而非整体地看问题的目光短浅的人，而不适用于洞察一切的神。对于神来说，一切对立的事物均汇合于一种和谐，虽然肉眼凡胎看不到这一点，但赫拉克利特这样的人却是看得见的，因为他近似于沉思冥想的神。在他的火眼金睛面前，他的周围世界不存在一丁点儿不义。甚至像纯火如何可以进入如此不纯的形式这样的基本障碍，也被他通过一种崇高的比喻克服了。一种生成与消逝，一种建设与破坏，没有道德责任，始终如一的清白，只有在这样的世界中才有艺术家和孩童的游戏。因此，就像孩童与艺术家在做游戏一样，永恒的活火也在做着游戏，时而建设，时而破坏，纯洁无邪，——无限的时间以这种游戏自娱自乐。它变着花样在水中、在土中堆积起来，就像海边的一个孩子，把沙堆堆起，又将其推倒。它不断重新开始自己的游戏。片刻的满足之后，他又会重新感觉到需要，就像艺术家感觉到创造的需要一样。不是盲动，而是不断觉醒的游戏冲动催生了另外的世界。孩子会偶尔扔掉玩具，但很快又会天真无邪地重新开始。但只要他进行建设，他就会合乎规律地按照内在秩序进行编织、装配和塑形。

只有审美的人才能以这种方式看世界，他从艺术家那里，从艺术作品的产生中看到，多样性的斗争本身如何能够具有规律和法则；艺术家如何既超脱地凌驾于艺术作品之上，又参与到艺术作品之中；必然性与游戏、冲突与和谐如何必须相结合从而产生出艺术作品。

现在，谁还会向这种哲学要求一种带有"你应"的绝对律令的伦理学，或者，谁还会责怪赫拉克利特有这种缺陷！如果人们所理解的自由是这样一种愚蠢的要求，即可以像换件衣服那样随意改变自己的本质（essentia），那么，人就彻头彻尾是必然性，彻里彻外是"不自由的"，迄今为止一切严肃的哲学都以应有的嘲讽反驳了这种要求。很少有人能够按照俯视一切的艺术家的眼光自觉地生活于逻各斯之中，这是因为，"当潮湿的泥浆充满了他们的灵魂"时，他们的灵魂是潮湿的，他们的眼睛和耳朵，甚至于他们的理智都成了一个糟糕的证人。至于为什么会这样，没有人追问，正如人们很少追问为什么火变成水和土一样。赫拉克利特没有理由一定要证实（就像莱布尼茨有理由这样做一样）这个世界是最好的世界，对他来说，下面一点就足够了，即这个世界是无限时间之美丽而纯洁的游戏。在他看来，总的说人甚至被视为一种非理性的存在，这与下述看法并不冲突：统领一切的理性法则贯穿于人的全部本性之中。人在自然界根本不占据任何特别优势的位置，自然界的最高现象是火，比如作为星辰的火，而不是幼稚的人。如果人通过必然性参与到火之中，那么，他就是某种有理性的东西。就他由水和土构成而言，他的理性的状况并不是很好。没有这样一种义务：因为他是人，所以，他必须认识逻各斯。但为什么会有水？为什么会有土？对赫拉克利特来说，这个问题要比问为什么人如此愚蠢和不道德严肃得多。在最高和最低的人身上，显示出同样内在的规律性和正义。但是，如果人们要进一步追问赫拉克利特：为什么火不始终是火，为什么它时而是水，时而是土，那么，他仍然只能回答说："这是一种游戏，对它不要太当真，特别是不要用道德的眼光去看它。"赫拉克利特只是对现存的世界进行了描述，他对这个世界有一种静观的喜悦，艺术家正是用这样的喜悦看待他正在创作的作品的。只有那些因故不满于他对人所做的自然描述的人，才会觉得他阴郁、忧伤、多泪、阴沉、消沉、悲观，总而言之，可恨。但他根本不会在意这些人，不会在意他们的反感与同情、他们的爱与恨，并很可能这样教导他们："狗总是朝它们不认识的那个人叫"或者"对于驴来说，糠比金更珍贵"。

由于这些不满，人们还常常抱怨赫拉克利特文风晦涩。也许从来没有一个人写得比他更清楚、更明朗。当然，他写得十分简洁，所以，对于那些走马观花式的读者来说，的确显得晦涩。但是，如果一个哲学家没有理由隐藏他的思想，或者，如果他不是一个十足的捣蛋鬼,以至于要用文字掩盖自己的思想贫乏,那么,他怎么会故意晦涩地进行写作——人们常常这样指责赫拉克利特——,这是完全无法加以解释的。但正如叔本华所说,人们甚至在日常实际生活事务中,也必须加以注意,通过清楚明白防止可能的误解。那么,人们怎么会允许在最困难、最深奥、几乎无法达到的思想对象上,含糊不清地,甚至令人费解地表达哲学问题呢?说到简洁,让·保尔①提出了一个很好的理论。"如果一切伟大的东西——即在一个非凡的精神看来具有多重意义的东西——仅仅被简洁地和(因而)晦涩地表达出来,素朴的精神宁愿将其宣布为无稽之谈,也不将之翻译为他的思想空洞,总的说来,这是正常的。因为素朴的精神有一种恶劣的能力,这就是在最深刻、最丰富的格言中只能看到自己的日常意见。"顺便说一下,赫拉克利特还是没有逃脱"素朴的精神"。斯多噶派已经把他重新解释为浅薄之辈,把其世界游戏的基本审美直观降低为关于世界实用性的普通思考,而且,还是为了人类的利益所做的思考。因此,在那些人的头脑中,赫拉克利特的物理学变成了一种粗暴的乐观主义,这种乐观主义不断要求所有人友好地喝彩(plaudite amici)。

八

赫拉克利特是骄傲的,而当一个哲学家骄傲的时候,那是一

---

① 让·保尔(Jean Paul,1763—1825):德国浪漫主义作家和诗人,原名约翰·保尔·弗里德里希·里希特尔(Johann Paul Friedrich Richter),主要作品有《武茨》《希本克斯》《巨神》《少不更事的年岁》等。

种伟大的骄傲。他的工作绝不是为了"公众"、为了大众的赞许、为了同代人的一致喝彩。孤独地走自己的路,这属于哲学家的天性。他的天赋是最为稀罕的,在某种意义上是最不自然的,甚至与其他同类的天赋也是相排斥、相敌对的。为了不被摧毁和打碎,他的自满自足的城墙必须用金刚石筑就,因为所有的人都在与他作对。他通向不朽的旅途比任何人都要艰辛和坎坷,但没有人比哲学家更确信他能达到旅途的目的地,因为如果不站在一切时代那展开的宽阔翅膀之上,他根本不知道应站在何方;因为无视当前和眼下的东西构成了伟大哲学天性的本质。他抓住了真理:尽管时间之轮在转动,但无论它转向何方,它绝不会逃离真理。关于这些人,重要的是要知道:他们确实曾经存在过。例如,作为一种无根据的可能性,人们绝对想象不出赫拉克利特的骄傲。从本质上说,对于知识的任何一种追求本身似乎总是不能令人满意的和令人失望的。因此,如果不是受到历史的启发,没有人会相信这样一种帝王式的自尊和自负是唯一愉快的真理追求者。这些人生活在他们自己的太阳系中,人们必须到那里去造访他们。毕达哥拉斯和恩培多克勒式的人物也是用一种超人的敬重,甚至用近乎宗教般的敬畏看待他们自己的,但是,与灵魂转世和生命统一性的伟大信念相连的同情纽带,把他们又一次引向他人,引向他们的幸福与拯救。而阿尔忒弥斯神庙①的爱菲斯隐士所具有的那种孤独之感,人们只有在荒凉至极的崇山峻

---

① 阿尔忒弥斯神庙(Artemistempel):古希腊最大的神庙,古代世界七大奇迹之一,位于古希腊殖民城市爱菲斯。赫拉克利特曾隐居于此。

岭间愣神发呆时,才能略微猜到几分。在他身上,没有任何充满同情感的强烈激情和愿望,去帮助、治疗和拯救。他是一颗没有大气层的星辰。他的眼睛向内看皓如明月,向外看则呆滞冷淡,仿佛只是装装样子而已。在他周围,幻觉和错误的波浪直接拍打着他那骄傲的城堡,他却厌恶地扭过脸去,不予理睬。而那些软心肠的人们同样会躲避这样一个仿佛由青铜铸成的面具。在一座僻静的寺院里,在众神像中间,或者在庄严肃穆的建筑旁,这样一种天性也许会显得可以理解。而在人类中间,作为一个人,赫拉克利特则是不近情理的。正如人们所看到的那样,当他注视着吵闹的孩子在游戏的时候,他所思考的绝不是一个人在这样的场合所思考的东西,而是伟大的世界顽童宙斯的游戏。他不需要人类,甚至连赞同其见解的人也不需要。人们能够从他的见解中探询到什么,他之前的其他贤哲们努力加以探询的是什么,所有这些都不是他的兴趣所在。他轻蔑地谈论这些追问的、搜集的人,简言之,这些"历史的"人。"我探询和考察过我自己",他用人们用来表示探究神谕的一句话谈论他自己,仿佛只有他才是德尔斐神谕"认识你自己"的真正实践者和完成者。

然而,他把他从这个神谕中听出来的东西视为不朽的、具有永恒解释价值的智慧,就像西比尔[①]的预言一样,法力无边,影响深远。如果人们可以像解释神谕那样,对他像德尔斐神一样"既没表达,也没隐藏"的东西做出解释,这对最遥远未来的人类而言就足够了。虽然他在宣布这种神谕般的东西时"没有微笑、修

[①] 西比尔(Sibylle):古希腊神话中的预言女巫。

饰和奉承",甚至仿佛是用"愤怒的口吻"宣布的,但它必定会历经千秋万代,传至未来。由于世界永远需要真理,所以,世界永远需要赫拉克利特,虽然他并不需要世界。他的声誉与他有何关联?正如他以嘲讽的口吻所宣告的那样,声誉如"逝去的流水"!与他的声誉有些关联的是人类,而不是他;人类的不朽需要他,而不是他需要赫拉克利特这个人不朽。他所看到的东西,即生成中的法则和必然性中的游戏的学说,从现在开始必将永远被看到。他拉开了这部最伟大的戏剧的幕布。

九

赫拉克利特的每一句话都表达了真理的骄傲和尊严,不过这里的真理是直观中的真理,而不是沿逻辑的绳梯向上攀缘的真理;他在西比尔式的狂喜中去看,而不是去窥;去知,而不是去算。在他的同代人巴门尼德那里,则有一个相反的形象与他并肩而立。巴门尼德也属于真理先知的类型,不过,他仿佛是由冰而不是由火构成的,因而周身放射出刺眼的寒光。大概在其晚年的某个时刻,巴门尼德才处于最为纯粹的、摆脱了任何现实性的、全然苍白的抽象之中。在悲剧时代的两个世纪中,没有哪个时期比这个时刻更缺少希腊精神。关于存在的学说就是这个时刻的一个成果。这个时刻成了他自己生命的一块界碑,即把他的生命分成了两个时期。不过,这个时刻同时也把前苏格拉底思想分成了两半:前一半可以称为阿那克西曼德时期,后一半则完全可以称为巴门尼德时期。在巴门尼德自己的哲学思想中,第一个时期同样还具有阿那克西曼德的痕迹。这个时期产生了一个系统的哲学-物理学体系,作为对于阿那克西曼德所提问题的答复。当后来他被那个冰冷的抽象寒战抓住,从而提出关于存在与非存在的最朴素命题时,他自己的这个体系也就成了被他推向毁灭的诸多陈旧学说之一。不过,好像他并没有完全失去对其青年时代这个英俊强壮的孩子的父亲般的怜惜,所以,他才会说:"虽然只有一条正确的路,但如果人们打算走另一条路的话,那么,按照其质量和结论,只有我的早期观点是正确的。"他用这样的措辞进行自我辩护,甚至在那部关于自然的伟大诗作中,他也为其早期的物理学体系留下了相当大的空间,而这部诗作的本意是要宣告一种新的观点作为通向真理的唯一路标。这种父亲般的关爱,虽然本来可能是一时疏忽所造成的错误,但在一个完全被逻辑的呆板弄僵了的、几乎变为一架思想机器的性格中,却是仅存的人的情感了。

837 　　我觉得巴门尼德与阿那克西曼德的个人交往不是不可信的,而他出自阿那克西曼德的学说,这一点则不仅是可信的,而且是明显的。巴门尼德不相信一个单纯存在的世界和一个单纯生成的世界的完全分离,赫拉克利特对此持有同样的怀疑,从而导致了对存在的根本否定。两个人都在寻求一条出路,以便走出二重世界秩序的完全分离和相互对峙局面。阿那克西曼德借助于向不定、不定者的跳越,彻底避开了生成及其经验的质的领域,而对于像赫拉克利特和巴门尼德这样性格独立的人来说,做这种跳越是不容易的。他们试图尽量先步行跋涉,一直走到这样的地点才进行跳越:即脚下再也没有立足之处,为了不跌落下去，人们不得不跳。两个人反复注视着那个世界，那是阿那克西曼德忧伤地加以指责的世界，是被其视为犯罪场所、视为生成的不义赎罪之所的世界。正如我们已经看到的那样，在这种注视中，赫拉克利特发现：在那种生成中，表现出神奇的秩序、规律性和确定性。他由此得出结论，生成本身决不可能是什么亵渎的和不义之物。巴门尼德则提出了一种完全不同的看法。他对各种质做了相互比较，确信自己发现了这样一点：这些质并不完全是同类的，而是必须被分为两大类。例如，他比较了明与暗，认为第二种质显然只是对第一种质的否定。于是，他区分了肯定的质和否定的质，并努力在整个自然界重新找到并记录这种基本对立。他的方法是这样的：设想一对儿对立的现象，如轻与重、薄与厚、主动与受动，按照明与暗的对立模式对其做出解释。与明相符的是肯定的特性，与暗相合的则是否定的特性。比如，假设他选取了重与轻，那么，轻就属于明这一边，而重则属于暗这一边。所以，在他看来，重只是对轻的否定，而轻则是一种肯定的特性。从这种方法中，已经产生了一种抗拒和无视感官暗示的、抽象的逻辑程序的能力。就感官而言，重似乎确定无误地显示为肯定的质，但这并未阻止巴门尼德给它带上否定的标签。同样，他把与火相对的土、与热相对的冷、与薄相对的厚、与阳相对的阴、与主动相对的受动，都仅仅视为否定。于是，从他的眼光看来，我们的经验世界分成了两个彼此分离的领域：肯定特性的领域（带有明、火、热、轻、薄和主动的性质）和否定特性的领域。后者实际上仅仅意味着另一个肯定领域的缺失与不在场。所以，他把缺乏肯定特性的领域描述为暗、土、冷、重、厚的性质，总之，描述为阴柔、受动性质。他没有用"肯定"和"否定"这样的表述，而是用了"存在者"和"不存在者"这样的固定术语，从而提出了这样的原理：与阿那克西曼德相反，我们这个世界本身包含着一些存在的东西，但也包含一些不存在的东西。人们不应到世界之外，或者仿佛到我们的视域之外去寻求存在者。毋宁说，就在我们面前，就在那生成之中，到处都包含着一些存在的东西，而且这些东西处于活动之中。

但在这里，他还要完成这样一个任务，即准确地回答这个问题：什么是生成？——这就是他为了不跌落必须进行跳越的地方，尽管对巴门尼德这样的天性来说，也许那种跳越本身就被看作跌落。不用说，我们要陷入迷雾之中，陷入隐蔽的质（qualitates occultae）的神秘教义之中，甚至有几分陷入神话之中。和赫拉克利特一样，巴门尼德注视着普遍的生成与变易，他只能这样解释消逝：即它是由不存在者造成的。因为存在者怎么会承担消逝的责任呢！但同样，产生也必须借助不存在者才能实现，因为存在者始终在此，所以，不能从自身中产生，因而不能说明产生。因此，无论是产生还是消逝，都是由否定的特性引起的。但如果说产生就是拥有一个内容，消逝就是失去一个内容，那么，前提是：肯定的特性——就是说，那个内容——同样参与到了两个过程之中。简言之，就有了下述原理："对于生成来说，存在者和不存在者都是必不可少的。当它们共同起作用时，就有了生成。"但是，肯定的东西和否定的东西怎样彼此照面呢？作为两种对立的东西，它们岂不是要永远向相反的方向逃遁，从而使得任何一种生成成为不可能吗？在此，巴门尼德诉诸一种隐蔽的质,一种对立面之间相互接近、相互吸引的神秘爱好,而且,用阿佛洛狄忒①的名字、用经验所熟知的两性关系来象征这两种对立的特性。阿佛洛狄忒的力量在于,把对立的双方、把存在者与不存在者结合在一起。一种欲望把彼此冲突、彼此仇恨的要素引到一起,结果就有了一种生成。一旦欲望得到了满足,仇恨和内在冲突便会再一次使存在者与不存在者相互分离,那时,人们就会说:"该物消逝了"。——

十

然而,没有人能够在不受惩罚的情况下强占像"存在者"和"不存在者"这样的可怕抽象。人们一旦接触它们,血液就会逐渐凝固。有一天,巴门尼德产生了一个奇怪的念头,仿佛他先前的全部推论都失去了价值,于是,他打算像丢掉装有旧币的钱包一样把那些推理丢在一旁。人们一般认为,在那一天的发明中,起作用的不仅有像"存在者"和"不存在者"这些概念的内在必然性,而且,也有一种外部的影响,即他接触了年老的科罗封人色诺芬②的神学,这是一位游历四方的吟游诗人,是一种

---

① 阿佛洛狄忒(Aphrodite):希腊神话中的爱神,即罗马神话中的爱神维纳斯。第二代神王克洛诺斯(Cronus)割下他父亲乌拉诺斯的阳具并抛入爱琴海,从掀起的浪花中诞生了阿佛洛狄忒。

② 色诺芬(Xenophanes,公元前570—前475):古希腊哲学家和诗人,爱利亚学派创始人。

神秘的自然崇拜的讴歌者。作为流浪诗人,色诺芬经历了非凡的生活,通过云游,逐渐成为一个阅历丰富和循循善诱的人,善于发问和叙述。所以,赫拉克利特把他归入博学者之列,归入上述"历史的"天性之列。至于对他来说,向往"一"和"永恒不动"的神秘倾向何时以及从哪儿开始,人们已经无法加以推算。也许它是一个终于在一个地方定居下来的白发老人的思想,在经历了颠沛流离和不懈的学习、研究之后,面对一派神圣宁静的景象,面对在泛神论的源始和谐之中持留的万物,他感到了那种至高与至大。此外,下面一点在我看来纯属偶然:两个人在同一个地方,即在爱利亚共同生活了一段时间,期间,两个人的头脑中都具有了一种统一性的观念。他们没有建立学派,也没有任何共同性的思想可以彼此借鉴,进而继续传播。因为他们那种统一性观念的来源极为不同,甚至截然相反。即使一个人尝试了解另一个人的学说,那么,仅仅为了理解之故,他必须首先把它翻译成他自己的语言,而在这种翻译中,另一种学说的特色必然会丧失掉。如果说巴门尼德完全是通过一种臆想的逻辑结论,从存在和不存在的概念中编织出存在者的统一性,那么,色诺芬则是一个宗教神秘主义者,他连同那种神秘的统一性理应属于公元前6世纪。尽管他的个性不像毕达哥拉斯那样具有革命性,但在游历过程中,他也有同样的倾向和冲动,去改善、净化和救治人类。他是伦理导师,不过尚处于吟游诗人的程度。后来,他似乎变成了一个智者。在对现存习俗和道德评价进行大胆抨击方面,整个希腊没有人能和他相提并论。而且,他决不像赫拉克利特和柏拉图那样隐退到个人的孤独之中,而是直接面对公众,以愤怒和嘲笑的口吻,严厉谴责了他们对荷马的欢呼赞叹,对体育竞赛荣誉的强烈爱好,对人形石头的顶礼膜拜,尽管还没有像忒尔西忒斯①那样极尽漫骂之能事。个体的自由在他身上发挥得淋漓尽致。把他与巴门尼德更紧密地联系在一起的,与其说是那最终的神圣统一性,不如说是对一切陈规陋习的近乎彻底的摆脱。这种统一性是他在那个世纪一派庄严的景象中看到的,与巴门尼德的存在几乎没有共同的表达和语词,不用说,也没有共同的起源。

更确切地说,巴门尼德是在一种相反的状况中发现其存在学说的。就在那一天,就在这种状况中,他考察了那两个共同起作用的对立面(其欲望和仇恨构成了世界和生成),即存在者和不存在者、肯定特性和否定特性。突然,他心存怀疑地停在了否定特性和不存在者的概念上。某种不存在的东西可能是一种特性吗?或者问这样一个更为原则性的问题:某种不存在的东西可能存在吗?我们马上给予绝对信任的唯一知识形式就是A=A这个重言式,否认它无异于神经错乱。坚定地召唤着他的正是这种重言式知识:不存在者不存在!存在者存在!突然,他感到一种巨大的逻辑罪恶压在他的生命之上:他曾经一直毫不犹豫地认为,"有"否定的特性和不存在者,用公式表达就是A=非A。恐怕只有完全的思想错乱才会提出这样的理论。虽然像他所认为的那样,绝大多数人都是用同样的思想错乱进行判断的,他自

---

① 忒尔西忒斯(Thersites):特洛伊战争时希腊联军中最丑陋的人,经常惹是生非,骂不绝口。

己只不过参与了普遍的反逻辑罪过。但就在他为这种罪过而自责的同时,他也为一种发现的光辉所照耀。此时此刻,他走出了人类的一切错觉,发现了一个原理,即揭开世界秘密的钥匙。现在,他借助于关于存在的重言真理这只有力而可怕的大手,步入了事物的深渊。

在通往事物深渊的路上,他遇到了赫拉克利特,这是一次不幸的邂逅!对于巴门尼德来说,最为严格地区分存在与非存在具有至关重要的意义,这时的他对于赫拉克利特的二律背反游戏一定是深恶痛绝。"我们既存在,又不存在","存在与非存在既同一,又不同一",这个命题使巴门尼德刚刚弄清的问题又一次变得晦暗不明,令其勃然大怒。他大声喊道:"让那些仿佛长着两个脑袋却一无所知的家伙见鬼去吧!在他们那里,一切皆流,包括他们的思想!他们稀里糊涂地盯着事物,但一定是又聋又瞎,所以才会这样把彼此对立的事物混淆起来!"群众的无知,经过儿戏般二律背反的粉饰,便被称赞为一切知识的顶峰。对于巴门尼德来说,这是一件可悲的、不可思议的事情。

现在,他沉浸在他那可怕的抽象的冷水浴中。凡真实的东西,必存在于永恒的现在,不能说"它曾在"或"它将在"。存在者不可能生成,因为它会从何处生成呢?从不存在者吗?但不存在者不存在,不可能产生任何东西;从存在者吗?存在者只能产生它自己,产生不了别的东西。消逝的情形亦然。它和生成、变化、增长和减少一样,都是不可能的。从总体上说,只有下述命题是有效的:一切可以被说成"它曾在"或"它将在"的东西,都不存在;而对于存在者,决不能说"它不存在"。存在者是不可分的,因为分割它的第二种力量在哪儿呢?它是不动的,因为它应向何处运动呢?它既不可能无限大,也不可能无限小,因为它是已完成的,而一种已完成的无限性是一个矛盾。所以,它是有限的、已完成的、不动的,在各方面都是平衡的,在每一点上都是完全的,像一个悬浮的球体,但又不在一个空间中,因为那样的话,这个空间就是第二个存在者了。但是,不可能有多个存在者,因为为了把它们分开,必须有某种不是存在者的东西,这是一个自相矛盾的假定。所以,只有永恒的统一性。

但是,当巴门尼德的目光现在重新落到生成的世界——他早年曾试图通过巧妙的推论把握这个世界的实存——时,他开始对自己的眼睛和耳朵表示愤怒:它们竟然看到、听到了生成。"不要跟随茫然的眼睛,"他这样说出了他的律令,"不要跟随轰鸣的耳朵或舌头,而只用思想的力量加以辨明。"就这样,他首次对认识装置进行了极为重要的批判,尽管这种批判是有欠缺的,其后果是灾难性的。他把感觉和抽象思维能力即理性断然分隔开来,仿佛它们是两种截然分离的能力,结果,他就完全击碎了理智本身,促成了"精神"与"肉体"的完全错误的分离。特别是自柏拉图以来,这种分离就像一种灾难压在哲学之上。巴门尼德断言,一切感性知觉只能产生假象,而它们的一个主要假象恰恰就是,它们使人们错误地相信:不存在者也存在,生成也存在。根据经验加以认识的那个世界的全部多样性和丰富性,它的质的变化,其上升与下降的秩序,都被作为单纯的假象和错觉无情地甩在了一边。从这个世界,人们学不到任何东西,因此,人们为迁就这个虚构的、彻底无效的、仿佛是通过感官骗取的世界所做的任何努力,都是徒劳的。谁要是像巴门尼德所做的那样从总体上做出判断,他就不再是一个着眼于细节的自然科学家了。他对现象的关心干枯了,他甚至产生了一种怨恨,恨自己不能摆脱这种感官的永恒欺骗。现在,真理只能栖息于最苍白、最抽象的普遍性之中,栖息于由最不确定的言语筑就的空壳之中,如同栖息于蜘蛛网之中。我们这位哲学家就坐在这样一种"真理"旁,和抽象概念一样没有血色,全神贯注于一般化的程式之中。蜘蛛还是要吃它的猎物的血,而巴门尼德式的哲学家所痛恨的却恰恰是其猎物的血:被他扼杀的经验之血。

十一

这是一个希腊人,伊奥尼亚革命爆发时大概正值他的鼎盛年。对当时的一个希腊人来说,有可能像逃离一个完全由想象力虚构的公式化一样,逃离异常丰富的现实性,但决不是像柏拉图那样,逃向永恒的理念王国,逃向创世者的工作室,以便欣赏事物那完美的、不朽的原型,而是逃向最冷静、最空洞的存在概念这个僵硬的死一般的沉寂之中。我们要避免按照错误的类比去说明这种独特的事实。这种逃离不是印度哲学家意义上的一种遁世,促成这种逃离的不是对于人生的堕落、短暂和不幸的深刻的宗教信念。其最终目标即存在中的沉寂,不是以下述方式达到的:神秘地进入一种酣畅的、心醉神迷的冥想状态,这种状态对普通人来说是一个谜和一种不快。巴门尼德的思想中丝毫没有印度思想那种醉人的醇香,而在毕达哥拉斯和恩培多克勒身上,这种醇香也许并不是完全感觉不到的。确切地说,在这个时期,上述事实的奇怪之处恰恰在于没有芳香、没有色彩、没有灵魂、没有形式;在于完全缺乏血液、宗教热忱和伦理热情;在于那抽象的公式化——竟然是在一个希腊人身上!特别是在一个神话式思维的、最富动感和想象的时代,竟然有如此可怕的能量去追求确定性。巴门尼德祈祷说:诸神啊,只求赐给我一种确定性。在充满不确定性的海洋上,它也许只是一块薄薄的木板,却足以容我立足!你们把一切生成的、繁茂的、多彩的、繁荣的、虚假的、美丽的、生动的东西都拿走吧,只求赐给我那唯一的、贫乏的、空洞的确定性!

本体论的主旋律在巴门尼德哲学中奏响了序曲。经验在任何地方都没有向他呈现他所设想的那样一种存在,但由此可知:他可以思想存在,于是他得出结论:存在(Sein)必然实存(existiren)。这一结论基于下述假定:我们拥有一种可以通达事物本质、独立于经验的认识器官。按照巴门尼德,我们的思想材料决不在直观中,而是来自另外的地方,来自一个感觉之外的世界,我们可以通过思想直接进入这个世界。亚里士多德已经有效地反驳了所有类似的推理程序:实存决不属于本质(Essenz),此在决不属于事物的本质(Wesen)。所以,从"存在"——它的本质(essentia)恰恰就仅仅是存在——的概念中,绝不能推出存在的一种实存(existentia)。如果没有作为其基础的对象,如果不能提供相应的直观——这种对立就是通过抽象从这种直观中推导出来的——,那么,"存在"与"非存在"对立的逻辑真理就是完全空洞的;如果不追溯到直观,它就仅仅是一个概念游戏,事实上,通过它人们得不到任何知识。因为虽然如康德所教导的那样,真理的纯逻辑标准即一种认识与知性和理性之普遍的、形式的法则相符合是真理的必要条件(conditio sine qua non),因而是一切真理的消极条件,但逻辑不能再进一步,就是说,逻辑不能借助于任何试金石发现那种不涉及形式只涉及内容的错误。但是,只要人们寻求"存在者存在,不存在者不存在"这个对立面的逻辑真理的内容,那么,人们事实上根本不会发现与那个对立面严格对应的唯一现实性。对于一棵树,我既可以把它与所有其他事物进行比较,说:"它存在";也可以把它与另一个时刻的自己进行比较,说:"它将在";最后,还可以说:"它不存在",比如,"它还不是树",如果我看到的是灌木。语词只是代表事物之间以及事物和我们之间关系的符号,因而,在任何地方都不涉及绝对真理。"存在"一词仅仅表示联结一切事物的最普遍关系,"非存在"一词亦然。但是,如果事物的实存本身是不可证实的,那么,事物之间的相互关系,即所谓的"存在"与"非存在"也不能使我们向真理的王国跨进一步。借助于语词和概念,我们永远不会穿越关系之墙,进入事物的任何一种神秘根源之中,甚至在感性和知性的纯形式中,在空间、时间和因果性中,我们也没有获得任何看似永恒真理(veritas aeterna)的东西。对于主体来说,要想超出自身之外去观察和认识某物,是绝对不可能的,以至于认识和存在是所有领域中最相互矛盾的两个领域。如果说当时的理智批判还很肤浅幼稚,所以,巴门尼德还可以幻想从永恒的主观概念达到一个自在的存在(An-sich-sein),那么,在康德以后的今天,下述做法就是一种十足的无知：在有些地方，特别是在那些想冒充哲学家的孤陋寡闻的神学家中间，"用意识去把握绝对"被视为哲学的任务，比如，黑格尔就曾说过，"绝对已经存在，否则，它如何能够被寻求？"；贝内克[①]也曾说过，"存在无论如何一定是有的，无论如何一定是我们可以达到的，否则，我们就不可能拥有存在的概念。"拥有存在概念！好像它没有在这个词的词源上提示出最粗陋的经验起源似的！因为存在（esse）本来的意思只是"呼吸"，当人使用所有其他事物的时候，他会通过一种隐喻，就是说通过某种非逻辑的东西，按照人的类比，把他自己呼吸着、活着这样的信念传递到其他事物上去，从而把他们的实存理解为一种呼吸。现在，这个词的源始含义几乎已经消失了，但这样一种习惯则始终在很大程度上得到了保留：人按照自己此在的类比，以人格化的方式，总之，通过一种非逻辑的传递去想象其他事物的此在。但撇开这种传递不谈，对人来说，"我呼吸着，所以，有一种存在"这个命题本身也是完全不充分的，因此，必须对其提出异议，就像人们必须对"行走着，所以，存在（ambulo, ergo sum oder ergo est）"这个命题提出异议一样。

十二

比存在者概念内涵更大的另一个概念，同样已经被巴门尼

[①] 贝内克（Friedrich Eduard Beneke, 1798—1854）：德国哲学家和心理学家，主要著作有：《形而上学与宗教哲学》《新心理学》等。

德所发现,尽管在对它的使用上,还没有他的学生芝诺那样得心应手,这就是无限的概念。无限的东西是不能实存的,因为按照这样一种假定,就会产生"既成的无限"这样一个矛盾概念。当我们的现实性、我们的当下世界到处都具有那种"既成的无限"性质的时候,这就意味着这个世界在本质上违反了逻辑,因而也违反了实在,所以,是假象、谎言和幻觉。芝诺特别运用了间接的论证方法。例如,他说:"不可能有从一个地方到另一个地方的运动,因为如果有这种运动的话,就会出现既成的无限,而这是不可能的。"在赛跑中,阿基里斯不可能追上先行一小步的乌龟,因为仅仅为了达到乌龟出发的那一点,他就必须已经跑过无数的、无限的空间,即先跑完那个空间的二分之一,然后四分之一、八分之一和十六分之一,以至无穷。如果他实际上追上了乌龟,那么,这就是一个不合逻辑的现象,所以,无论如何不是真理,不是实在,不是真正的存在,而仅仅是一个假象。因为无限是绝不可能穷尽的。这一学说的另一种流行的表达方式是飞矢不动。箭在飞行的任何一个瞬间都会占有一个位置,在这个位置上它是静止的。无限静止位置的总和就等同于运动吗?无限重复的静止就是运动,从而是其自身的反面吗?在此,无限被用作溶解现实性的硝酸。但是,如果概念是固定的、永恒的和存在的(在巴门尼德看来,存在和思想是重合的),如果无限决不可能是既成的,如果静止决不可能变为运动,那么,箭实际上就根本没有飞。它根本就没有发生位移,根本没有走出静止,也没有任何时间消逝。或者,换句话说,在这个所谓的、表面的现实性中,既没有时间,也没有空间,又没有运动。最后,箭本身也仅仅是一个假象，因为它来自多样性，来自由感官引起的"非一"的幻象。假设箭有一种存在，那它也是不动的、非时间的、没有生成的、凝固的和永恒的——一个不可能的观念！假设运动是真实的，那么，就没有静止，箭不占有位置，也不占有空间——一个不可能的观念！假设时间是真实的，那么，它就不可能是无限可分的；箭所需要的时间一定是由有限数目的瞬间组成的，每一个瞬间一定是一个原子——一个不可能的观念！一旦由经验提供的、由我们这个直观世界得到的内容被视为永恒真理，我们的全部观念就会陷入矛盾。如果有绝对运动，那么，就没有空间；如果有绝对空间，那么，就没有运动；如果有一个绝对的存在，那么，就没有多样性；如果有一种绝对的多样性，那么，就没有统一性。这里，人们可以清楚地看到，借助于这些概念，我们很难触及事物的核心或者解开实在的纽结。与此相反，巴门尼德和芝诺却坚持概念的真理性和普遍有效性，把直观的世界作为真实的、普遍有效的概念的对立面，作为不合逻辑的、矛盾的东西的客观化加以抛弃。在他们的全部证明中，他们都是从这样一个完全无法证明，甚至不大可能的前提出发的：我们在那种概念能力中拥有最高的决定性标准，可以判别存在与非存在，即客观实在性与非客观实在性；那些概念不应按照现实性加以证明和修正——尽管它们是从现实性中得来的——，相反，它们应当对现实性加以衡量和判决，如果现实性与逻辑发生冲突，它们甚至会判决现实性有罪。为了能够赋予那些概念审判权，巴门尼德必须把他所认为的唯一存在归于那些概念。现在，思想和那个非生成的、完满的存在者之球不再被说成是两种不同的存在，因为不允许有存在的二重性。于是，这样一种大胆的思想就成为必然：即把思想与存在解释为同一的。这里，任何形式的直观、象征和比喻都帮不上忙。这种思想是完全无法表象的，但它却是必然的，甚至它要以任何一种感性可能性的缺乏来欢庆对于世界和感官要求的最高胜利。按照巴门尼德的律令，思想和那块圆球状的、完全实心的、凝固不动的存在必然重合为一、完全相同，这令一切幻想相形失色。就让这种同一与感官相对立吧！恰恰这一点担保了它不是来自于感官。

十三

此外，还有两个强有力的人身攻击论证（argumenta ad hominem oder ex concessis）[①]反驳了巴门尼德。通过这两个论证，虽然真理本身没有得到揭示，但感性世界与概念世界的绝对分离以及存在与思想同一性的非真理性，则得到了昭示。第一，如果在概念中进行的理性思维是实在的，那么，多样性和运动也必然具有实在性，因为理性思维是运动的，而且是从概念到概念的运动，就是说，是在多数实在之间的运动。对此，没有任何异议。绝不可能把思维视为一种僵化的持留，视为统一性的一种永恒不动的自我思维。第二，如果从感觉中只能产生欺骗和假象，如果实

---

① 人身攻击论证，也可译为人身批评论证，指在论辩过程中不是针对对方的论证本身，而是针对做出论证的个人。人身攻击论证有几种表现形式，其中的一种形式是这样的：通过指出论敌无法彻底贯彻自己的主张而反驳对方。尼采这里即是在此意义上使用人身攻击论证的。

际上只有思维与存在的真实同一性,那么,感觉本身是什么呢?同样只能是假象,因为它并不等同于思想,它的产物即感性世界也不等同于存在。但如果感觉本身是假象,那么,它对谁来说是假象呢?作为非实在的东西,它怎么还能欺骗呢?不存在者是不能进行欺骗的。所以,欺骗和假象从何而来的问题仍然是一个谜,甚至是一个矛盾。我们把这些人身攻击论证称为运动的理性的抗辩和假象来源的抗辩。从第一种抗辩可以得出运动和多样性的实在性,从第二种抗辩可以得出巴门尼德的假象的不可能性,前提是:巴门尼德关于存在的主要学说被认为是有根据的。

但是,这种主要学说仅仅意味着:只有存在者存在,不存在者不存在。然而,如果运动是这样一种存在,那么,一般说来在任何情况下都适用于存在者的东西,也就适用于它,结果,运动就是非生成的、永恒的、不灭的,没有增加,也没有减少。不过,要想借助于假象从何而来的问题否定这个世界是假象,要想针对巴门尼德的摒弃,捍卫所谓生成、变化的舞台,捍卫我们多样化的、无休止的、丰富多彩的实存,就必须把这个变化的世界刻画为这些真实存在着的、永远同时存在的本质的总和。当然,在这个假定下,人们还决不能谈论一种严格意义上的变化和生成。但现在多样性拥有一种真正的存在,所有的质都拥有一种真正的存在,运动也不例外。对于这个世界的任何一个瞬间,即使这些任意选出的瞬间彼此相隔数千年,人们也一定能够说:存在于这些瞬间的一切真正的本质都是同时在此的、不变的和不灭的,没有增加,也没有减少。一千年以后,它们会同样如此,不发生任何变化。尽管世界这一次看上去与另一次完全不同,但这不是欺骗,也不仅仅是假象的东西,而是永恒运动的结果。真正的存在者不断变换着自己的运动方式:时而相互靠近,时而彼此分开;时而向上,时而向下;时而相互交叉,时而乱作一团。

十四

随着这个观念,我们已经向阿那克萨哥拉学说的领地迈出了一步。上述强烈反对巴门尼德的两个抗辩,即运动思想的抗辩和假象从何而来的抗辩就是由他提出的。但在基本原理上,巴门尼德却仍然支配着他以及所有更年轻的哲学家和自然科学家。他们都否认大众意识认为的、阿那克西曼德和赫拉克利特虽然更加审慎但仍嫌轻率地假定的生成和消逝的可能性。这样一种神话般的产生于无和消逝于无,这样一种从无到某物的随意变化,这样一种质的随意变换和更换,从此以后被认为是无意义的。但基于同样的理由,以泰利斯或赫拉克利特的方式,从一中生出多,从单一的基质(Urqualitaet)中生出各种不同的质,简言之,从一个源始材料中导出整个世界,也被认为是无意义的。毋宁说,现在下述本真的问题被提了出来:把非生成的、不朽的存在的学说移植到这个现存世界之上,而又不逃避到假象学说和感官欺骗学说之中。但是,如果说经验世界不应当是假象,如果说事物不应发源于无或者某一种物,那么,这些事物本身必须包含一种真正的存在,它们的质料和内容必定是绝对实在的,而且,一切变化只能涉及这些永远同时存在的本质的形式,即它们的位置、秩序、分类、化合与分解。这就如同掷骰子游戏:那些骰子始终是一样的，但时而这样落下，时而那样落下，它们对我们来说就具有了不同的意义。所有先前的理论都以一种原始元素为根据，作为生成的母腹和根源，无论是水、气、火，还是阿那克西曼德的不定。与此相反，现在阿那克萨哥拉断言：从相同的东西中绝不能产生不相同的东西，而且，变化也决不能从一种存在者中得到解释。无论人们怎样设想对那种假定的质料进行稀释或浓缩，他们绝不能通过这种浓缩或稀释达到他们希望加以解释的东西：质的多样性。但是，如果事实上世界充满了各种最为不同的质，如果这些质不是假象，那么，它们必定拥有一种存在，就是说，必定是永远不生不灭的和始终同时存在的。但它们不可能是假象，因为假象从何而来的问题还没有得到回答，甚至只有否定的回答！先前的研究者们想通过下述方式简化生成的问题：即他们只提出一种实体（Substanz），它在自己的母腹中拥有一切生成的可能性。与此相反，现在的说法是：有无数个实体，但决不再增加或减少，也不再更新。只有运动不断重新向各个方向摇动这些实体，就像掷骰子一样。但阿那克萨哥拉从我们思想观念的无庸置疑的前后相继中，反驳了巴门尼德，证明了运动是一种真理，而不是一个假象。这样，我们就以最直接的方式认识了运动和前后相继的真理，我们就是在这种运动和相继中进行思考和拥有观念的。这样，巴门尼德那僵硬的、静止的、无生命的、单个的存在无论如何被从路上清除了。有很多存在者，同样确定的是，所有这些存在者（实存，实体）都处于运动中。变化即运动，但运动从何而来？也许这种运动根本没有触及那众多的、独立的、彼此孤立的实体的真正本质，因而，按照最严格的存在者观念，它岂非必然在实质上不同于那些实体？还是说，尽管如此它们仍属于事物本身？我们面临一个重要的决定：我们将根据我们选定的方向，进入阿那克萨哥拉、恩培多克勒或德谟克利特的领地。人们必然会提出这样一个充满疑虑的问题：如果有多个实体，而且，这些实体都处于运动中，那么，是什么在推动它们？它们是相互推动吗？也许仅仅是重力在推动它们？或者事物自身具有吸引和排斥的魔力？或者运动的原因在这些众多的、实在的实体之外？或者，换一种更为严格的问法：如果两个事物显示出一种前后相继和位置的相互变化，这是由它们本身引起的吗？应当从机械角度还是魔力角度对此做出解释呢？或者，如果情况不是如此，是某个第三者在推动它们吗？这是一个棘手的问题，因为和阿那克萨哥拉的看法相反，巴门尼德甚至还可以补充道，就算有多个实体，运动的不可能性始终还是可以证明的。就是说，他可以这样说：设想两个自行存在的本质，每一个都具有完全不同的、独立的、绝对的存在——阿那克萨哥拉的实体就是这样的本质——，因此，它们绝不会相互碰撞，决不会相互推动，也绝不会相互吸引；它们之间没有因果关联，没有桥梁；它们互不接触，互不打扰，互不关联。因此，碰撞和那种魔术般的引力一样，都是根本无法说明的。绝对不同的东西，不能彼此施加任何影响，所以，自己不能运动，也不能使他物运动。巴门尼德甚至会补充道：你们唯一能做的就是把运动归于事物本身。但是，那样的话，你们作为运动认识和看到的一切，就仅仅是错觉，而不是真正的运动，因为那些绝对的、独特的实体可以享有的唯一一种类的运动，大概只能是没有任何作用的自我运动。

但是,恰恰为了解释交替、位移和变化的作用,简言之,为了解释事物间的因果性和相互关系,你们才假定了运动。然而,恰恰是这些作用并没有因此得到说明,它们还和以前一样是有疑问的。因此,实在看不出假定一种运动有何必要,因为它并没有给予你们想从它那里得到的东西。运动不属于事物的本质,对于事物而言,它永远是异类。

  为了逃避这样一种论证,爱利亚学派"不动的一"的反对者受到了一个来自感性世界的偏见的诱惑。每一个真正的存在者都是一个占据空间的物体,都是一块物质,但无论是大是小,总之要在空间中延伸,这一点看上去如此确定无疑,所以,两个或多个这样的团块不可能存在于同一个空间中。在这样的前提之下,阿那克萨哥拉和后来的德谟克利特都假定:当它们在运动中相互连接时,它们必然会相互碰撞;它们会争夺同一个空间;正是这种斗争引起了所有的变化。换句话说,那些完全隔绝的、彻底不同的和永远不变的实体并没有被看作绝对不同的东西,毋宁说,除了一种特有的、特殊的质之外,它们都有一个完全相同的基质,即它们都是一块占据空间的物质。在分享物质这一点上,它们都是一样的,所以,它们才能相互作用,就是说,相互碰撞。一切变化根本不取决于那些实体的不同点,而是取决于它们的相同点,即它们都是物质。这里,在阿那克萨哥拉假定的根基处,存在着一种逻辑错误,因为真正自行存在的存在者必定是完全绝对的和统一的,所以,不允许任何东西被假定为它的原因;而阿那克萨哥拉的所有那些实体都还是有条件的东西,都拥有物质,都已经假定了物质的存在。例如,在阿那克萨哥拉看来,作为实体的"红"就不仅仅是红自身,而是在红之外,还暗含着一块不具有质的物质。只有借助于这块物质,"红自身"才能作用于其他实体,不是通过红的东西,而是通过非红色的、无色的、完全没有质的规定性的东西。假如红被严格地视为红,视为本真的实体自身,因而没有那个基质,那么,阿那克萨哥拉肯定不敢谈论红对其他实体的作用,比如,他根本不敢说这样的话:"红自身"通过碰撞把从"肉自身"接受到的运动传递出去。很明显,这样一个真正的存在者是决不能被推动的。

十五

为了正确估价巴门尼德假设中的非凡优点,人们必须看一看爱利亚学派的反对者。如果向他们提出有"多少实体"的问题,何种困窘——巴门尼德逃脱了这些困窘——在等待着阿那克萨哥拉以及所有相信实体多样性的人们呢?阿那克萨哥拉跳了过去,闭上眼睛说:无限多。这样,他至少回避了证明确定数量的基质这个异常困难的问题。因为这些无限多的基质必须没有增加,没有变化,并且永恒存在,所以,在这个假设中存在着一个被认为已结束的、已完成的无限的矛盾。简言之,被巴门尼德用一个存在的令人惊异的原理击溃的多样性、运动和无限性,又从流放地返了回来,把炮弹投向巴门尼德的对手们,旨在给他们造成无法治愈的创伤。很显然,那些对手对于埃利亚派下述思想的可怕威力没有准确的意识:"时间、运动和空间不可能存在,因为我们只能把所有这些设想为无限的,而且,既无限大,又无限可分。但一切无限的东西不可能拥有存在,它们不存在。"没有人会怀疑这一点,只要他严格把握存在一词的意义,并且认为自相矛盾的东西——比如,一个已完成的无限——是不可能存在的。但是,如果现实恰恰只能通过已完成的无限的形式向我们显示一切,那么,很显然,现实本身是自相矛盾的,因此,不具真正的实在。"但在你们思想本身中也有前后相继,所以,你们的思想也不可能是实在的,因而,也不能证明任何东西。"如果那些对手想这样进行反驳,那么,也许巴门尼德会像康德在一个类似场合回答一个同样的指责那样答道:"虽然我可以说,我的表象前后相继,但这仅仅意味着:我们意识到它们存在于一个时间次序中,就是说,我们是按照内感的形式意识到它们的。因此,时间不是某种自在之物,也不是客观地附着于事物之上的规定性。"所以,必须区分纯思想——它像巴门尼德的存在一样是非时间性的——与对这种思想的意识,后者已经把思想转换为假象的形式,即相继、多样性和运动的形式。可能巴门尼德已经使用了这种方法,此外,斯皮尔[①]用来反驳康德的话(《思想与现实》,第264页)一定也可以用来反驳他。"然而,第一,很显然,如果我在我的意识中不同时具有那些前后相继的环节,那么,我就不能对这种相继有任何了解。所以,相继的表象本身绝不是相继的,因而也完全不同于我们表象的相继。第二,康德的假设包含着如此明显的谬误,以至于人们要惊叹他如何能对其视而

[①] 斯皮尔(Afrikan Alexandrovich Spir, 1837—1890):新康德主义哲学家,出生于俄国,后移居德国和瑞士。主要著作是《思想与现实:革新批判哲学的尝试》,该书曾对尼采产生一定的影响。

不见。根据这种假设,恺撒和苏格拉底实际上并没有死,他们活得和两千年前一样好,只是由于我的'内感'的安排,他们才看上去像死了似的。未来的人现在已经活着,如果说他们现在还没有活生生地显现,那么,这同样是'内感'安排的错。这里,问题的关键在于:意识生命本身的开始和终止,连同其全部内感和外感,怎么能只存在于内感的理解力之中？事实恰恰是,人们根本不能否认变化的实在性。如果说它被从窗户逐走,那么,它又会从钥匙孔溜进。人们说:'状态和表象只是看起来在变化',不过,这种假象本身毕竟是某种客观现存的东西,其中的相继具有毋庸置疑的客观实在性,其中确有某物前后相继。——此外,人们必须注意到,只有在下述前提之下,全部理性批判才可能有根据和理由:我们的表象本身如其所是地向我们显现。因为如果我们的表象不以如其所是的方式向我们显现,那么,人们就提不出关于这些表象的任何有效看法,因而也就不能建立任何认识论以及关于客观有效性的'先验'考察。但毫无疑问,我们的表象本身是作为相继显示给我们的。"

对于这种确定无疑的相继和运动所做的观察,迫使阿那克萨哥拉提出了一个值得注意的假设。很显然,是表象本身在动,它们不是被推转的,没有自身之外的动因。所以,他说,有些事物自身就具有运动的原因和开端。但他接下去注意到,这些表象不仅仅推动自身,而且,还可以推动完全不同的东西——身体。这样,他就通过最直接的经验发现了表象对于广延物质的作用,这种作用作为后者的运动为人所知。他首先确认了这一事实,进而又试图对这一事实做出解释。总之,他有一个关于世界中运动的规范图式。现在,他或是将其看作由进行表象的东西即奴斯(Nous)发动的真正隔绝的本质的运动,或是将其看作由已经被推动的东西发动的运动。他也许没有看到,在第二种方式即运动和碰撞的机械传递这个基本假定中,同样存在一个问题。碰撞作用的平凡性与日常性也许麻痹了他那指向碰撞之谜的眼光。相反,也许他正确地感觉到,表象对于自在存在着的实体的作用在本质上是成问题的,甚至是充满矛盾的,因此,他试图把这种作用归结为一种机械的、在他看来可以说明的推动和碰撞。奴斯一定也是这样一种自在存在的实体,他把它刻画为具有思想这种特质的非常柔软纯净的物质。当然,按照这样被假定的特征,这种物质对于其他物质的作用,与另一种实体对于第三种实体所施加的作用,在种类上完全一样,就是说,是一种机械的、由挤压和碰撞而发生的作用。现在,他无论如何是有了这样一种实体:它自己运动,也使他物运动,它的运动不是来自于外,而且,也不依赖于任何人。现在,应当如何去设想这种自我运动,看来几乎无关紧要了,也许就像非常柔软的、圆形的小水银珠子的来回滚动。在与运动有关的所有问题中,没有比运动如何开始的问题更麻烦的了。因为即使人们可以把所有其他运动看作结果和效果,但还是必须对起初的、源始的运动做出解释。对于机械运动来说,链条上的第一个环节无论如何不可能处于一种机械运动之中,因为这等于求助于荒谬的自因(causa sui)概念。仿佛从一开始就把本己的运动像嫁妆一样给予那些永恒绝对的事物,这同样行不通。因为没有在何处(worauf)和去何处(wohin)的方向,运动便是不可设想的,所以,它只能被设想为关系和条件。但是，如果从本性上说一个事物必然要关涉到在它之外存在的某物，那么，该物便不再是自在地存在的和绝对的。在这种困境中，阿那克萨哥拉认为在那个自行运动着的、独立的奴斯中找到了一种特别的救助。由于奴斯的本质恰恰是那么晦暗不明，足以掩盖这样一个事实：在其假设的根基处同样包含着那个被禁止的自因。对于经验观察来说，下面一点确定无疑：表象不是一种自因，而是大脑的作用。把"精神"即大脑的产物与它的原因分离开来，并且，错误地认为在这种分离之后它依然存在，这必须被看作一种奇特的越轨行为。阿那克萨哥拉正是这样做的。他忘记了大脑及其令人惊叹的本领，忘记了大脑沟回的精细复杂，宣告了"自在的精神"。在所有实体中，唯有这种"自在的精神"随心所欲。这真是一种绝妙的认识！它可以随时使在它之外的事物一下子运动起来，相反，却可以占用相当长的时间致力于自己的事务。——简言之，阿那克萨哥拉允许假定：在太古有一个初始的运动时刻，作为一切所谓生成的起点，就是说，作为永恒实体及其微小部分的一切变化、移动和换位的起点。虽然精神本身也是永恒的，但它绝不会被迫长久地为物质-种子的运动而操心。这样，无论持续的长短，总有一个时间或物质的一个状态，其间奴斯还没有作用于那些物质，它们还是不动的。这就是阿那克萨哥拉所说的混乱时期。

十六

阿那克萨哥拉所说的混乱，不是一个马上就能理解的概念。

为了把握它，人们必须首先理解我们这位哲学家形成的关于所谓生成的观念。因为正如阿那克萨哥拉所说，在一切运动之前，所有不同种类的原初-实存（Elementar-Existenzen）的状况绝不会必然产生一切"事物种子"的绝对混合。他把这种混合想象为一种完全的混乱，甚至直到最小的部分也是如此。在此之前，所有那些原初-实存就像在一个研钵中那样被研磨、分解为粉末原子，以便它们可以在那种混乱中被任意加以搅拌，就像在一个搅拌罐中一样。人们可能会说，这个混乱概念根本没有必要。毋宁说，人们只需假设所有那些实存的一种任意的偶然状况，而无需假设这些实存的一种无限可分性。一种无序的并存就已经足够了，不需要混乱，更不用说如此完全的混乱了。那么，阿那克萨哥拉是如何得到这个困难而复杂的观念的呢？如前所述，通过他对经验显示出来的生成的理解。他从自己的经验中首先得出了一个非常引人注目的关于生成的命题，这个命题必然会导致那种混乱的学说。

通过对自然中生成过程的观察，而不是通过对先前体系的考察，阿那克萨哥拉提出了一切产生于一切的学说。这是自然科学家的信念，其基础是多种多样、当然从根本上说又极为有限的归纳。他的论证过程如下：如果对立一方可以产生于对立的另一方，比如，黑色的东西产生于白色的东西，那么，一切都是可能的了。白雪溶化为黑水即是一例。他通过下述方式解释身体的代谢过程：食物中必然包含着肉、血或骨的不可见的微小部分，在代谢过程中，它们彼此分离，同类的部分则在体内结合在一起。但是，如果一切可以生成于一切，固体可以生成于液体，硬可以生成于软,黑可以生成于白,肉可以生成于面包,那么,一切也必定包含在一切之中。在这种情况下,事物的名称仅仅表达了一种实体对其他数量较小的、常常无法察觉的实体所具有的优势。在金中,也就是在人们权且(a potiore)用金这个名称所表示的东西中,也必定包含着银、雪、面包和肉,只不过数量微乎其微,所以,这个整体是按照占优势的实体即金得以命名的。

但一种实体怎么能取得优势并且以大于其他占有物的数量填充一个事物呢?经验显示:只有通过运动,这种优势才能逐渐形成;优势是我们通常叫作生成的那个过程的结果;相反,一切在一切中,则不是那个过程的结果,而是一切生成和运动的前提,因而在一切生成之前。换句话说,经验表明:同类的东西总是(比如,通过代谢)趋向同类的东西,所以,它们本来并不是混为一团的,而是彼此分开的。毋宁说,在我们眼前的经验过程中,同类的东西总从非同类的东西而来,由非同类的东西推动的(比如,在代谢过程中,肉的微粒来自于面包等),因而,不同实体的混乱状态是事物构成的更古老形式,从时间上说,在一切生成和运动之前。如果一切所谓的生成都是一种分离,都是以混合为前提的,那么,问题在于,这种本来的混合和混乱达到了何种程度。虽然同类相聚的运动过程即生成已经持续了相当长的时间,但人们发现,现在在所有事物中仍然包含着所有其他事物的残余和种子,它们有待于进一步分离,到处存在的只是一种优势。源始的混合必定是一种完全的混合,就是说,直到无限小的部分必定也是混合的,因为分解需要无限的时间。在此问题上,阿那克萨哥拉固守这样一种思想:一切拥有真正存在的事物都是无限可分的,不会丧失自己的特性。

在这种前提之下,阿那克萨哥拉设想,世界的源始实存(Urexistenz)很可能像大量尘埃状的、无限小的、充实的点,其中,每一个点都是特定的和简单的,只具有一种质,然而,每一种特定的质都在无限多单个的点中得到体现。考虑到它们是一个整体的同类部分,而这个整体和它的各个部分也是同类的,亚里士多德把这些点称为"相似部分"(Homoiomerien)。但是,如果人们把所有这些点、所有这些"事物的种子"的那种原初混乱等同于阿那克西曼德的源始质料,那他们就犯了极大的错误,因为后者即所谓的"不定"是一种绝对统一的、单一的物质,而前者则是多种质料的聚集体。当然,人们可以像谈论阿那克西曼德的"不定"那样谈论这个多种质料的聚集体,亚里士多德就是这么做的。它既不可能是白的,也不可能是灰的、黑的或任何其他的颜色,它没有滋味,也没有气味,作为整体既没有量的规定性,也没有质的规定性。阿那克西曼德的不定和阿那克萨哥拉的源始混合之间的共同点,大体上就是这些。但是,除了这种否定的共同点之外,它们也以肯定的方式相互区分:后者是混合的,而前者则是统一的。阿那克萨哥拉至少通过其混乱假设大大领先于阿那克西曼德:他不必从一中推演出多,从存在者中推演出生成者。

当然,在种子的完全混合中,他必须允许一个例外:奴斯那时尚不存在,而且,现在也根本没有与任何事物相混合。因为哪怕它曾只与一个存在者相混合,那么,它就必然在无限分割中存在于一切事物。从逻辑上说,这个例外是非常可疑的,特别是考虑到前面所说的奴斯的物质本性，它显然带有一些神话的味道，看上去甚为武断，但按照阿那克萨哥拉的前提，它却是一种严格的必然性。此外，精神和其他质料一样是无限可分的，只不过它不通过其他质料，而是通过它自己。当它分割的时候，它一边分裂，一边又或大或小地聚在一起，始终保持同样的量和质。此时此刻，在全世界，在动物、植物、人身上是精神的东西，一千年前也是精神，不多也不少，尽管分布有所不同。但在它与一个其他实体发生关系的地方，它决不会与之相混合，而是会自愿地抓住它，任意地活动它、推动它，简言之，支配它。唯有精神在自身中包含运动，也唯有它在世界中居支配地位，并通过推动实体-种子表明这一点。但是，它向什么方向推动这些实体-种子呢？或者，可以设想一种没有方向、没有轨道的运动？精神的碰撞，以及何时碰撞、何时不碰撞，都是随意的吗？简言之，在运动中起支配作用的是偶然性即最盲目的随意性吗？在这里，我们触及了阿那克萨哥拉思想领域中的最神圣之处。

十七

对于一切运动之前源始状态的那种无序的混乱来说，必须做些什么，才能在不增加新的实体和能量的情况下，从中生成现存世界及其规则的天体轨道、合乎规律的季节和白昼形式、多种多样的美和秩序，简言之，才能从混乱中生成一个宇宙？这只能是运动的结果，然而，这是一种确定的、巧妙安排的运动。这种运动本身是奴斯的手段，而奴斯的目的则是同类物的完全分离。

这是一个迄今为止尚未达到的目的，因为开端的无序和混合是无限的。这个目的只有通过一个漫长的过程去争取，而不能通过神话般的魔法一下子达到。如果在一个无限遥远的时刻，下述目的达到了：一切同类的东西都集聚到了一起，各种完整未分的源始实存并存于美的秩序中；如果每一个微小部分都找到了自己的同伴和家园；如果在实体的大分割、大分裂之后，开始了大和平，再也没有任何分裂和分散之物，那么，奴斯就将重新回到它的自我运动，不再分散为时而大些、时而小些的物质，作为植物精神或动物精神漫游世界，居住于其他物质之中。在此期间，上述任务尚未完成，但奴斯为了完成该任务而设想出来的运动方式证明了一种惊人的合目的性，因为通过这种运动，在任何一个新的时刻，上述任务都更接近于完成。就是说，这种运动具有螺旋式旋转的性质：它从无序混合的任何一点开始，以小旋转的方式和越来越大的轨道穿越一切现有存在，无论何处，同类的东西都被抛向同类的东西。首先，这种旋转使一切密的东西靠近密的东西，使一切薄的东西靠近薄的东西，同样，使暗的东西、亮的东西、湿的东西和干的东西靠近它们的同类。在这些普通的性质之上，还有两个更为广泛的性质，即以太（Aether）和空气（Aeer）。前者包括一切热的、亮的和薄的东西，后者则指一切暗的、冷的、重的和坚的东西。通过以太物质和空气物质的分离，作为那个圆周越来越大的旋转之轮的下一个效应，产生了类似于某人在一个平静的湖面上引起一个旋涡那样的情形：重的东西被引向中央，并挤压在一起。同样，在混乱中形成了那个前进着的龙卷风，以太的薄、亮部分向外旋转，阴、重和湿的部分则向内旋转。然后,随着这一过程的继续,水从集聚在内侧的气状物质中分离出来,土又从水中分离出来,在可怕的寒冷的作用下,从土中分离出了岩石。另一方面,在旋转力的作用下,一些石类物质被从地球引开,抛向以太的热和亮的领域。在那里,它们在以太的炽热元素中燃烧,在以太的圆周运动中一起运动。作为太阳和星辰,它们发射出光芒,照亮并温暖着本来黑暗、寒冷的地球。整个构想源自一种惊人的大胆和简单,完全没有沾染那种笨拙的、拟人的目的论,尽管人们常常把这种目的论和阿那克萨哥拉的名字连在一起。这个构想的伟大和骄傲之处恰恰在于,它从运动的圆圈推演出整个生成的宇宙,而巴门尼德却把真正的存在者看成一个静止的、僵死的球体。一旦那个圆圈首先运动起来,在奴斯的推动下滚动起来,那么,世界的一切秩序、规律性和美便都是那个第一推动的自然结果。如果人们对他在这种构想中表现出的对目的论的明智放弃进行责难,轻蔑地把他的奴斯说成是一个解围之神,那么,他们对阿那克萨哥拉是多么不公正啊!毋宁说,恰恰由于他消除了神话的和神学的奇迹干预,消除了人格化的目的和功用,阿那克萨哥拉才能使用类似康德在其天体自然史①中所使用的激扬文字。把宇宙的雄伟和天体轨道的神奇安排,完全追溯到一种简单的、纯粹机械的运动,仿佛追溯到一个运动着的数学图形;不是诉诸一个解围之神的意图和强有力的大手,而是仅仅诉诸于一种振动,这种振动一经开始,其过程就是必然的和确定的,其效果类似于敏锐的洞察力所

---

① 即康德的《自然通史与天体理论》。

做的最为睿智的计算,类似于最为深思熟虑的合目的性,尽管实际上并非如此。这的确是一种崇高的思想。康德说:"我享有这样一种快乐,即看到不是借助于任意的虚构,而是由于确定的运动法则,产生了一个安排得当的整体。这个整体看上去与我们的世界系统如此相像,以至于我不能不认为它就是这个系统。我认为,在确切的意义上,人们在此可以并非傲慢地说:给我物质,我就会从中建造一个世界!"

十八

即使假定那个源始的混合得到了人们的正确理解,这个关于世界建构的伟大草案看来还是会首先遭到若干力学思想的反对。就是说,即使精神在一个地方引起了一个圆周运动,但是,这种运动的延续仍然是难以想象的,特别是因为这种运动应当是无限的,并且应当逐渐带动一切现有物质。人们从一开始就会想到:所有其他物质的压力必然压倒这个刚刚产生的微小的圆周运动;这种情况并没有出现,这是以引起运动的奴斯的存在为前提的,它以可怕的力量突然降临,速度如此之快,我们必须把这种运动称为一个旋涡,德谟克利特同样曾经想象这样一种旋涡。为了不被压在其上的整个无限世界所阻挡,这个旋涡必须无限强,所以,它将会无限快,因为强度本来只能在速度中才能得到显示。相比之下,同心圆越大,运动也就越慢。如果有朝一日,这种运动可以达到无限伸展的世界的尽头,那么,它必然业已具有无限小的旋转速度。相反,如果我们设想,在其初始阶段,运动无限大亦即无限快,那么,开始的圆周也必然无限小。这样,我们就得到了一个作为开端的围绕自身旋转的点,这个点具有无限小的物质内容。但这个点根本解释不了继续运动。即使人们可以设想源始物质所有的点都在围绕自身旋转,整个物质仍然是不动的和未分离的。然而,如果那个受奴斯吸引和推动的无限小的物质点并不围绕自身旋转,而是画一个任意的、大于自身的圆周,那么,这就足以撞击、推动、抛掷、弹回其他物质点,从而逐渐引起一种活跃的、向外蔓延的骚动。在这种骚动中,作为最近的结果,必然发生空气物质与以太物质的分离。正如运动的开始本身是奴斯的一个任意行为一样,这种开始的方式也是奴斯的一个任意行为,因为它画的是这样一个圆圈,其半径是大于一个点的任意数。

十九

当然,人们在此可以提出这样的问题:当时奴斯突然想起了什么,以至于要去撞击无数个点中的任意一个物质小点,使之旋转起来、舞动起来,为什么它以前没想这样做呢?对此,阿那克萨哥拉也许回答说:它有自行决断的特权,可以随意突然开始,它独立自主,而所有其他事物则是由外力决定的。它没有任何义务,因而,也没有任何不得不追求的目的。如果它什么时候开始了那个运动,并为自己设置了一个目的,这也仅仅是——这个问题很难回答,赫拉克利特会补充说——一个游戏。

看来这是始终挂在希腊人嘴边的最终方案和答复。阿那克萨哥拉的精神是一位艺术家,而且是最大的力学和建筑学天才,它用最简单的手段创造出了最壮丽的形式和轨道,仿佛创造了一座移动的建筑,而这无论如何是出自那种存在于艺术家内心深处的非理性的随心所欲。仿佛阿那克萨哥拉指着菲迪亚斯[①],面对宇宙这件巨大的艺术作品,就像面对巴特农神殿一样,向我们喊道:"生成不是什么道德现象,而仅仅是一种艺术现象。"据亚里士多德讲述,对于人生价值何在的问题,阿那克萨哥拉答道:"在于凝视天空和宇宙的整个秩序"。他带着如此神秘的敬畏,如此虔诚地对待物理事物,就像我们以同样的心情站在一座古代神庙前一样。他的学说变成了一种自由精神的信仰练习,通过"憎恨并远离无知的群氓"(odi profanum vulgus et arceo)[②]来自保,谨慎地从雅典最高贵的社会挑选自己的信徒。在雅典阿那克萨哥拉信徒的秘密团体中,民间神话只是作为一种象征性语言才被准许。所有神话、神和英雄在这里只被看作解释自然的象形文字,甚至连荷马史诗都应当是奴斯统治的颂歌,是自然(Physis)的斗争和法则的颂歌。有时,一个声音会冲出这个崇高的自由精神的团体,渗入民间。特别是那位始终胆大妄为、谋求革新的伟大的欧里庇得斯[③],敢于通过各种悲剧面具,把像

---

① 菲迪亚斯(Phidias,公元前480—前430年):古希腊雕塑家、画家和建筑师,曾监管巴台农神殿的工作,代表作品有《雅典娜神像》和《宙斯神像》等。

② 出自贺拉斯《赞歌集》,Ⅲ,1,1。贺拉斯(Quintus Horatius Flaccus,公元前65—8年),古罗马诗人。

③ 欧里庇得斯(Euripides,公元前484—前406年):古希腊悲剧作家,与埃斯库罗斯和索福克勒斯并称希腊三大悲剧大师,代表作品有《美狄亚》、《特洛伊的妇女》和《醉酒的女人》等。在《悲剧的诞生》中,尼采认为欧里庇得斯造成了希腊悲剧的解体。

一把利箭穿透百姓意识、后者只有通过滑稽的漫画和可笑的插科打诨才能得以摆脱的东西公诸于众。

但是,最伟大的阿那克萨哥拉主义者是伯利克里[1],他是世上最强大、最威严的人。柏拉图就是为他作证说:只有阿那克萨哥拉的哲学才使他的创造力得到尽情发挥。他作为公众演说家站在他的人民面前,神情优美肃穆宛如一尊大理石的奥林匹斯神像,身披连皱痕都不曾改变的大衣,面部表情没有任何变化,没有笑容,声调始终浑厚有力,因而,完全不是以狄摩西尼[2]的风格,而是以伯利克里式的风格演讲着、吼叫着、毁灭着、拯救着。这时,他成了阿那克萨哥拉的宇宙的缩影,成了奴斯的肖像(奴斯为自己建造了这个最美丽、最威严的躯壳),仿佛成了那建造着、运动着、分离着、整理着、通观全局的、艺术的和未确定的精神力量的可见的化身。阿那克萨哥拉自己曾经说过,因为人具有像手这样令人惊叹的器官,所以,他已经是最理性的存在,或者说,他必定已经包含了比所有其他存在更多的奴斯。他由此得出结论,奴斯按照它强占一个物体的大小和数量,不断从这种物质中建造与自己的质级相当的工具,所以,当它以最大的量出现时,这些工具也就最漂亮、最合目的。奴斯最神妙、最合目的的活动一定是那个圆形的源始运动,因为那时精神还是尚未分化的整体。同样,作为听众的阿那克萨哥拉时常觉得伯利克里演讲

---

[1] 伯利克里(Perikles,公元前495—前429):古希腊著名政治家,也是古代世界最著名的政治家之一。

[2] 狄摩西尼(Demosthenes,公元前384—前322),古希腊著名政治家、演说家和雄辩家。

的效果就是那种圆形源始运动的一个形象写照,因为他在这里也首先感觉到了一种力量巨大而又井然有序的运动着的思想旋涡,它用若干同心圆逐渐抓住和夺走远近的一切,当它达到自己目的的时候,它已经把整个民族整理得井然有序、层次分明。

在后来的古代哲学家看来,像阿那克萨哥拉那样用奴斯去解释世界的方式是古怪的,甚至几乎是不能宽恕的。他们觉得他好像发明了一件精美的工具,然而却不能正确地理解这件工具,于是,他们试图补做被发明者所疏忽的工作。他们没有认识到,阿那克萨哥拉那源于自然科学方法之至纯精神的放弃有何意义。这种方法在任何情况下首先提出的问题都是某物何以存在(动力因 causa efficiens),而不是某物为何存在(目的因 causa finalis)。奴斯只是被阿那克萨哥拉用来回答"何以有运动、何以有合乎规律的运动"这个特殊问题。而柏拉图却指责他说,他本该表明然而却未能表明这样一点:每个事物都最美、最好、最合目的地以自己的方式处于自己的位置。但阿那克萨哥拉却在任何个别场合都不敢宣称这一点,在他看来,现存世界不是可能的最完满的世界,因为他看到了物物相生,并且发现无论在世界上充实的空间的尽头,还是在个别的存在物上,奴斯对实体的分离都未得到执行和解决。对于他的认识来说,找到一种运动就足够了,这种运动可以在简单的持续作用中从一个完全混合的混乱状态创造出可见的秩序。他避免提出为何运动以及运动的理性目的的问题。因为如果奴斯按其本性具有通过运动得以实现的必然目的,那么,它就不再能随心所欲地随时启动运动了。如果它是永恒的,它也就必然永久地为这个目的所决定,于是,也就不会有一个运动尚不存在的时刻,甚至从逻辑上必须禁止为运动设定一个起点。这样,阿那克萨哥拉全部世界观的基础即源始混乱的观念在逻辑上也就成为不可能的了。为了回避目的论所造成的这些困难,阿那克萨哥拉必然最为强烈地强调和保证:精神是随意的。它的全部行为,包括那个源始运动的行为,都是"自由意志"的行为。相反,其余的整个世界都是被严格决定的,而且是被机械地决定的,是在那个源始瞬间之后形成的。但那个绝对的自由意志只能被设想为无目的的,其行为方式约略相当于儿童游戏和艺术中的游戏冲动。如果人们指望在阿那克萨哥拉那里发现目的论者常常犯的那种混淆,那就错了。面对非同寻常的合目的性、部分与整体的相互协调,特别是有机体身上的合目的性和协调一致,目的论者假定:为理智而存在的东西,也是由理智所产生的;他仅仅在目的概念的引导下获得的东西,本来也必定是由思考和目的概念形成的(叔本华《作为意志和表象的世界》第二卷第373页)。但与此相反,按照阿那克萨哥拉的想法,事物的秩序和合目的性完全是一种盲目的机械运动的结果。而且,只是为了能够引起这种运动,为了随时走出混乱状态那死一般的寂静,阿那克萨哥拉才假定了那个随心所欲、独立自主的奴斯。他所看重的恰恰是奴斯的这样一种特性:它是随意的,因而它的活动可以是无条件的和非限定性的,既不受原因的引导,也不受目的的支配。

在道德之外的意义上论真理与谎言

一

宇宙闪亮地倾洒，化作无数个太阳系，在其中某个偏僻的角落，曾经有过一个星球，聪明的动物在上面发明了认识。那是"世界历史"最为高傲也最具欺骗性的瞬：可也只是一瞬间。在自然呼了几口气之后，那星球便冻僵了，聪明的动物也得死去。——或许可以虚构一个寓言，但也道不尽人类的理智在自然中所显出的样子是多么的悲惨、虚幻和短暂，多么的无目的和随意；在他存在以前是永恒；当他重又消逝的时候，一切仍然照旧。因为那理智没有超出人类生活之外的更多的使命。它是属人的，并且只有它的拥有者和制造者才把它看得那么庄严，仿佛世界的枢纽在其中转动。可如果我们能够理解蚊虫，我们也会发现，它也怀着这种激情在空中飘游，把自己感受为这个世界飞翔着的中心。自然当中没有什么东西是如此的微不足道，以至于不会在那种认识的力量轻吹一口气之后，马上像一个气囊一样膨胀起来；就像每个搬运工都想要人来赞赏，哲学家，这最骄傲的人，甚至以为宇宙之眼在用望远镜从各个角度密切观望着他的思想和行动。

值得注意的是，这是由理智完成的，而理智恰恰只是作为辅助手段被赋予这些最不幸、最敏感、最短暂的生命，让他们可以在此作片刻逗留；若是没有这个附加物，他们便完全有理由像莱辛之子①那样从生命中逃离。那种与认识和感受相关联的高傲，那置于人类眼睛与感官之上的迷雾，通过在自身中给予认识本身以最谄媚的尊敬，而在生存的价值问题上骗过了人类。其最普遍的效果是欺骗——而其最个别的效果也带有某种相同的特征。

作为个体保存的一种手段，理智在伪装中发挥它的主要力量；因为这是那些无法利用尖角或利爪来进行生存斗争的较为羸弱的个体得以保持自身的手段。人类将这种伪装技艺发挥到了极致：蒙蔽、谄媚、谎言和欺骗、背后诋毁、应酬、在虚假的光环中生活、戴上面具、遮遮掩掩的习俗、在别人和自己面前演戏，一言以蔽之，围着那一团虚荣之火不断地来回飞舞，这在人类中已成为一种如此坚固的定则，以至于几乎无法想象在人类当中会产生一种真诚和纯粹的求真欲。他们深深地沉浸在幻相和梦境之中，他们的目光只掠过事物的表面并且看见"各种形式"，他们的感受从未入于真理，而只是满足于接受刺激，仿佛在事物的脊背上玩着触觉的游戏。此外，人终其一生都在夜里受着梦幻的欺骗，对此，他的道德感也从未试图阻碍过：通过坚强的意志消除了鼾声的人应该是有的。对于自己，人类真的知道什么呢？他能够完全地感知自己吗，就像置身一个通体透亮的玻璃房中，哪

---

① 莱辛的儿子在出生那天便死了，莱辛备感痛苦，在给朋友的信中称这是因为他儿子的理智，即出生的时候就洞察到人世的痛苦，遂抽身而去了。

怕只有一次？自然难道没有向他隐瞒绝大多数的事物吗，甚至他的身体，为了让他远离内脏的蜿蜒曲折、血流的迅速涌动和错综复杂的纤维颤动，将他吸引在一种骄傲而有欺骗性的意识中并且关在里面！然后它把钥匙给扔了：啊，危险的好奇心，它想要有朝一日通过一道裂隙从意识禁室（Bewusstseinszimmer）向外、向下看去，它现在预感到，人类因为无知而无所谓地位于无情、贪婪、不知餍足和凶残之上，仿佛骑在虎背上耽于梦幻。既然如此，那满世界的求真欲又从何而来！

只要个体想在和其他个体的对峙中保存自己，它在一种自然的事物状态中大多就只用理智来伪装：但是，因为人同时出于困迫和无聊而想要社会的和群体的生存，他就需要缔结合约，而后寻求和平，至少要让最野蛮的bellum omnium contra omnes〔一切人反对一切人的战争〕从它的世界中消失。这种合约的缔结却是有后果的，这后果看来就是通往那谜一般的求真欲的第一步。也就是说，从今往后什么该是"真理"现在就确定下来了，换言之，事物的一种持续有效且有约束力的名称被创造了出来，并且语言的立法也首次给真理立了法则：因为由此而首次产生了真理与谎言的对立：说谎者使用有效的名称、词语，来把不现实的东西弄成看似现实的；比如他说，我是富有的，而对于其状况的正确描述恰恰该是"贫穷"。通过任意的调换甚至反用名称，他滥用了固定的契约。如果他以有利于己而对他人有害的方式来这样做，那么，社会就不会再信任他并由此而将他排除在外。人类所要躲避的与其说是受骗，不如说是因为欺骗而受害。即便在这个层面上，他们所痛恨的在根本上也不是欺骗，而是某种类型的欺骗所带来的糟糕、敌意的后果。人们也只在一种类似的、有限的意义上欲求真理。他所欲求的是真理舒适的、保存生命的后果；对于没有后果的纯粹知识他是漠不关心的，对于那些或许有害的、摧毁性的真理他甚至怀有敌对的情绪。此外：那些语言契约又是怎样的呢？它们或许是知识和真理感的见证：名称和事物是相符合的吗？语言是一切实在的适切表达吗？

只有通过遗忘，人才能妄想：他在上述意义上拥有真理。如果他不愿满足于将真理视为同义反复，即视为空壳子，他将永远以幻相来换真理。什么是词语？在声音中对一种神经刺激的模仿。从神经刺激再进一步推理，寻求一个外在于我们的原因，这就已经是对于根据律的一种错误的和不合理的运用的结果了。如果真理在语言的起源中、确定性的视点在命名的时候是唯一决定性的因素，那么我们怎么还能够说：石头是硬的：仿佛"硬"不只是一种完全主观的刺激，仿佛我们知道它还是别的什么！我们将事物分成不同的性①，我们说树是阳性的、植物是阴性的：这是多么任意的委派啊！这与确定性的法则相距何其遥远！我们说一条蛇②：这个名称所关系到的无非是蜷缩，而这也能用来称呼蠕虫。多么任意的界定，多么片面的一会突出事物的这个、一会突出那个特征！把不同的语言摆在一起就能看出，词语绝对无关乎真理、无关乎一种适切的表达：因为否则就不会有这么多的语言了。对于语言塑造者来说，"物自身"（这正可以

---

① 德语中名词皆有性，分为阳性、阴性和中性三种。性的规定往往并无道理可讲。

② 德语词 Schlange［蛇］的本义是 die sich Windende［蜷缩着的东西］。

是无后果的纯粹真理）是完全不可理解的，甚至是完全不值得追求的。他所要标示的只是事物与人的关系，并借助最大胆的隐喻来表达它。先把一种神经刺激改写成一个图像！第一层隐喻。再把图像模仿成声音！第二层隐喻。并且每一次都是从一个领域完全地跳入另一个，跳入一个完全不同的、全新的领域。我们可以设想这样一个人，他完全是个聋子，并且从未感受过声音和音乐：他惊奇地在沙里看到了克拉德尼[1]的声音图[2]，发现它的原因是弦的颤动，而后就深信自己知道了人们所谓的声音是什么，我们所有人和语言的关系也是这样。当我们谈论树木、颜色、雪和花朵的时候，我们自以为知道事物本身的某些因素，我们所具有的却无非只是与原本的存在完全不相应的对于事物的隐喻。正如声音显示为沙线图一样，物自身那谜一般的X一度显示为神经刺激，进而显示为图像，最后显示为声音。所以，语言的起源绝不是合乎逻辑的，后来的那些追求真理的人、研究者和哲学家置身其中并借以工作和建设的全部材料即便不是起源于幻境（Wolkenkukuksheim），也绝不是源于事物的本质的。

我们再来着重思考一下概念的构造：每当一个词语不再被用来回忆它所源出的一次性的、完全个体化的原始体验，而是同时用来回忆无数或多或少相似的（也就是说严格来讲绝不相同

---

[1] 德国物理学家，现代声学的奠基人之一。

[2] 参叔本华：《作为意志和表象的世界》，石冲白译，商务印书馆，1982年，第368页。十九世纪，德国物理学家恩斯特·克拉德尼做过一个实验，他在一个小提琴上安放一块较宽的金属薄片，在上面均匀地撒上沙子。然后开始用琴弓拉小提琴，结果这些细沙自动排列成不同的图案，并随着琴弦拉出的曲调不同而不断变幻。这就是著名的"克拉德尼声音图"。

880 的）体验，即必须适用于全然不同的情况的时候，它就立即变成了概念。每个概念都产生于对不相同者的等同。可以肯定的是，没有哪一片叶子与另一片完全相同，同样可以肯定的是，叶子的概念是通过任意地略去这些个体多样性、通过一种对于差异的遗忘来构成的，而后这唤起了一种观念，即以为在自然中除了各种叶子之外，还有某种名为"叶子"的东西存在，这"叶子"仿佛一个原型，所有的叶子仿佛都是根据这个原型来编织、绘制、测量、上色、打褶、描画而成，却是出自拙劣的手法，以至于没有哪一片是像原型的忠实摹本那样正确可靠的。我们说一个人是诚实的；我们问：他今天的行为何以如此诚实？我们的答案往往是：因为他的诚实。诚实！这还是说：叶子是各种叶子的原因。我们其实根本就不知道一种名为诚实的实在品质，我们知道的毋宁是无数个体化的、因而不相同的行为，我们通过略去不同因素而将其等同，然后称之为诚实的行为；最后我们从中总结出了一种qualitas occulta［神秘性质］，名之为：诚实。

我们通过对个体因素和现实因素的忽略而得到了概念，我们也通过这个方式得到了形式，可自然却不知有形式和概念，因而也不知有类别，而只知道一个对于我们来说不可通达、无法定义的X。因为就连我们的个体与类别的对立也是人类中心论的，这种对立并非源于事物的本质，即便我们不敢说它一定与之不符：因为这样说也是教条的，并且作为教条和它的反面一样都是无法证明的。

因此，什么是真理？真理即一群运动着的隐喻、转喻和拟人化，简单来说，即一组以诗意的和修辞的方式被提高、转化和修饰了的人类关系，并且这些关系在长久的使用之后被一个民族视为固定的、规范性的和有约束力的：真理是人们已经忘了其为幻觉的幻觉，是被用坏了的、失去感性力量的隐喻，是磨灭了图案的硬币，它不再被视为硬币，而是被视为金属。我们一直都还不知道求真欲源自何方：因为迄今为止我们听说的只是社会为了存在而设置的义务，所谓真实即使用惯常的隐喻，用道德的语言来说：即出于义务而按照一种固定的契约去说谎，大家一起以一种对所有人都有约束力的方式说谎。可是随后人类忘记了自己的处境；他因而以上述方式无意识地、按照数百年来的习惯说谎——并且正是通过这种无意识、正是通过这种遗忘而达到了真理感。一种对真理的道德情感源于这样一种义务感，即感到有义务将一样东西称为红色，另一样称为寒冷，还有一样称为缄默：人们从其反面，即从无人信赖的、被所有人排斥的说谎者，来向自己证明真理的荣耀、可信赖之处和益处。现在他将自己的行为作为理性之物置于抽象之物的支配之下：他不再被骤然的印象和直观牵着走，不再为此而受苦，他首先将所有这些印象普遍化为更无色彩、更冷漠的概念，从而将其生命和行为的交通工具系于其上。使人类从动物中突显出来的一切都赖于这种能力，即将直观的隐喻抽象为一个图式，或者说将一个图像化为一个概念；因为在那种图式的领域中，那在直观的第一印象之下绝无可能达到的东西变得可能了：建立一个等级森严的金字塔秩序，创造一个律法、特权、隶属和划界的新世界，这个世界与另一个由第一印象组成的直观世界相对立，它更加坚固、普遍、熟知和人性，并因此而调节和命令着另一个世界。每一个直观隐喻都是个体的、没有雷同的，因此是无法被归类的，相反，雄伟的概念建筑所表现出来的则是罗马骨灰存放所那样僵硬的规则,它在逻辑中所散发的是数学所特有的那种严格和冷漠。谁要是闻到了这种冷漠之气,就会难以相信,那像骰子一样骨感而立方,且能像骰子一样摆弄的概念,也只是一个隐喻的残留,那将一种神经刺激化为图像的艺术转化乃是一种幻相,这种幻相即便不是每一个概念的母亲,也是它的祖母。而在这样一种概念骰子的游戏中所谓"真理"即——按照标识的样子使用每一个骰子;数清点数,分对类别,从不违反等级秩序和次序。罗马人和伊特拉斯坎人用僵硬的数学线条分割天空,并将一位神灵逐入这样一个划定的空间,仿佛逐入一个templum［庙宇］,就像他们一样,每一个民族头上都有这样一片以数学的方式分割了的概念天空,并且把真理的要求理解为只在其领域内寻找每一位概念神灵。在这一点上,我们可以赞叹人类是强有力的建筑天才,他成功地在运动着的基础之上并仿佛是在流水之上堆起了一座无比复杂的概念教堂;可要在这样一个基础上找到支点,这个建筑的材料得像是蛛丝,得是那么的柔软才能随波逐流,又得是那么的坚固才能不被风给吹散了。作为建筑天才,人类在这个范围内远胜于蜜蜂:蜜蜂将它从自然中收集来的蜡用来建造,人类则用远为精致的概念材料来建造,并且他首先还必须从自身造出材料。在这一点上他是很值得惊叹的——只不过不是因为他的求真欲、求对事物的纯粹认识的欲望。如果一个人把一个东西藏在树丛后面,回头又到那里寻找并且找到了这个东西,这样一种寻找和找到并没有什么值得称赞的;可在理性领域内寻找并且找到"真理"却正是如此。如果我给哺乳动物下了定义,然后在检查完一头骆驼之后说:看哪,这是一头哺乳动物,这虽然揭示了一个真理,但这真理却只有有限的价值,我的意思是说它完完全全是拟人化的,除人以外,它没有包含任何一点可能是"本身真"的、现实和普遍的东西。这样一种真理的研究者所寻求的在根本上只是世界在人当中的变形;他努力地将世界理解为一种属人的东西,并且在最好的情况下也只是为自己争得一种同化的感受。正如星相学家为了服务于人类而观察星辰,并在观察中将星相与人类的幸福和痛苦联系起来一样,这样一位研究者将整个世界作为与人相联系的来观察,作为一个原始声响无限碎裂的回音,作为一个原始图像多样化的摹本,这原始声响和原始图像就是人。他的做法是:将人视为万物的尺度,但是又从这样一个错误出发,即错误地认为这些事物作为纯粹客体直接地呈现在他面前。也就是说,他遗忘了原本的直观隐喻之为隐喻,并将其当作了事物本身。

只有遗忘了那个原初的隐喻世界,只有把那原本在激流中的、从人类想象的原始能力喷涌出来的图像群僵化、硬化,只有通过百折不挠的信仰,即相信这个太阳、这扇窗户、这张桌子是一个真理本身,简言之,只有当人类遗忘了自己是主体并且是艺术地创造的主体之时,他才能带着一些平静、安稳和一致性生活;只要他有一瞬间能够越过这种信仰的狱墙,他的"自我意识"就会立即瓦解了。他已经要花些力气才能承认,昆虫或鸟类所感知到的是完全不同于人类的另一个世界,并且两种世界感知中哪一种更加正确的问题是毫无意义的,因为这已经得用正确的感知作为标尺来衡量,而这意味着要用一个并不存在的标尺来衡量。可在我看来,正确的感知——这或许意味着一个客体在主体当中的适切表达——根本就是一个充满矛盾的谬误：因为像主体和客体这样两个绝对不同的领域之间根本就不存在因果性、正确性，不存在表达，有的最多只是一种审美行为，所谓审美行为指的是一种勾勒性的改写，是吞吞吐吐地翻译成一种完全陌生的语言。可这无论如何都需要一种自由创造和自由发明的中介领域和中介力量。现象（Erscheinung）这个词包含了诸多诱惑，我之所以尽可能地要避免它，是因为：事物的本质并不真的在经验世界中显现。一位失去双手的画家想要通过歌声来表达他眼前浮现的画面，在这种领域的转换中得以表露的东西，总是比事物的本质在经验世界中所表露的仍然更多。甚至一种神经刺激与从中所产生的图像之间的关系本身也绝不是必然的；可当同一幅图像恰好百万次地从中产生，并且经过了许多世代的传承，最后甚至在全部人那里每次都因同一个缘由而显现，于是它最终获得了对于人类而言的同一种含义，就仿佛是唯一必然的图像，仿佛那原本的神经刺激和从中产生的图像之间有着一种严格的因果关系；就像一个永远重复着的梦境完全被感受和被评判为现实一样。可一个隐喻的僵化和硬化完全没有保证这个隐喻的必然性及其独一的合法性。

885　　每一个熟知这种思考的人必定会对所有此类的理想主义（Idealismus）感到一种深深的怀疑，即便他曾经常常对自然规律永恒的一贯性、普遍性和可靠性深信不疑；他下了这样的结论：我们向望远镜世界的高度和显微镜世界的深度探去，所及之处无不是这般确定、完善、无限、合乎规律和没有漏洞的；科学将能够永远成功地向这井下挖去，并且所得的一切将彼此和谐，不会互相矛盾。这与幻想的产物是多么的不同啊：因为如果这是幻想的产物，那么它的虚假和不实在必定会在某个地方被揭穿了。我们可以这样来反驳：如果我们每一个人还有一种不同的感受方式，如果我们自己只能一会像鸟儿、一会像蠕虫、一会又像植物那样知觉，或者如果同一种刺激在我们当中的一个人看来是红色，在另一个人看来却是蓝色，在第三个人那里甚至被听作声音，那么就不会再有人谈论自然的那样一种规律性了，那种规律性只会被理解为一种最高度的主体构造。于是：一条自然规律对我们来说究竟是什么；我们并不就其本身认识它，而只是在其影响中，也就是说在它与其他自然规律的关系中来认识它的，而这些其他的规律又只是作为关系而被认识。因此，所有这些关系总只是复又互相指引，并且就其本质而言，对于我们来说是完全不可知的；我们所熟知的其实只有我们带入的东西，如时间、空间，也就是说连续性关系和数字。但是，一切惊人之处，自然规律中让我们恰感惊讶的地方，需要我们的解释并且能够将我们引向对理想主义的怀疑的地方，却单单的只在于数学的严格性和时空观念的不可间断性。可这却是我们以蜘蛛织网的那种必然性在自身中、从自身制作出来的；如果我们不得不将一切事物置于这种形式之下来理解，那么毫不奇怪，我们在所有事物中所理解到的其实只是这种形式：因为它们身上都必得具有数字的法则，而数字也正是事物中最惊人的东西。在星辰轨道和化学过程中让我们如此印象深刻的一切规律性，与我们自己带入事物当中去的那些特征在根本上是吻合的，我们借此来给自己留下深刻的印象。当然，可以由此得出的结论是，我们的每一种感受借以开始的那种艺术的隐喻构造,已经预设了那些形式,也就是说会在这些形式中完成;只有从这些原始形式的固执出发,才能解释随后从隐喻本身复又建造一个概念建筑的可能性。因为这种概念建筑是在隐喻的基础上对时空关系和数字关系的一种模仿。

二

从事概念构造的,正如我们所看到的那样,原先是语言,后来是科学。就像蜜蜂一边修建蜂巢,一边用蜂蜜填满蜂巢一样,科学也不断地从事那个巨大的概念骨灰存放所——概念即直观的墓地——的建造,不断修建新的、更高的楼层,加固、净化、更新旧的蜂巢,并特别努力地填充那耸入云霄的木框建筑,将整个经验世界,即人化的世界归入其中。行动中的人已然要将他的生活维系于理性及其概念,从而让自己不被冲走、不至于失去自己,研究者则更是紧挨着科学的塔楼修建他的小屋,从而可以参与其中并在既有的堡垒下寻得庇护。而他是需要庇护的:因为有可怕的力量不断地向他涌来,并用极不相同的牌号传递着完全不同于科学真理的"真理"。

这种构造隐喻的冲动,这种人类的基本冲动,是我们一刻都不能脱离的,因为脱离它就意味着脱离了人本身。这种冲动虽然用它暂时的成果,即概念,为自己建造了一个规则而僵硬的新世界来充作堡垒,可它事实上并不能由此而被抑制,并且几乎无法被约束。它为自己寻找一个新的作用领域和另一个河床,并在神话和更普遍的艺术中找到了。它通过设置新的改写、隐喻和转喻来不断地混淆范畴和概念的蜂巢,它不断地显示构造的欲望把清醒者的现存世界构造得像梦中的世界那样多彩而不规则、那样无前后左右的联系、那样迷人而又永远常新。清醒的人其实只是通过僵硬而规则的概念织物才确信他是清醒的,因此,一旦那种概念织物被艺术撕毁,他也就会相信自己是在做梦了。帕斯卡尔[①]说得对,如果我们每个晚上都做着同一个梦的话,我们就会像对待我们每个白天所看到的事物那样来对待它。他说:"如果一个工匠确信自己每天晚上足足十二个小时都梦见自己是一个国王,那么我相信,他和那个每个晚上十二小时都梦见自己是工匠的国王有着同样程度的幸福。"因为神话具有不断涌现的奇迹,一个为神话所激动的民族,如古代希腊人,他们的白天更像是梦境,而非一位有着清醒的科学头脑的思想家的白天。如果每一棵树一度都能像仙女一样开口说话,如果一位神可以伪装成一头公牛拖走少女,如果人们突然看到女神雅典娜本人在庇西特拉图[②]的陪伴下,坐着一辆美丽的马车穿过雅典的市场——诚实的雅典人是相信这个的——那么每一个时刻就都仿佛是在梦中,一切皆有可能,整个自然都蜂拥在人类的周围,仿佛只是诸神的面具,而诸神以各种形态来欺骗人类,只是要从中取乐罢了。

可人类自己是有一种不可战胜的让自己受骗的倾向的,当游吟诗人给他逼真地讲述史诗故事,或者当演员在剧中把国王扮演得比他在现实中所看到的国王更像国王的时候,他就仿佛沉浸在

[①] 布伦士维格本是《思想录》的权威版本。参见帕斯卡尔:《思想录》,何兆武译,商务印书馆,1986年,第171页。

[②] 庇西特拉图(Pisistratus):雅典僭主,生活于公元前6世纪。

幸福之中。理智是位伪装大师,当他能够无害地欺骗而后庆祝自己的农神节的时候,他才是自由的,才摆脱了他在其他时候的奴隶身份;他从未这般丰腴、富饶、骄傲、灵敏和大胆。他带着创造的欢娱混淆隐喻、挪开了分隔抽象之物的界石,比如他把河流称为流动的道路,能够将人载往他本来要步行去往的地方。现在他从身上卸下了服役的标识:平时他要沮丧地劳作,来为一个贫乏的个人、一个渴求生存的人指示道路和工具,并且要像仆役一样为主人抢夺财物和猎物,现在他成为了主人,可以将贫乏的表情从他的脸上抹去。与他先前的行为相比,他现在的所作所为都带有伪装,就像先前的带有对自身的扭曲一样。他模仿着人类的生活,却将其视为一件好事并且看似还很满足于此。贫乏的人终其一生都要靠抓住那些非同寻常的概念屋梁和壁板来获得拯救,可是对变得自由的理智来说,这些东西只不过是他那些最大胆的艺术作品的一个支架和玩具罢了:当他将其打碎、搞混,讽刺性地将其重新组装,将不相干的放在一起,又将切近的分开的时候,他明白了,他并不需要贫乏的权宜之计,他现在不是被概念而是被直觉所引导的。从这些直觉出发没有常规的道路可以通往幽灵般格式和抽象之物的王国:词语不是为这些直觉而设的,当人们看见它们的时候,要么沉默,要么就用完全被禁止的隐喻和闻所未闻的概念组合来言说,这样,至少能够通过对旧有概念框架的摧毁和嘲讽,来创造性地应和强大的当下直觉所造成的印象。

曾有过这样一个时代,理性的人和直觉的人比肩而立,一者怀着对直觉的畏惧,另一者则带着对抽象的嘲讽;后者是非理性的,正如前者是非艺术的一样。两者都想要统治生命:前者知道怎么用谨慎、聪明和规则来应对最主要的困境,后者作为"过于欢快的英雄"而看不见这些困境,并且只把伪装成美和假象的生活视为实在的。在直觉人比他的对手更有力、更成功地使用自己的武器的地方,比如在古代希腊,就会在好的情况下形成一种文化,并且艺术奠定了自己对于生命的统治;那种伪装,那种对于贫乏的否定,那种隐喻性直观的光辉,以及那种欺骗的直接性,伴随着这样一种生命的所有表现。房屋、脚步、服饰和泥罐,没有一样表现为生活必需的创造;看起来仿佛在所有这些东西中都应当表现着一种崇高的幸福和一片奥林匹斯的晴空,并且仿佛表现着一种与严肃之物的嬉戏。那被概念和抽象之物所引导的人只能由此来抵挡不幸,而无法从这些抽象之物中为自己强求幸福,他所追求的是最大可能地远离痛苦;相反,置身于一种文化之中的直觉人,除了防御厄运以外,已经准备好从他的直觉中收获一种源源不断的澄明、愉悦和救赎。可是如果他痛苦,他会痛得更加厉害;他也会更经常地痛苦,因为他不知道怎么从经验中吸取教训,总是掉进那个他曾经掉进过的陷阱。他在痛苦中和在幸福中一样地不理性,他大声呼喊,没有慰藉。那些斯多葛的、会从经验中吸取教训的、用概念来统治自己的人是多么不同地面对这同一种不幸啊!他平常只寻求正直、真理、不被欺骗和不被袭击所惑,现在,在不幸中,他开始使用伪装的技艺,就像另一种人在幸福中所使用的那样;他没有一张抽搐不停的人类的脸庞,而是仿佛戴着一个面具,脸上带有威严的平静,他并不呼喊也不改变他的语调。当乌云密布,倾盆大雨落到他头上,他裹紧大衣,迈着缓慢的步伐在雨中走去。

告德国人书

我们想要被倾听,因为我们像告诫者一样发言,告诫者总有权利发出他的声音,无论他是谁,也无论他的声音在何处响起;而你们诸位被告诫者,你们有权决定,你们是否愿意视你们的告诫者为诚实而明智的人,他们之所以发出告诫,只是因为看到你们身处险境并惊恐于你们是如此的沉默、淡漠和无知。不过,我们却可以就此向自己作证,我们所言句句发自肺腑,并且想要和寻求的只是共属你我之物——即德意志精神与德意志声名的福祉和荣誉。

你们已经听说,去年五月在拜罗伊特庆祝了一个怎样的节日:那儿铺下的是一块强有力的基石,我们相信自己的许多担忧都被一劳永逸地掩埋其下,相信自己至为崇高的希望终于得到了确认——可就今天的状况来看,我们得说,那毋宁是一种妄想罢了。啊,看哪!因为那希望里有着许多妄念:那些个担忧如今依然存在;即便我们绝没有忘了希望,我们今天所发的求助与敬告的呼吁却也表明,我们的担忧是多于希望的。而我们的担忧所指向的却是你们:你们根本不想知道发生了什么,或者干脆出于无知来阻碍事情的发生。尽管这样的无知早就不再成体统;在几乎所有民族的密切关注之下,伟大、勇敢、坚忍不拔的战斗者理查德·瓦格纳已经为那些思想担负了长达数十年的责任,他已经在他的拜罗伊特艺术作品中为它们赋予了最终、最高的形式和一个真正成功的完成,在此之后,如今还有人对此保持着无知,这看起来几乎是不可能的事情。如果你们现在还要阻碍他,即便他仅仅是举起他想要赠送给你们的宝藏:你们这样做是想要得到些什么呢?正是这一点,必须一再公开而紧迫地提醒你们注意,这样你们才会知道什么是时代所需,这样你们也才不再随心所欲地故作无知。因为从现在开始,外国人将成为你们所演的这出戏的观众与裁判;并且在他们的镜子里你们大约能够重新找到自己的形象,正如有朝一日你们将被公正的后人所描画的那样。

假如你们通过无知、怀疑、保密、嘲讽和诽谤成功地把拜罗伊特山丘上的建筑夷为无用的废墟;假如你们决绝地不让已完成的作品变为现实、发生影响、为自己作见证,那么你们就要为后世的评判而感恐惧,正如你们要为德国之外的周围世界的众目睽睽而感羞愧一样。如果一个人在法国,或者英国,或者意大利,不顾一切公共的权力和意见,已经向剧场献上了五部作品,它们具有一种真正伟大有力的风格,从北到南,它们不断地被要求上演、获得欢呼,——如果这样一个人在此之后呼喊到:"现在的剧场与民族精神不相符合,作为公共艺术,它们是一种耻辱!请你们助我为民族精神准备一个场所!"难道不是所有人都会前去襄助吗,哪怕仅仅是——出于荣誉感?确实如此!这里所需要的不只是荣誉感,不只是对恶劣诽谤的盲目恐惧;当你们决定出手相助的时候,你们可以在此一同感受、一同学习、一同了解，你们能够出于心灵的最深处在此一同欢愉。你们慷慨地为你们所有的科学配备了昂贵的实验室；可当德国艺术之冒险的、尝试的精神需要建立这样一个工作室的时候，你们却要无所事事地站在一旁？现在，被理查德·瓦格纳命名为"未来艺术作品"的想法该当变为活生生的、亲眼可见的当下现实了，你们能够从我们的艺术史中举出随便哪一个时刻，其中有着更重要的问题被给予了答案、丰富的经验得到了更丰富的触发？在德意志民族有共识的代表们眼前，散落四处的尼伯龙根巨型建筑（Nibelungen-Riesenbau）循着只有从它的创造者那里才能学到的旋律就地升起，由此而被引发的会是怎样一场思想、行动、希望和才华的运动啊！一场伸展至最遥远、最丰产、最富希望之广阔辽远的运动——谁有足够的胆量，哪怕想要对此有所预感！如果波涛随即重又落下，水平面重又恢复了平静，就像什么都没有发生一样，这原因也决不在运动的发起者。因为如果说我们首先要忧心的是作品的产生，那么第二位的担忧也并不让我们更感轻松，即怀疑我们自己不够成熟、不够有准备、不够有接受力，来将必定惊人的直接影响带向深刻和宽广。

我们相信自己已经注意到，凡是已经对理查德·瓦格纳产生反感、已经惯于对他有反感的地方，都潜藏着一个我们文化的巨大而有益的问题；可如果人们永远只从中获得一种触动，去进行阴暗的挑剔和嘲讽，并且只是如此稀少地获得一种触动，去进行沉思，这就会使我们间或生起一种令人羞愧的怀疑，即著名的"思想家民族"或许已经停止了思想，已经用狂妄替换了思想。只是为了避免把1872年5月的拜罗伊特事件混淆于一座新剧院的奠基，只是为了在另一方面说明，没有任何一座现成的剧院能够与这场行动的意义相应，就得遭遇怎样充满误解的异议；同样，也得花费如此巨大的精力才能使有意或无意的瞎子擦亮眼睛看到，在"拜罗伊特"这个词语中要考虑的不只是一群人，比如一群有着特殊音乐癖好的人，而是整个民族，甚至是超出德意志民族范围的所有被召唤到严肃而积极的参与中来的人，他们所关心的是戏剧艺术的高贵化和纯洁化，他们理解了席勒的美妙预感，即悲剧（das Trauerspiel）有朝一日或许以一种更高贵的形式从歌剧中获得发展。这场艺术行动将艺术思考为高尚和尊贵的，它从德国音乐及其对民间戏剧的神化影响所特别企盼的是一种原本的德国风格的生活之最重要的要求，这场行动在这个程度上被所有参与者的无私奉献的意愿所承担，这些参与者将自己严肃的信仰自白献给了这场行动，只要一个人还一直没有忘记思考——即便复又只是出于荣誉感——他就得将这样一场艺术行动感受为一种在伦理上值得深思的现象并促进它的发展。我们甚至还有着一个更高、更普遍的信念：只有当德国人表现出了他的可怕，并又要通过鼓足他最为崇高和高贵的艺术和文化力量来让人遗忘他曾经的可怕，只有这时，德国人才在其他民族面前显得令人敬畏并带来救治。

　　此刻，我们必得敦促人们全力以赴地支持一场德意志天才的伟大的艺术行动，恰在这个时刻提醒人们想起我们的这项德意志使命，我们将此视为我们的义务。无论是在何方，只要还有严肃深思的人群在我们这个动荡的时代保存了下来，我们都期待着听到一声欢快悦人的呼喊；尤其不能徒然听到召唤的是德国的大学、学院和艺术学校，他们当就我们所要求的支持独自或集体表态；同样，德意志福祉的政治代表们也有着一个重要的机缘在帝国议会和州议会上去斟酌一番，如果政治和民族热情的强盛欲望，以及写在我们的生活面孔上的对幸福和享乐的追求不该迫使我们的后人记得，在我们德国人最终重新找到我们自身之前，我们已经开始丧失自我，那么现在，这个民族就比在任何时候都更需要德意志艺术崇高的魔力和惊恐来获得净化和圣化。

译后记

德国思想家弗里德里希·尼采（Friedrich Nietzsche，1844—1900）的头一本书是《悲剧的诞生》（1872年第一版），后来成了一本欧洲哲学美学的名著。尼采时任瑞士巴塞尔大学的教授，但不是哲学教授，而是古典语文学的教授。且尼采写作此书时才二十几岁，还显稚嫩。从语文学专业角度看，这书写得不算正经，无论立论和规范，都是有些瑕疵的。而语文学界之外，喝彩的声音也不见多，大概只收获了理查德·瓦格纳大师的赞扬——本来这书的动机就来自瓦格纳，也有捧一捧瓦格纳大师的意思。

但无论如何，《悲剧的诞生》却是思想史上的成功之作。其成功之处在于，尼采在是书中构造了一个文化哲学理想，撇开以早期希腊神话和英雄传说为内容的艺术文化，批判后起的科学-理论文化，而推崇具有形而上学性的悲剧艺术。为了解说希腊悲剧艺术的高妙，尼采动用了阿波罗和狄奥尼索斯两个神话形象，认为"阿波罗元素"与"狄奥尼索斯元素"之二元性交合，正是伟大的希腊悲剧的诞生。就此而言，《悲剧的诞生》首先是一本文化哲学著作，然后是一本美学或艺术哲学著作。正是通过《悲剧的诞生》，酒神狄奥尼索斯成了欧洲文化名神，阿波罗-狄奥尼索斯关系成了现代美学的基本关系。

　　进一步,尼采在《悲剧的诞生》时期形成的文化理想还在于认为:一种好的文化,其中艺术与哲学当有良好的相互区分又相互合作的关系。《悲剧的诞生》虽然也已经兼及希腊哲学,但重点还是在批评苏格拉底,说他是丑八怪、大坏蛋,毁掉了希腊的悲剧文化。我理解尼采的意思,恐怕是说,苏格拉底及其弟子柏拉图不仅葬送了"悲剧艺术",而且也毁掉了与前者亲如姐妹的"悲剧哲学"。不待说,这种"悲剧哲学"是在苏格拉底之前才可能有的,就是后来海德格尔所讲的前苏格拉底思想了。所以,在写完《悲剧的诞生》以后的几年里,尼采很想清理一下他设想的"悲剧哲学",为此做了不少笔记(收入科利版《尼采著作全集》第7卷中)[①],也差不多形成了一本小书,即收在《1870—1873年巴塞尔遗著》中的《希腊悲剧时代的哲学》一文。

　　如此看来,若要完整理解《悲剧的诞生》时期的尼采思想,甚至可以说,若要完整地理解《悲剧的诞生》一书本身,我们还得多读点书。高要求的读法,是上述科利版《尼采著作全集》第1卷和第7卷;低要求的读法,或可在《悲剧的诞生》之外,读一读《1870—1873年巴塞尔遗著》中的部分内容。

　　尼采《1870—1873年巴塞尔遗著》收录了长长短短共十篇文章。前四篇(实为五篇)的主题仍旧属于《悲剧的诞生》范围,反映了《悲剧的诞生》一书的形成史,其中也含有相关章节

[①] 部分笔记已被译成中文,参看尼采:《哲学与真理:尼采1872—1876年笔记选》,中文节译本,田立年译,上海:上海社会科学出版社,1993年。

的异文；之后有两个长篇遗著最值得我们关注，一是第五篇《论我们教育机构的未来》，二是第八篇《希腊悲剧时代的哲学》。

本书单行本出版时，译者擅自设定了一个书名《悲剧时代的艺术与哲学》，原版题目《1870—1873年巴塞尔遗著》则被我们立为副标题了。我们希望借此提示尼采巴塞尔遗著的核心内容，此外别无他意。

就本书（《巴塞尔遗著》）的译事而言，构成拖沓的竟是我自己。近些年来，我经常把自己的重点研究领域标识为"尼采+海德格尔+艺术哲学"——这是实情，我确实是在三线作战，好处是丰富，坏处是困于切换，有时也不免穷于应付。

本书译事的分工已经在目录和正文中标出。除了前四篇文章的翻译外，我还对全书译文做了统校工作，包括译名统一、文档格式、注释规范等。

感谢彭正梅教授、李超杰教授和余明锋博士的合作。译文有不足处，望识者指正。

孙周兴
2016年2月18日记于沪上同济

图书在版编目（CIP）数据

悲剧时代的艺术与哲学：1870—1873年巴塞尔遗著 /（德）尼采著；孙周兴等译. —北京：商务印书馆，2023
ISBN 978-7-100-22179-5

Ⅰ.①悲… Ⅱ.①尼…②孙… Ⅲ.①尼采（Nietzsche, Friedrich Wilhelm 1844-1900）—哲学思想—文集 Ⅳ.① B516.47-53

中国国家版本馆CIP数据核字（2023）第047315号

权利保留，侵权必究。

悲剧时代的艺术与哲学
——1870—1873年巴塞尔遗著

〔德〕尼采 著
孙周兴 彭正梅 李超杰 余明锋 译
孙周兴 统校

商 务 印 书 馆 出 版
（北京王府井大街36号 邮政编码100710）
商 务 印 书 馆 发 行
北京市白帆印务有限公司印刷
ISBN 978-7-100-22179-5

2023年9月第1版　　　开本 850×1168　1/32
2023年9月北京第1次印刷　印张 11 7/8

定价：68.00元